50%OFF
R-52
R-53
O-59

窓際にフィギュア語らふ冬至かな

玄月

edit gallery

セイゴオフィギュア：　提供　野口孝広

撮影　熊谷聖司

千夜千冊エディション

サブカルズ

松岡正剛

角川文庫
22520

千夜千冊
EDITION

松岡正剛

サブカルズ

前口上

ホワイト・ニグロとブルーノート。ヒップとモッズとポップ。
オートバイと安全ピンとパンクなファッション。
ガロ、植草、寺山、はっぴいえんど、岡崎京子、電撃文庫。
奥ではいつもジュネとマイルスとルー・リードが声を出している。
太郎とバスキアと村上。阿久悠と清志郎と「おたく」とエレカシ。
ずっとずっと、サブカルズたちが文化を騒がせてきた。

目次

第一章　ポップ・ヒップ・クール

第二章　サブカル・ジャパン

第三章　「おたく」と「萌え」

第一章　ポップ・ヒップ・クール

スーザン・ストラッサー『欲望を生み出す社会』
アン・ウィルソン・シェフ『嗜癖する社会』
西井一夫編集『ロストゼネレーション』
ジョン・リーランド『ヒップ』
ディック・ヘブディジ『サブカルチャー』
ノーマン・メイラー『ぼく自身のための広告』
ディック・パウンテン&デイヴィッド・ロビンズ『クール・ルールズ』
アンディ・ウォーホル『ぼくの哲学』
ジーン・スタイン&ジョージ・プリンプトン『イーディ』
ラリイ・マキャフリイ『アヴァン・ポップ』

コカコーラ、クリスコ、コルゲートは、
どのようにポップ・シミュラークルになったのか。

スーザン・ストラッサー

欲望を生み出す社会

川邊信雄訳　東洋経済新報社　二〇一一

Susan Strasser: Satisfaction Guaranteed— The Making of the American Mass Market 1989

ジレットが男の髭《ひげ》を剃《そ》る習慣をつくり、コダックが誕生日や卒業式でスナップ写真をとる習慣をつくった。ナショナル・ビスケット社（ナビスコ）とハーシーが子供たちのピクニックに袋入りのビスケットやチョコレートをもたせ、コルゲートが家族みんなに朝晩の歯磨きをさせた。

そうなのである。リグレーがなければ人前でガムをくちゃくちゃさせるなんて無礼はなかったろうし、それをかっこよく決めたジェームズ・ディーンの真似をする若者もなく、コカコーラがなければ日用品の半ダース買いなんて当たり前にならなかった。ポップコーンが映画館の暗闇を日常化させ、スーパーマーケットに積み上がったキャンベルのスープ缶詰がアンディ・ウォーホルのシルクスクリーンを出現させたのだ。

本書は、陽気で厚顔無恥なアメリカン・デイリーライフを昂揚《こうよう》させた多くの商品の起爆的トリガーが、ほとんど二十世紀初頭の商品開発とマーケティングと企業キャンペーンによって成立していたことを事細かに解読した。

話は十九世紀末から始まっていた。なかでコダックのカメラ（一八八八発売）、コルゲートの練り歯磨（一八九六）、ジレットの安全剃刀《かみそり》（一九〇一）、コカイン抜きのコカコーラ（一九〇三）などが先行し、こういう名うての商品がまずは二十世紀の二〇～三〇年代のアメリカ全土を席巻していったのである。そこにケロッグのコーンフレークやP&Gのクリスコなどが割り込んでいく。たんに売れたのではない。たんに当たったのでもない。売れるように仕組み、当たるようにアメリカ人を変えた。

P&Gがクリスコ（Crisco）を発売したのは一九一二年だ。クリスコは固形の植物性ショートニング（食用油脂）で、それまで食肉解体プロセスからつくられてきた動物性油脂に代わるものとして、実験室がつくりだした。クリスコをつかうとパンや焼き菓子がさっくりと焼き上がる。これはいける。P&Gはこの発売に勝負をかけた。

製品の拡販を引き受けたのはJ・ウォルター・トンプソン社のスタンレー・リゾーと、のちに結婚相手になるヘレン・ランズダウンだった。ランズダウンはアメリカの広告殿堂入りした最初の女性だ。すぐさま新聞広告、路面電車広告、野外ポスターが用意され、実演販売員の写真を掲載したパンフレット、一〇〇種類のクリスコのレシピを掲載した『クリスコ・クッキングブック』が注文配布された。一年後には二セント切手五枚を送ると届くクロス製の『クリスコ物語』が刊行され、『夕食ごよみ』には六一五種のレシピが公開された。

実演販売員は各地で一週間ずつ料理教室を開き、そのたびに教室は地元の新聞社の協賛を得た冠《かんむり》イベントとなり、実演レディはちょっとしたスターになった。それらが折からの「アメリカ化運動」（教育を通して移民たちをアメリカに同化させる運動）と軌を一にした。

爆発的に売れたし、クリスコの広報戦略はその後のマーケティング、パブリシティ、キャンペーンの先行モデルとなった。明確なシナリオがあった。アメリカ人を一人ずつ顧客にしていくというのではなく、一挙に「消費者という別人格にする」というシナリオだ。

顧客（customer）から消費者（consumer）へ。カスタマーはお店に来てくれるお得意さんだが、新アメリカのコンシューマーは「財とサービスを費やす多数派」になった。どうしてこんなシナリオがアメリカで実現できたのか。

話はややさかのぼる。一八八六年、ミネソタで駅員をしていたリチャード・シアーズは売れ残りの腕時計を買い取って、通信販売で安く売る商売を始めた。そこに時計屋のアルヴァ・ローバックが加わって、一八九三年にシカゴにシアーズ・ローバック社をおこした。

そのころのアメリカはたくさんの農民が全土にいて、馬車や鉄道で遠くの町に買い物に行くか、行商人からか個人商店で高い買い物をするしかなかった。そんな状況に目を付けたシアーズとローバックはカタログを郵送して、一括仕入れをした安価な商品をコンシューマーに提供する「ダイレクト・マーケティング」を思いついた。シアーズ・カタログの誕生だ。めちゃくちゃ当たった。カタログはやたらに分厚く（一八九七年のカタログですでに七八六ページ）、中身は年々充実した。そのうちどんな家庭でもシアーズ・カタログを取り寄せるようになると、古いカタログは捨てられることなく、家々の落書き帳や包み紙やトイレットペーパーに活用された。

シアーズ・ローバックは一九〇八年からは自動車も売り出し、組立式住宅シアーズ・モダンホームも販売した。一〇万棟以上が売れた。一九二五年からは都市の郊外に進出して広い駐車場を備えたシアーズ・デパートを開店させ、それを全米に広めた。これでアメリカ全土に「消費者という別人格」が一挙的に輩出していったのである。

シアーズがカタログで成功を収めたのは、そのページに商品のパッケージの図を掲載したからだ。パッケージの絵や図や写真をつくっていたのは、食品メーカーや日用品メーカーや化粧品メーカーである。気まぐれな顧客たちを「欲望に疼《うず》く消費者」に衣替えさせたのは、これらメーカーの特定商品がつくりだす「物語」だった。とてもアメリカンな物語だ。

本書の著者のスーザン・ストラッサーは、ニューヨーク州立大学出身の近現代アメリカ史の研究者である。ハーバードの経営大学院にも在籍していたせいか、アルフレッド・チャンドラー風の分析が目立つ。チャンドラーが「組織は戦略に従う」の視点で、初期アメリカ企業の組織経営の姿を膨大な資料を調べあげて赤裸々にしたのに対して、ストラッサーは資料を積み重ねて駆使していくところはそっくりだが、経営ではなくて「消費商品」の広まり方に焦点をあてた。そして、アメリカはヨーロッパのような「市民商品社会」ではなく、どんがらどんと大量消費で動く「欲望消費社会」をつくったという見方をとった。

アメリカが大量欲望消費社会だって？　そりゃその通りだ、言われるまでもない。何をいまさらと誰もがそう思っているだろうが、ではなぜそうなったのか、なぜヨーロッパではなくアメリカにそれがおこったのか、そのアメリカンな物語がどうしてグローバルに広がったのか、なかなかうまく説明できなかった。

研究者たちの関心が組織経営にばかり向いて、「企業―商品―欲望―消費」という連鎖が浮上してこなかったからだ。とくに「欲望」の実態があいまいなままだった。ストラッサーはそこに分け入った。もっとも、この連鎖に鮮やかに最初にクサビを打ち込み、「生産―欲望―消費」の関係から記号性を引き出してみせたのは、残念ながらストラッサーでもアメリカ人の学者でもなく、フランス人の社会学者だった。アンリ・ルフェーブルの助手をしていたマルクス主義者ジャン・ボードリヤールだ。

少しだけ話が遠回りするが、ボードリヤールは一九六二年にフェリックス・ガタリとともにフランス中国人民協会をつくって、最初のうちはマオイズムにかぶれていたのだが、四年後に書いた博士論文がロラン・バルトやピエール・ブルデューの絶賛を浴びると、一転して消費社会についてのシニカルな研究に突入していった。

博士論文をふくらませた『物の体系』(法政大学出版局)では、コードを組み合わせた商品がつくりだすモードを分析してみせ(バルトの『モードの体系』の影響が大きかった)、続く『消費社会の神話と構造』(一九七〇・紀伊國屋書店)では、消費が経済行為ではなく言語活動であると捉えて、商品にひそむ欲望記号を取り出した。消費社会の動向を言語思想や記号論で解くなんて、かなり斬新な見方の出現だった。

ついで『記号の経済学批判』『生産の鏡』『シミュラークルとシミュレーション』(いずれも法政大学出版局)、『象徴交換と死』(ちくま学芸文庫)などで、「企業―商品―欲望―消費」という連鎖そのものをシミュレーショニズムの裡《うち》に捉えて、ひとしきり欲望社会の根源にうごめく動向の特色に焦点をあてると、「生産と消費がシステムの存続のために食われてしまっている」という矛盾の告発に向かった。

こういう矛盾を沛然《はいぜん》とおこしつづけてきたのは、ヨーロッパではない。どう見てもアメリカだった。ボードリヤールは「そのアメリカって何だ？」と思う。そこでアメリカに長期滞在をして『アメリカ』(法政大学出版局)を書いた。そこには、こんなふうにある。「ヨーロッパ人は理想に引き裂かれたノスタルジックなユートピア派でありつづけるだろうが、根底では理想の実現を嫌悪し、すべてが可能になると公言はしても、すべてが実現されるとは一度も言ってこなかった。ところがアメリカ人は本気ですべてが実現されると主張する」。

ボードリヤールがアメリカの欲望を「消費できるすべてのことを実現できると思うこと」にあると決めつけたのは、たぶん当たっている。当たってはいるだろうが、当時のボードリヤールにはそれぞれの商品そのものが「欲望のパッケージ」によって準備されていたことまでは、言及できなかった。アメリカ企業の資料や記録を検証したわけではなかったからだ。

ボードリヤールによってアメリカ発の欲望商品にひそむ得体の知れない記号消費の正

体が白日のもとに晒《さら》されたあと、今度はアメリカの研究者のほうが立ち上がった。

それまで、アメリカの産業経済の爆発を議論するには、フォード社のT型フォードによる「マスプロダクト／マスセール」が土台になってきたと説明するのがほぼジョーシキで、これにテイラーの科学的な工場管理術が加わって、アメリカの大繁栄がもたらされたと論じられてきた。「フォーディズム（フォード主義）の勝利」と言われる。

こういう説明ばかりだった。むろんそういうことはあるのだが、これだけではアメリカの野望も理想も、生活者の気分も大衆の動向もよくわからない。なんといっても、そこに「大衆商品」が躍っていない。

フォードの自動車やスタンダード石油やカーネギーの鉄鋼がアメリカ産業の土台をつくったのは、その通りだ。それは、かれらが鉄道や道路や石油を牛耳ったからだ。さらにはかれらがもっと戦略的に押さえたのは金融である。だから鉄鋼や石油や金融から産業が生まれ、当然のことに国力は唸《うな》りを上げた。そうはなったのだが、それだけでは消費者は生まれない。アメリカは語れない。

大衆は鉄道に憧《あこが》れ、自動車を乗りまわしたいと思ううちに、それ以上に「商品にくっついた欲望」のほうに敏感になっていったのだ。その敏感を用意したのはフォードやスタンダード石油ではない。A&P社の「元気が出るコーヒー」の粒の大きさであり、A・スタイン社の「フレクソ・ガーター」（靴下留め）のホックだった。

こうしてボードリヤールやこれを受けたジュディス・ウィリアムソンや本書のストラッサーが「商品にくっついた欲望」の動きに焦点をあてた。

ぼくもこの「商品にくっついた欲望」のほうには興味があった。八〇年代に産業史や経営哲学にぼくを引っぱっていってくれた今井賢一さんや野中郁次郎さんには申しわけないが、アメリカを議論するには、市場分析や経営戦略の変遷ばかりに顔を向けないで、ハリウッド映画のショットにも必ず描かれる「フェチな製品や商品」にもっと近寄ってみるべきだろうと思っていた。

二十世紀初頭の食品や雑貨業界のリーダー的エディターであったアーテマス・ウォードは、当時の小売状況をまとめて、アメリカには「パッケージ・トレード」(包装販売)の時代が到来していると書いた。なるほど、砂糖、小麦粉、酢、チーズ、蜂蜜、乾燥リンゴ、アルコール飲料、整髪用ベーラムなどのステープル(定番商品)は、ことごとく包装され、イコノグラフィックなパッケージになっていた。

バラ売りがなくなっていったのだ。それがすぐに紙巻タバコ、ベーキング・ソーダ、ストーブ用の黒色塗料、裁縫用の絹糸や綿糸、ヘアピンまで波及した。ウォードはそこに注目して、アメリカのブランディング戦線がどこで始まるかといえば、きっとこのパッケージ・トレードとともに動きだすだろうと予告した。

その通りになった。アメリカの大衆は実物そのものに接する以前に、パッケージに印刷された「かたまりとしての商品」の多色アピールによって欲望をくすぐられたのだ。まさに商品の〝見え《ルッキング》〟こそが欲望であり、シアーズ・カタログと売り場にはその欲望が渦巻いていなければならなかったのだ。マコーミックの調味料、P&Gのアイボリー石鹼、ハインツのソース、キャンベルのスープが、こうして世間に「欲望は夢である」「その夢がこの商品である」というメッセージをふりまいた。

ナビスコの包装製品はたちまち四四種に達した。ブランド付きのパッケージこそ、アメリカの大量消費時代の戦闘開始のサインだったのである。

アメリカ発の「欲望のパッケージ」が強くなったのは、経営努力とポップなデザインのせいとはかぎらない。パッケージの素材と加工がすぐれていて、大量の商品を一挙に流通させることができるようになったことが大きい。フランシス・ウォーラのユニオン・ペーパーバッグ・マシン社の包装技術がこれらのツール開発をあと押しした。包装材も製函《せいかん》技術もコーティングも開発され、工夫された。紙、接着剤、印刷インク、箱材、封缶技術、ラミネート、セロファン、なんでもイノベーションされた。

これらの技術を活用して、時計メーカーのインガソルは六個の腕時計を展示できるケースを開発して四万セットを無料で小売店に提供し、リグレーは六万セットのチューイングガム・ケースを配布した。コルゲートは「わが社のリボン・デンタルクリーム歯磨は容器と中身を一緒に売ります」と宣言し、ナビスコはお客がクラッカー樽から買うのをやめさせ、インナーシール包装製品を買うようにするのが社是だと力説した。

アメリカン・ブランドとは、中身が外側に溢《あふ》れ出たまま大量に輸送できる「パッケージされた欲望」のことだったのである。ずっとのちの六〇年代半ばのことになるが、建築家の磯崎新《あらた》が初めてアメリカに行って帰ってきたときに、こう言っていた。「向こうじゃハンバーガーショップが大きなハンバーガーの形をしてるんだよ」。杉浦康平とぼくは「ふうん、そんなアメリカばかりじゃ困るなあ」と笑った。アメリカン・ブランディングは大中小のパッケージ化の手立ての中にあったのだ。

いまさらながらの話だが、ブランド(brand)という言葉は「焼印をつける」というノルウェーの古ノルド語"brander"から派生した。放牧している家畜に所有者の焼印を捺《お》すことがブランディングだ。やがて牛や小麦の品評会での目印だったブランドが、ブドウ酒やチーズのパッケージのブランドとして市場に出るようになると、ブランドはメーカーや流通屋の看板になっていった。

それならその烙印《らくいん》ブランドで優劣を競えるかというと、なかなかそうならない。結局は牛の品質やブドウ酒の味にまで話が戻る。ブランドはあくまで目印にすぎない。では、ブランドによって自社製品を他社製品と差別化するにはどうするかというと、実は自社ブランドと他社ブランドが競っているだけでは差別がつきにくい。自社と他社はもともとブランドがちがうのだから、そのことを強調してもそれほどのイメージの獲得にはならない。

そこで、「自社の製品ブランド間に差異をつける」ということがブランド力の発動になっていった。さっそくP&Gは自社製品の石鹸をナフサ、アイボリー、スター に分けた。シリング社は紅茶のブランドに極上品、高級、スーペリア、ファンシーという四等級を付けて、「メイフラワー・ファンシー」と「トレジャー・スーペリア」というブランドを突出させた。

アメリカの「消費者という別人格」すなわち「大衆《ポップス》」は、このような商品の多彩化に搦《から》めとられることを悦《よろこ》んだ。いいかえればアメリカン・ポピュリズムとは、自分の中の別人格を刺激されることがやたらに好きなのだ。それが消費者が商品に抱くロイヤルティをつくっていったのだ。日本人はお店に行って、そこにお目当ての石鹸やシャンプーが置いてなければ似たような別の石鹸やシャンプーを買うが、アメリカのコンシューマーは自分を彩るロイヤルティをほしがった。

アメリカン・ブランドをさらに勝てるものにするには、ブランドづくり以上に重要なことがあった。それは消費者たちを「新たな習慣」に乗り出させるということだ。ボードリヤールが気がついていなかったのは、このことだ。

チューブ歯磨や歯ブラシを売るには「歯を磨く習慣」をつくる必要がある。その習慣は爽快で、気分よく続けたくなるものでなければならない。シャンプーが売れるにはバスルームでどんな恰好で「シャンプーを愉《たの》しむ習慣」が継続できるかが見えなくてはならず、男の髭そり剃刀が売れるには、それが「男の朝を代表する習慣」にならなければならなかったのだ。

さっそくコルゲートは「歯のＡＢＣ」というパンフレットを頒布し、ラザック安全剃刀のハップグッズは「身だしなみのよい男の顔」という小冊子を配り、ジレットは「顔の手入れは自分でしかできない」というキャンペーンを打った。そのときジレット社では「ジレット剃刀はたんなるデバイスなのではありません。それは背後に個性をかかえた公共サービスなのです」という過大な思想を、社の内外に浸透させていた。

消費者が「新たな習慣」に入っていくには、その商品を使う習慣とともに、その商品がもたらす「物語」が見えてこなければならない。結局は、ここである。

物語が見えるにはシーンとキャラクターとナレーターを提示する必要があった。そこでイーストマン・コダックは「クリスマスの朝」というシーンや「北極をめざす探検家」

というキャラクターをカメラやフィルムと結び付け、ウォーターマン社は「夏の避暑地から出す手紙」や「卒業式を祝うひととき」を万年筆に結び付けた。Ｐ＆Ｇがクリスコを決定的なものにしたのは、「おばあちゃんが焼いてくれたパイ」をそのイメージごと広げることだった。

幸せそうな習慣ばかりが重視されたのではない。危険な場面、限界的な状況、非道徳的な暴走、差別的な陶酔も、一見つながりそうもないシーンでのアメリカの日常の活躍として遠慮なく広げられていった（これがもうひとつのアメリカの得意手だ）。

かくして二十世紀アメリカは、チューイングガムと軍事力、ハリウッドとミスコンと麻薬、リーバイスのジーンズとヒッピーとフリーセックス、ハーシーのチョコレートと宇宙開発、そして黒人とジャズとＮＢＡで勝ってきたわけである。それらはいつでも「おばあちゃんが焼いてくれたパイ」と一緒になれるものだった。これがヨーロッパのダンディズムや気取りやエスプリではできなかったことなのである。

ストラッサーが、もうひとつ強調していたことがある。これもボードリヤールには見えていなかった符牒《ふちょう》だ。それはシアーズ・カタログやＰ＆Ｇのクリスコがまさにそうだったのだが、これらは多様な移民の多い北アメリカ住人を「アメリカに同化させる」ための欲望同化商品（同化政策）でもあったということだ。アメリカン・ファーストであること、みんなをアメリカに同化させること、このことこそアメリカの欲望社会のディシプリンだったのである。

イソップ物語やグリム童話を見ればわかるように、欲望には「おまけ」や「おみやげ」が付きものだ。アメリカでは頻繁に開かれる万国博や見本市やカントリーフェアがこの方式を拡張させた。会場に行くと、いっぱいのワゴンやショップが立ち並び、そこでは商品を売るというより「ちょっとした未来の手立て」が配られる。

メーカーと小売業者はそこに目をつけた。景品引替券やクーポン券を用意した。大衆は特定の商品を続けさまに買うと「おまけ」や「おみやげ」に近づけた。それが次にトレード・カードになって商品の箱の中に入りこみ、意外な変化をおこした。商品がもらえるのではなく、別の「あこがれ」が手に入るようになったのだ。煙草を買えばきれいな姉ちゃんのピンナップカードが手元にたまり、クッキーを買えばスター野球選手のカードが付いてきた。「ギブアウェイ」と呼ばれる作戦だ。

この作戦はしだいにエスカレートしていった。リグレーはチューイングガム版の「マザーグース」がもらえるようにした。ポケモンカードを集めるように、ガムを買うたびにマザーグース・ストーリーが読めるようになっていた。

すぐさま「ギブアウェイ」に対応したのが一般購読雑誌だ。メーカーと販売業者はお気にいりの雑誌と組んで、コーヒー、口紅、ゴム糊、万年筆、壁紙などの「夢」を記事にすると、読者を欲望消費者に仕立てなおしていった。雑誌もそうした商品が抽選で当たるような記事企画を組んだ。ここからパブリシティ（記事広告）が自立した。

以上、本書にはアメリカの商品作戦の大半が列挙され、あきれるほどに念入りな「欲望のシナリオ」にお目にかかれるようになっている。読みやすい本ではなかったが、多少愕然とさせられたのは、その大半は昭和日本がそっくり真似したもので、その多くがたいして徹底していなかったということだ。とりわけ戦後の日本はアメリカのぐさぐさ模倣で糊口《ここう》をしのいできたのはあきらかだった。

ところで去年（二〇一八）の年の瀬、ぼくは『雑品屋セイゴオ』（春秋社）という本を出した。七〇年代後半に「NW‐SF」というマイナーなSF雑誌に連載しっぱなしになっていた原稿をもとに、新たな一冊にしたものだ。編集長をしていた畏友《いゆう》の山野浩一に頼まれて書いた。

中身は、とてもストレートなものだ。少年時代に夢中になった赤チン、吸取紙、ドライバー、鉱物標本、キンカン、月球儀、ホッチキス、自転車、リトマス試験紙、数珠《じゅず》、ガーゼ、万年筆、セメダイン、水枕など、一二〇品についての勝手な感想を綴《つづ》った。三十代半ばのぼくが昭和の少年期を振り返って書いてみたものだ。一二〇品すべてに、菊地慶矩《よしのり》君がファンキーな絵を付けてくれた。

帯は「五感で堪能するオブジェ雑品エッセイ」「フェチあります」になっている。まさしくぼくがフェチした商品たちがエッセイ・カタログになったようなもので、ひょっとするとどんなぼくのエッセイよりも危うい「五感派セイゴオ」が表出されているかもしれない。

その『雑品屋セイゴオ』の雑誌連載時のタイトルは『スーパーマーケット・セイゴオ』というものだった。そのころ、ぼくはジュネの「最低の代物《しろもの》」に刺戟《しげき》を受けていて、スーパーマーケットのほうがそんじょそこらのアートギャラリーよりうんとおもしろく、電気冷蔵庫の中のサランラップに包まれた食品のほうが、そんじょそこらのアート作品より語りかけてくるものが刺激的だと思っていたからだ。

少年期に出会ったオブジェや商品や部品たちがぼくを疼《うず》かせ、のちのちまでフェチな感性を突き刺しつづけていた。それで、そうした雑品たちをあらためて思い出し、スーパーマーケット・セイゴオに並べてみたのである。

必ずしもアメリカ製品が多かったわけではない。メンソレータム、チューインガム、人工衛星、ホッチキス、Tシャツ、ヘリコプター模型、スチールシャッター、トランシーヴァーなどはアメリカ育ちだが、水枕、セメダイン、大福、文庫本、セロテープ、絵馬、キンカン、乾電池、シャープペンシル、龍角散など、日本ものやヨーロッパものもたっぷり入っている。

ぼくにとっては、すでにストラッサーが追跡した二十世紀前半のアメリカの欲望商品は、姿を変えて昭和の戦後社会に混じり込んでいたわけである。

そんなふうに『雑品屋セイゴオ』を仕上げているなか、あらためていろいろ気付いたことがあった。

第一には、二一世紀のネット型のコネクテッド・エコノミーには、きっと「意味と市場」の関係についてのもっとディープな議論が必要になっているはずだということである。この点についてはボードリヤールやブルデューを超える議論がいまだに出ていないのではないかと思う。

第二には、そんな「意味と市場」のあいだで、新たな「欲望」と「商品」が生まれているのかどうかということだ。旧来の欲望商品ばかりがグローバル化され、楽天され、メルカリされているにすぎないのではないか。いっときのトレンド商品ばかりが世情を賑わせているだけではないのか。

だとしたら第三には、あのクリスコ旋風をおこせたアメリカは、これからどうなるのかということだ。いま、大統領トランプはしきりに「アメリカ・ファースト！」を連呼しているが、これは一言でいえば往時のアメリカ型の欲望消費社会がつくれなくなっているせいだ。だからトランプは不動産屋的に、メキシコとの国境にトランプ・ウォールをつくりたくなっている。アメリカ政府は区切らずにはいられなくなったのだ。

一方、グーグルやアマゾンはシアーズ・カタログの全面的ネット化を先行して、区切りをとっぱらった「連絡機関」として勝ちまくっているだけになってきた。欲望消費は「情報の消費」に切り替えられてばかりいるだけだ。

第四に、これまであまりにも長いあいだにわたってアメリカのビジネス動向とポップカルチャーを向いて仕事をしてきた日本は、この先いったいどうするのかということだ。一番おバカな経団連の方針と一番ずるい電通の戦略ばかりを呑んでいるようでは、先はおぼつかない。少なくともブランディング業界、広告業界、マーケティング業界、コンサルティング業界は、これまでの畑で儲けるのを少し遠慮して、新たなコーポレート・ナラティブの確立のほうにとりくむべきだ。企業もそのことをメディアに対して要求するべきだ。

しかしながら第五に、ひょっとするともっと本気で考えてもいいのは、「いまこそフェチを！」ということなのかもしれないということだ。かつてのボードリヤールもフェティッシュを話題にしていたが、それは二一世紀のフェティシズムの予想にまでは及んでいなかった。

時代はとっくに「過度の情報選択時代」に傾いているけれど、みんなでいくら「いいね」ボタンを押したって、そこから「商品フェチ」は生まれない。平均化がおこるばかりだ。これはつまらない。これからは、個人の好みが際立つ少数フェチ派がコンティンジェントに罷《ま》かり出るのが、きっとおもしろい。

第一七〇一夜　二〇一九年三月十五日

参照千夜

一一二二夜：ウォーホル『ぼくの哲学』　六五二夜：アンリ・ルフェーブル『革命的ロマン主義』　六三九夜：ジャン・ボードリヤール『消費社会の神話と構造』　一〇八二夜：ドゥルーズ&ガタリ『アンチ・オイディプス』　七一四夜：ロラン・バルト『テクストの快楽』　一一一五夜：ピエール・ブルデュー『資本主義のハビトゥス』　八九八夜：磯崎新『建築における「日本的なもの」』　九八一夜：杉浦康平『かたち誕生』　三四六夜：ジャン・ジュネ『泥棒日記』

新たなアディクションとオブセッションは、いつしか共依存する「サブカルズ」をつくれるか。

アン・ウィルソン・シェフ
嗜癖《しへき》する社会
斎藤学・加藤尚子・鈴木真理子訳　誠信書房　一九九三
Anne Wilson Schaef: When Society Becomes An Addict 1987

誰だって、何かに依存して生きている。家族に依存し、仕事に依存し、ペットやゲームに依存し、耳から入るイヤホン音楽や口の渇きを癒《いや》す缶ビールや、スマホの見聞やラインの応援や、サッカー練習や車のドライブや合コンに依存する。ぼくは本来がたいへんふしだらな心身の持ち主だから、親しい者やスタッフに依存し、本とノーテーションに依存し、連想と逸脱という方法に依存して生きてきた。

そんなぼくから、夜更かし、喫煙、あれこれ雑談、おかき、本の貪《むさぼ》り読み、信頼スタッフ、俳諧味、憧れ主義、夏のソーメン、クロレッツ、A4ペーパー、お茶、よき友、神社仏閣、赤と青のVコーン、老眼乱視のメガネ、おにぎり、ノートパソコン、ダダとパンクな感覚、キンカン、何本かの毛筆、スイカと桃、冷暖房機、ヨウジの黒い服、ワープロ書院、葛根湯《かっこんとう》、陶芸を見る時間、ガリガリ君、かっこいい仕事相手、咳《せき》止めブロン、扇子、ゴルチェのサングラスを取ったら、すぐにひからびる。

誰だって、さまざまな習慣や嗜癖《しへき》や趣向をもっている。なんらの依存もせず、どんな習慣もない人間生活なんて、ない。文化とは依存と習慣と嗜癖で成り立っているとさえいえる。

いや、人間の正体のかなりの部分が依存と習慣と嗜癖でできていると言ったほうがいいだろう。だから、いろいろな人物のそういう依存と習慣と嗜癖をつぶさに見ていけば、いくらだって小説が書けるだろうし、落語もコントもパスティーシュ（模倣作品）もどんどんつくれるだろう。宮武外骨はそういう雑誌づくりをし、井上ひさしはそういう作劇術を実践していた。

ところが一方、世の中では過度の依存や習慣を戒めてきた。麻薬だけでなく、広範にわたる薬物依存や飲酒習慣を咎《とが》めてきた。そういうものは中毒だというのだ。あるいは悪しき嗜癖だというのだ。

社会というもの、そうした習慣の依存症や嗜癖の常習犯にはきびしく接し、かれらがもたらす家族や法人や周囲への迷惑と危険を取り除こうとしてきた。依存と習慣と嗜癖《アディクション》で社会文化や生活文化が成り立ってきたというのに、さらにはさまざまなクセで表現世界が成り立ってきたというのに、依存しすぎや特定の習慣はいつのまにか社会問題になってしまったのである。

生物学的には習慣や嗜癖の定着は「進化」や「適応」や「分化」のひとつのあらわれである。動物の生きざまはほとんど習慣と嗜癖によっているし、たいていの生態系は動物たちの習慣や嗜癖によってニッチを分けてきた。ユクスキュルはそのことによって、生物と環境とは互いに「抜き型」の関係を持ち合っていると言った。

同じことが人間社会にも、けっこうあてはまる。適度な習慣と嗜癖がなければ、家の間取りや家具は決まらず、洋服やファッションの流行もなく、スイーツや焼肉屋もはやらない。イオンやセブンイレブンの品揃えはありえない。大半の芸術やスポーツだって、ピアノから野球やボルダリングにいたるまで、お絵描きから競輪やヒップホップまで、もともとは何かに依存してみたい衝動から発達してきたわけである。

精神医学や社会病理学では、このようなことを一応の前提にしていながらも、長いあいだ「嗜癖」(addiction)と「中毒」(poisoning)と「習慣」(habit)と「依存」(dependence)とを、ときに区別し、ときにごっちゃにしてきた。ぼくなら、すべてはアディクションとみなしていいと断言したいのだけれど、そうはいかないらしい。

かくていまでは、「お酒が好きだ」と「アルコール中毒」とが、「惚れっぽい」と「性愛過多」とが、仲を引き裂くかのごとくに截然《せつぜん》と分断されるようになったのである。タバコ好きなどは、すべて危険な習慣だとみなされつつある。

清潔でありたいということと一日に二〇回も手を洗わないではいられない潔癖症になることとのあいだには、何の「隔たり」があるのだろうか。酒を嗜《たしな》むということと毎晩浴びるように酒を飲む「アルコール中毒症」とには、何の「過ぎたるは及ばざる」が介在しているのだろうか。

ぼくの知人の奥さん（タレントさん）には、部屋の中に埃《ほこり》が少しでもあるとじっとしていられなくなる性分がある。だからしょっちゅう家中の掃除をし、そのため旦那（政治家さん）は家では何もできなくなった。泉鏡花がそうだったのだが、ずっと以前からバイキン恐怖症というものもあって、のべつまくなく手を洗ったり、オキシフルで消毒したりする。いまでは潔癖症とか不潔恐怖というらしいのだが、これらは正真正銘のビョーキなのである。

こういう例はいろいろあるのだが、それを何かの社会的オーダーの基準にして、隔離や治療の対象にする必要がどうして生じたのだろうか。かつての疫病隔離やハンセン病隔離とはちがう。依存症はあくまで個人のアディクションなのである。「おたく」がそうだったように、それらはたんなる趣味だったのだ。それがついつい清潔にしたくなりすぎたり、ついつい相手のことが気になりすぎたり、ついつい飲みすぎたりした。ところがこれを許さない社会がしだいに力をもってきた。

今日の精神医学や社会病理学の趨勢《すうせい》は、嗜癖《アディクション》と中毒《イントキシケーション》を両方とも「オブセッション」(obsession)によるものだとみなす。もともとはオブセッションはシャーマニックな憑依《ひょうい》や自然に対する恐怖などを含んでいた言葉なのだが、精神医学ではほぼ強迫観念をさす。手洗い強迫、掃除強迫には、「アルコール中毒」や「コカイン中毒」とともに強迫性障害(Obsessive Compulsive Disorder)という病名もつく。医師や看護師やセラピストたちは「OCDの患者さん」などと言う。

よせばいいのに、嗜癖にもいろいろな分類がつく。タバコや薬物や食物による過食症はサブスタンス・アディクション(物質嗜癖＝摂取の嗜癖)で、ギャンブル依存や買い物依存やセックス依存は行為のプロセスに溺《おぼ》れるのでプロセス・アディクション(過程嗜癖)という。ワーカホリックはプロセス・アディクションの典型だ。

ストーカーや窃視症《せっししょう》(覗《のぞ》き見)や強い猜疑《さいぎ》心から逃れられないばあいは、リレーションシップ・アディクション(関係嗜癖)と呼ばれる。人間関係にこだわりすぎたということなのだが、犯罪にふれたのならともかく、人間関係の度が過ぎるといっても、その度合いなんて判定しがたいはずである。けれども過剰や過度はダメなのだ。こうなると誰かのことがむしょうに気になることを「恋闕《れんけつ》」などとは言っていられない。

こうして精神医学界は、アメリカＡＰＡ（米国精神医学会）のＤＳＭ（精神疾患の診断統計マニュアル）などにもとづいて、さまざまなパーソナリティ障害の基準を次から次へと確立していったのである。こういう分類や病名にはどうにも釈然としないものがあるが、精神医学はここから一歩も引こうとはしない。


本書は、アメリカのセラピストであってフェミニストでもある社会病理学者のアン・ウィルソン・シェフが、ほぼ同時期の『嗜癖する人間関係』（誠信書房）、『女性たちの現実』とともに著した。

ＤＳＭに準拠した議論をしているのではない。「嗜癖は白人男性社会がつくったものだ」というかなり突っ込んだ見方から、独自の治療を展開している。それゆえ、白人男性が用意周到につくりあげた包囲網に対する反逆の気分も吐露されていて、そういう怒りの文章も目立っているのだが、さらに読んでいくと、彼女が本気で強迫依存症の治療にとりくんでいることがしんしんと伝わってくる。

アン・シェフはとくに、過度の依存症や過度の嗜癖症は「共依存の関係がつくっている」という見方に深く入りこんで、それによってＯＣＤに陥った強迫依存症や強迫神経症からの脱出のためのプログラムをいろいろ模索してきたセラピストなのである。だから、どこかお節介だ。

「共依存」(co-dependency) という用語は聞きなれないかもしれないが、一九九〇年代のアメリカ社会で顕著に浮上してきた相互依存型の精神障害のことをいう。

愛情過多が憎悪に結びつくことは、誰もがティーンエイジのころからなんとなくはわかっていたことだろうが、最近はそれが憎みながらも離れられない関係になったり、愛憎がひっくりかえって虐待になったり、そのようなひっくりかえりが介護者にもおこったりすることがふえている。ときに家族間の殺人事件や恋人どうしの殺害に及ぶことも少なくない。複雑で痛ましいのは、介護される老人たちに対して介護者の愛憎が激しく動いていくときである。

こういう愛憎半ばする相互依存関係を「共依存」と言うのだが、アン・シェフはこの共依存専門の治療者なのだ。治療者であるということは介護者でもあるわけだから、当然、アン・シェフも愛憎を受ける。その感情の起伏を含めて、本書は過度のアディクションの実態を探索した。

今日、共依存もオブセッションであるとみなされている。自分と相手との関係が何かに向かって過度な依存性を増しているからだ。共嗜癖（co-addiction）ともいわれる。

共依存の見方は医療や医学の研究から提出されたものではなかった。看護の現場から提案された見方だ。アメリカではアルコール依存症を民間で治療することが広くおこなわれていて、その現場に携わってきたセラピストたちが自分たちの微妙な立場を入れこんで共依存の探索を始めたのだった。

共依存関係には、一見すると献身的な様相もある。実際にも献身的な行為が治癒を進め、人間関係やその関係が属するコミュニティを支えていくことは少なくない。ところが、それが過度になると急に厄介になる。危険にもなる。「だって、あの人は私が見捨てたら生きてはいけないでしょう」という思いが強くなり、それがしだいに生殺与奪《せいさつよだつ》の一端にかかわっていく。逆に、自分のせいで相手を悪くしていると思いすぎることもある。このばあいは介護者のほうにマイナスの自己強迫がおこって、強度のストレスがたまっていく。

高齢化が急速にすすんでいる日本社会でも、こうした問題が浮上してきた。日本では「境界性パーソナリティ障害」や「自己愛性パーソナリティ障害」とからめて議論されることもふえている。これらを含めて共依存が注目されるようになったのだった。

ところで、ぼくはこの手の心理学的議論がたいへん苦手なのである。冒頭に書いたように、もともとが周辺依存型で生きてきたからだし、アディクションやフェチを大いに肯定してきたからだ。はっきりいって、その「おかげ」でここまでやってきた。

ただ、依存してきた相手やアディクトしてきた「人・もの・情報」について、できるかぎり綴ったり、リスペクトしたり、おもしろいリプリゼンテーション（表象）に変換していこうとしてきた。ようするに、編集してきた。このことがなんとかここまでやってこられた理由でもあったのだろうと思う。いわば依存者やアディクション対象との関係を、インプリシット（暗黙）に内にこめないで、新たな表象にエクシプリシット（明白に）したり、エンフォールド（抱きこむ）したりしてきたのだった。

そんなことだから、ぼくには精神医療者のように他人の心理を覗きこんだり、他者どうしの関係を観察したりする才能が、からっきしなのである。ジャック・ラカンを応用して分析することも、すこぶる苦手だ。むろん救済力も乏しい。そういうことをする以前に、ぼくが関心をもつ相手や他者のどこかに、ぼく自身のアディクションが忘れ物のように落っこちていることが発見できて、そちらに夢中になっていくからだ。

ぼくが仮りに誰かを育てたり成長させたりすることができているとしたら、それはぼくが自分のアディクションの育《はぐく》みにもとづいて、その相手や他者におもしろくなってもらえるようにしようと思ったからなのである。

もっと決定的に「才能がない」と言えるのは、ぼくには基準値や標準値に戻すという発想がないということだ。世の中や相手を社会的な標準値に戻してあげたいとは思っていないのだ。そんな平均的なところへ行ってほしくない。そのため、ついついサブカルや「おたく」の肩をもつ。これではどうみても、治療の資格はないだろう。

というわけで、この手の精神医療的な微妙な議論はとても苦手だ。だいたい精神医療関係の本の何を読んでも、ぼくのほうが当該患者に見えてくるし、加害者にすら見えてくる。そもそもが「迷惑、かけっぱなし」の人生なのだ。

もっともそうであるだけに、ひょっとするとある種の「関係事情」がわかるところもあるかもしれない。一言、二言、そんなことを綴っておきたい。

こんなふうに思う。

われわれにはおそらく「何かをほしがる欲求」と「何かが手に入らない諦め」と「何かに見捨てられる不安」とがつねに同居しているのである。このことは、断言しておくが、すべてすばらしいことだ。困ることではない。このような感覚が動かないでは、歌も学習も、ファンタジーも信仰も、食卓もサッカーもない。仏教がこの三つから出発している。「ほしがる欲求」と「手に入らない諦め」と「見捨てられる不安」が、しばらくたって般若《はんにゃ》や菩薩道や空観《くうがん》や中観《ちゅうがん》をつくっていったのだ。

だから、この三つを大事にしたほうがいいと言いたいのではない。欲望と諦念と不安を別々にしないほうがいいのではないかと言いたい。この三つがどんなトレード関係にも入らないようにしたほうがいいと言いたいのだ。モンテーニュふうにいえば、こういうことを「質《しち》」に入れないようにしなさい、と言いたい。

なぜならこの三つは、自分が律しようとすれば、すべて三つ巴《どもえ》の矛盾や循環になるばかりであるだけではなく、それを解決しようとしたとたんに、それらがことごとく誰かと関連していることになり、その相手ごとの（あるいは相手を避けるような）解決をむりやりにでも試みることになるからだ。こんなことはちっとも俳諧的ではない。おシャレじゃない。パンクでもない。自分に負担をかけるし、相手にも負担をかけるのだから、愉快にもファンタジーにもならない。小説やテレビの心理ドラマになるだけなのである。

それなら、そんな三つ巴を誰かさんとの関係にしないようにするにはどうするか。ぜひともお勧めしたいのは、「意識」を自分のものだと思わないことである。「意識」が自分の正体だと決めないことである。

意識はモニターだ。意識の動向はモデリング・モニターに表示されていることにすぎない。なぜそんなふうにみなしたほうがいいのかということについては、申し訳ないことながら、今夜は書かない。

もう一言、書いておく。「嗜癖する社会」や「フェチの文化」は決してなくなりはしないということだ。二一世紀がいくら進んでも、なくならない。それでも努力したいことはある。それは嗜癖を単純でわかりやすいもののほうに、なるべく振っていかないようにすることである。スマホもテレビ番組もラノベもSNSもわかりやすいものに向かいすぎている。これがよくない。本来のアディクションはもっと複雑で、わかりにくくたっていいはずなのである。そのほうが、気持ちは崩れにくいし、追い込まれない。

第一六八一夜　二〇一八年八月一日

参照千夜

七一二夜：吉野孝雄『宮武外骨』　九七五夜：井上ひさし『東京セブンローズ』　七三五夜：ユクスキュル『生物から見た世界』　九一七夜：泉鏡花『日本橋』　九一一夜：ジャック・ラカン『テレヴィジオン』　八八六夜：モンテーニュ『エセー』

一九二〇年代の「失われた世代」が
ポップとヒップとクールをとびきり突出させた。

西井一夫編集

ロストゼネレーション

ユリシーズと関東大震災

毎日新聞社　二〇〇〇

　二十世紀がまもなく終わるという時期、出版界ではさまざまな「まとめ」が試みられた。世界中で総括と反省と自慢と批評による興味深い試みが連打されたが(放送業界でも記念番組が多かった)、日本では毎日新聞社の「シリーズ20世紀の記憶」が二十世紀をふりかえるということでは至極《しごく》まっとうな企画であった。企画はまっとうだが、その編集構成感覚はなかなかぶっとんでいた。

　どこかで歴史的予定調和にまとまりかねない見方を裏切りたいというような視点もまじり、痛快な出来を示した。西井一夫が指揮をとったのが、こうさせた。編集賞ものだろう。西井は以前は「カメラ毎日」でその腕を鳴らしたグラフィズムに強いエディターシップの持ち主である。「カメ毎」の前編集長だった山岸章二が突然に自殺したあとを引き受けたから、いろいろ苦労もあったはずだ。エディトリアル・デザインには鈴木一誌《ひとし》が腕をふるった。表紙は一冊ずつすべて意匠を変えている。だからムックっぽい。

ぜひとも全冊（二〇冊＋別冊年表）をナマで見てもらうのがいいのだが、ディケード（十年単位）で区切っていないこと、巻構成に均等な内容配分を振り分けていないことがいまなお斬新だ。よほどおっちょこちょいか、よほど自信がなければこうはできない。

たとえば「1900－1913 第2ミレニアムの終わり 人類の黄昏」「1945年 日独全体主義の崩壊 日本の空が一番青かった頃」「20世紀キッズ 子供たちの現場」「1969－1975 連合赤軍〝狼〟たちの時代 なごり雪の季節」「1989年 社会主義の終焉 オタクの時代」「1990－1999 新たな戦争　民族浄化・カルト・インターネット」というふうなのだ。やりすぎや手拍子もある。「1976－1988 かい人21面相の時代 山口百恵の経験」には呆れた。

刊行元が新聞社の毎日だということもあって写真も選りすぐってあって、どちらかといえば人物中心になっている（事件型ではない）。プロファイルっぽい。そうそう、このシリーズは一部を除いて全ページがモノクロなのだ。それなのにドキュメンタリーなテイストに巻き込まれていないのは、編集部がピックアップする視点がすこぶる文化思想的で、かつ差分的であるからだろう。鈴木のレイアウトもモノクロを感じさせないものになっている。

本巻は一九二〇年代を扱っているという点では、全巻のなかでは最もオーソドックスな巻立てだ。それでもタイトルの「ロストゼネレーション」に「ユリシーズと関東大震災」というサブタイをもってくるところが、西井チームの自慢なのである。

一年ずつに橋本治による「年頭言」が入ってくるのも雑誌めく。橋本の文章は一ページまるまるのもので、歴史家がその一年の世界史を案内しているという記事ではない。さすがにそのつどの現代史を切り取ってはいるが、文体はまるで個人の感想に傾くエッセイだ。これも西井の狙いだったろう。

編集構成を大きく眺めると、ロストゼネレーションを代表するヘミングウェイ、フィッツジェラルド、ジョセフィン・ベーカー（パリで衝撃的なデビューを飾った黒人ダンサー）がフィーチャーされ、そこにジョイス、孫文の死、関東大震災、カポネと暗黒街、ニューヨーク摩天楼、ロトチェンコのタイポグラフィ、リンドバーグの飛行機、ラジオの登場などが交差する。読み物ふうのハイデガーには木田元の、ニジンスキーには三浦雅士の、エコール・ド・パリには深谷克典の解説が付された。

ワイマール文化、表現主義の実験、ジャズの熱狂、日本のメディア文化、シュルレアリスムの抬頭《たいとう》をもう少し採り上げてもよいのに、このあたりは不発になっている。日本のトピックでは同潤会アパートが建てられていった経緯と写真、松岡虎王麿《とらおうまろ》の南天堂の周辺の出来事が特筆されているのが、めずらしい。

ロストゼネレーションという呼称は、第一次世界大戦に従軍体験をした若者たちが抱いた虚無感をあらわすべく、当時の天下一の突っぱり姐さんだったガートルード・スタインが言い出した時代用語である。この稀代の、レズビアンで美術コレクターでもあった女史は、「あんたたち失われているのね」と言ったのだ。

すぐさまヘミングウェイ、フィッツジェラルド、ドス・パソス、フォークナー、E・E・カミングス、マルコム・カウリーらがその刻印に応じた。いや、甘んじた。かれらは国外離脱者でもあって、多くが「パリのアメリカ人」としてやるせない日々をおくった。それを迎え撃ったのがジョイス、エリオット、エズラ・パウンド、モンパルナスのキキ、マン・レイ、コクトー、ココ・シャネルたちのヨーロッパ勢だった。

こうした連中をのちのちまでアメリカでは「失われた世代」とか「自堕落な世代」と呼び、フランスではしばしば「一九一四年世代」「炎の世代」(génération au feu) などと呼ぶ。行き場のない世代、迷える世代、それゆえ日々の享楽に耽《ふけ》った世代なのである。ちなみに、この世代の子供の世代がビート・ジェネレーションに、そのまた子供の世代がヒップ・ジェネレーションになる。

ついでながら、ロストゼネレーションという用語は二一世紀の日本に飛び火して、なぜか「ロスジェネ」という時代用語になった。バブル崩壊後の「失われた十年」(ほぼ一九九〇年代)に社会に出た世代(二五歳～三五歳)をさした用語で、二〇〇七年に朝日新聞がフリーター、ニート、引きこもり、派遣労働者、就職難民をひとまとめにして名付けたものだ。一九七〇年から一九八二年に生まれた世代がロスジェネで、約二〇〇〇万人いるらしい。「氷河期世代」とも呼ばれる。

これはいったい何だろうと思い、雨宮処《あまみやか》凛《りん》の『ロスジェネはこう生きてきた』(平凡社新書)、岩木秀夫の『ゆとり教育から個性浪費社会へ』(ちくま新書)などを読んでみたが、軌道電車がない都市でメル友に言葉を費やしながら、姿の見えない管理社会を敵にまわそうとしている叫びだけが、伝わってきた。

さらについでに余計なことを言っておくと、戦後日本にはロスジェネに及んだ〝かたまり〟が、それぞれ流行語大賞ふうの世代俗称になっている。

一九四七年～四九年生まれの「団塊《だんかい》」の世代、五〇年代後半～六四年生まれの「新人類」、六五年～六九年生まれの「バブル世代」、七〇年～七四年生まれの「団塊ジュニア」、八七年～二〇〇四年生まれの「ゆとり世代」、その途中に七〇年代生まれを中心にした

「ロスジェネ」がいるというふうになる。

まあ、そう言われてもまったく何の説明にもならないだろうが、残念ながら日本にはガートルード・スタインがいなかったのである。

話戻って、一九二〇年代はロストゼネレーションだけの時代ではない。欧米においても日本においても失われたものを引きちぎるほどの文化の灼熱期《しゃくねつき》だった。ぼくが二十世紀のディケードとして「文化の多彩な爛熟」に注目するのは、このローリング・トゥエンティーズ（Roaring Twenties）だけである。

第一次世界大戦が一九一八年に終わり、アメリカ大統領ウォーレン・ハーディングが「ノーマルシー」（Normalcy＝常態に復する）を選挙スローガンに掲げたのだが、戦争の終結がもたらした解放感は常態復帰などにとどまらなかった。

まずは技術文化が目を見張るものになった。自動車の開発（競争レースが過熱した）、鉄道の充実（旅行がはやった）、飛行機ブーム（リンドバーグの大西洋横断とツェッペリンの飛行船が世界を周遊して耳目を驚かせた）、無声映画とトーキーの氾濫《はんらん》（ドイツ映画の『カリガリ博士』やチャップリン、バスター・キートンらの喜劇が当たった）、カメラの技術革新（ライカが世界を瞠目させた）、ラジオの一挙的普及（アメリカの商業放送がKDKAによって一九二二年ピッツバーグで開始した）、都市における建築ラッシュ（ニューヨークの摩天楼が完成した）などが連打された。つまり目に見えるインフラがことごとく一新されたのだ。

そんななかで、ヨーロッパでは一九二二年にジョイスの『ユリシーズ』とエリオットの『荒地』が登場して、文学を一変させたのである（荒地とは「死の国」のこと。その詩は一人称ではなく多人称だった）。こんな大きな文芸事件はめったにないが、それだけではなかった。すでに一九二〇年にトリスタン・ツァラがチューリッヒからパリに来てダダを撒きちらし、そこにフランシス・ピカビアやマン・レイやデュシャンや、ミロ、マッソン、キリコ、モディリアニ、エルンストがリプレゼンタティブに林立していった。まだ若造だったコクトー、ピカソ、サティはとっくに「バレエ・リュス」のゲイのロシア人ディアギレフの挑発でおかしくなっていた。

ぼくが好きなエピソードもある。ピアニストのジョージ・アンタイルがパリに来て作曲家に転じ、ジョイスを育てたシルヴィア・ビーチの書店「シェイクスピア&カンパニイ」の二階に借り住まいしたことだ。アンタイルの《野生のソナタ》はいま聴いてもぞくぞくさせられる。

これらの動向のなかで見落とせないのは、ドイツ表現主義が絵画においても文芸においても映像においても、歪んだ心理の変形ヴィジュアル化をもたらしたことと（前衛グループ「ブリュッケ」と「青騎士」が先頭を切った）、これが無意識に挑むフランスのシュルレアリスムの抬頭につながっていったことだろう（アンドレ・ブルトンの『シュルレアリスム宣言』の起草が一九二四年だ）。その背後にはキャバレー文化とカフェ文化が波打っていた。ヨーロッパにおけるダダ、未来派、表現主義、シュルレアリスムなどの「逆上するムーブメント」については、いまこそ日本のロスジェネ以降の世代がつぶさに観察するといい。

この時代、アメリカでは「ハーレム・ルネッサンス」が高じて、ジャズエイジが誕生した。一九二一年にブラックスワン・レコードが開設された。当時の洗練された感覚と頽廃的な感覚はほぼすべてジャズが担ったと見ていいだろう。ハロルド・スクラッピー・ランバートの高音には誰もが胸をかきむしられた。

当時のジャズはいまだ社会的少数派のものだ。大衆の多くはスウィートミュージックに走り、少数派のハードコアはホットミュージック、あるいはレイスミュージックとみなされていた。そのなかでルイ・アームストロングが意味のないスキャットを延々とインプロし（最近のヒップホップにはこれがない。つまり黒いダダがない）、シドニー・ベチェットがサックスを使えるようにした。これらを吸引して、二〇年代のおわりにはそうとうな変わり者だったデューク・エリントンのビッグバンドさえ登場した。

みんな体を動かしたがっていたとも言える。フォックストロット、ワルツ、タンゴ、チャールストン、リンディホップが流行し、全米にダンスホールが次々に開場して、ボブ・ダグラスが黒人ばかりのバスケットボール・クラブをつくった。コットンクラブでは着飾った紳士淑女がジャズに酔いしれた。

禁酒法が施行され、そこにアル・カポネを代表とするギャングが横行したことも、アメリカのローリング・トゥエンティーズを異様に彩っている。この「異様」が次から次に対抗文化の様相を呈したのが、二〇年代ではとんでもなく看過できないことになっていった。シカゴやニューヨークやサンフランシスコにスピークイージー（潜りの酒場）が出現して、妖しい女とギャングが結びついていったことなど、いまや再現するすべがない（タランティーノやフランク・ミラーやロバート・ロドリゲスは復活したがっている）。

そこに醒めた目でコートの衿《えり》を立てて登場したのがレイモンド・チャンドラーやダシール・ハメットのハードボイルドだ。短文が連なる文体には「女はバケツのような口をして笑った」といったあけすけな描写が切り刻まれていた。いまなおアメリカ映画はこの時代のギャングを主人公にした哀切を得意気に描き続けている。

ドイツでは表現主義だけでなく、ワイマール文化の浸潤とバウハウスのデザイン教育を重視するべきだ。第一次世界大戦で大敗したドイツは一九一九年に最悪の経済状態になっていた。そのなかで組み上げられていったのがワイマール共和国だ（一九一八〜一九三三）。ヒトラー政権が確立するまでのドイツはもっぱらワイマール文化がその習熟した方法論によって牽引《けんいん》した。二〇年代のベルリンはワイマール文化の頂点だった。

ワイマール文化の特徴は「知の再構築」にある。マンハイム、エーリッヒ・フロム、アドルノ、ホルクハイマー、マルクーゼ、カッシーラー、フッサールらの知識人が毎夜にわたって世界の構成方法をめぐって議論した。こういうところがドイツ人の徹底した理論根性だ。かれらのすべてがシェーンベルクやアルバン・ベルクの無調音楽や十二音階技法の意味を考えていたことにも驚いたほうがいい。

ヴァルター・グロピウスがワイマールにバウハウス（「建築の家」という意味）を建てたのは一九一九年のことだった。すぐさま構造・構成・構匠それぞれのデザインは技法を伴っていることが告知され、ハンネス・マイヤー、クルト・シュヴィッタース、パウル・クレー、ヨハネス・イッテン、モホリ＝ナギらが次々に講師に立った。バウハウスがなかったら今日のデザインはない。

時を同じくして、途方もなく画期的なメソッドを提出していったのがロシアだ。ドイツ表現主義に比肩する構成主義にはカンディンスキーからマレーヴィチまでが登場し、バウハウスに比肩するデザインではロトチェンコやリシツキーらが登場し、これらを覆ってエイゼンシュテインの驚くべき映像技法が開花した。あの「オデッサの階段」の名場面で唸らせた《戦艦ポチョムキン》は一九二五年の制作だったのである。エイゼンシュテインはメイエルホリドの演技技法を習得し、独特のモンタージュ理論を打ち立てた。日本の歌舞伎の様式にいちはやく注目し、日本人が伝統を見離して欧米の猿真似をすることに苦言を呈した。

その一方では、さきほどもチョイ出ししておいたディアギレフによるロシア・バレエ「バレエ・リュス」がヨーロッパをひっくりかえしていた。ニジンスキー、アンナ・パブロワ、イーダ・ルビンシュタイン、タマラ・カルサヴィーナらの夢幻のような踊りは、世界中の誰も見たことのないものだった。今ならさしずめ、冬季のフィギュアスケート、夏季のシンクロナイズド・スイミングのロシアチームに瞠目するようなものだろう。ぼくはこのロシア浪漫の原動力がどこから来るのか、ぜひ知りたい。

ロシア人の二〇年代については、レーニンやトロツキーの革命活動とその文章力にも注目したい。レーニンはマッハの感覚論について、トロツキーは未来派について、偏ってはいたが、鋭い考察をしてみせた。ぼくはソチの冬季オリンピックの開会式の映像演出にロトチェンコもレーニンも出てきたことに喝采をおくったものだ。

日本はどうだったかというと、一九二〇年が大正九年になる。第一次世界大戦で火事場泥棒めいた景気を貰《もら》っていた日本は、その濡れ手で粟の反動でしばらく戦後不況に悩まされるのだが、しかしながら、そんな不景気と大正デモクラシーの中でこそ二〇年代文化が切り拓かれた。

一九二〇年ちょうど、読売新聞が文語体から口語体にすると、二年後に「週刊朝日」（初期は旬刊）と「サンデー毎日」が、三年後に「文藝春秋」が創刊され、同じころ蒲田には撮影所が設立されて「キネマの天地」を謳歌した。サワショーこと沢田正二郎の新国劇が《国定忠次》を上演したのもこのころだった（のちまで続くチャンバラ・ブームはここからおこる）。

こうして開花した大正中期文化は、一九二三年の関東大震災で決定的な打撃を被った。また、それまで破竹の勢いでアナキズムを激情させていた大杉栄が震災とともに殺害され、ここに幸徳秋水以来の社会主義文化も退嬰《たいえい》しそうになっていくのだが、そこからがしぶとかった。

まずは帝都東京がめざましく復興されたのである。後藤新平が旗を振った。かくて昭和が始まる一九二六年前後からは東京のメインストリートにはモガ・モボ（モダンガール・モダンボーイ）が溢れ、カフェーの女給文化に文士たちさえいちころになった。

昭和文化は朝鮮や満州ともつながっている。大陸浪人や馬賊が行き交い、山東出兵は侵略の野望に満ちていた。こういうこと、戦後以降の日本ではもはやまったく想像するだにできないことだろう。しかし、一言で日本の二〇年代を一人の短い生涯によって象徴させるなら、ひょっとすると宮沢賢治をあげるべきかもしれない。賢治の『春と修羅』は大正末年の一九二四年の刊行だ。三七歳の生涯を終えたのは昭和八年、一九三三年のことだ。日本が満州事変に突入し、忌まわしい日々に揉まれていった矢先、賢治は透徹した表象に全身全霊を賭け、その言葉の錬丹術を鉱物的結晶のごとくに究めていた。本巻では与那覇恵子が賢治のページをうけもっているが、そこには賢治は日本を「異人の目」で見ていたという適確な指摘がしてある。

まあ、こんなふうに短い案内をしていっても詮方《せんかた》ないだろうが、総じてはともかくも一九二〇年代はかつてないポップとヒップとクールの奇瑞《きずい》ともいうべき爛熟を集約させたのである。それがどうなったかといえば、一九二九年、ウォール街の大暴落とともに終焉を迎えた。

恐慌から立ち直った米欧が見せたものは、金融政策とアーリア主義と流線形とアールデコと、そしてナチスの抬頭である。日本はひたすらアジア大陸と太平洋への野望に盲進していった。それらのことについては、このシリーズの別の巻に詳しい。

第一六四七夜　二〇一七年八月十八日

参照千夜

一五七五夜：鈴木一誌『ページと力』　一一六六夜：ヘミングウェイ『キリマンジャロの雪』　一七四四夜：ジェイムズ・ジョイス『ダブリンの人びと』　九一六夜：ハイデガー『存在と時間』　一三三五夜：木田元『偶然性と運命』　一〇九九夜：『ニジンスキーの手記』　九五四夜：寺島珠雄『南天堂』　九四〇夜：フォークナー『サンクチュアリ』　七四夜：ニール・ボールドウィン『マン・レイ』　九一二夜：コクトー『白書』　四四〇夜：マルセル・ヘードリッヒ『ココ・シャネルの秘密』　八五一夜：トリスタン・ツァラ『ダダ宣言』　五七夜：マルセル・デュシャン&ピエール・カバンヌ『デュシャンは語る』　八八〇夜：キリコ『エブドメロス』　一二四六夜：エルンスト『百頭女』　二一二夜：シルヴィア・ビーチ『シェイクスピア・アンド・カンパニイ書店』　六三四夜：アンドレ・ブルトン『ナジャ』　二六夜：レイモンド・チャンドラー『さらば愛しき女よ』　三六三夜：ダシール・ハメット『マルタの鷹』　一二五七夜：アドルノ『ミニマ・モラリア』　三〇二夜：マルクーゼ『エロス的文明』　一〇三五夜：パウル・クレー『造形思考』　一二一七夜：モホリ＝ナギ『絵画・写真・映画』　四七一夜：マレーヴィチ『無対象の世界』　一〇四夜：レーニン『哲学ノート』　一三〇夜：トロツキー『裏切られた革命』　七三六夜：『大杉栄自叙伝』　九〇〇夜：宮沢賢治『銀河鉄道の夜』

「黒人をまねた白人」が、
ブルースとジャズとグラフィティを突端《ヒップ》に躍らせた。

ジョン・リーランド

ヒップ

アメリカにおけるかっこよさの系譜学

篠儀直子・松井領明訳　Pヴァイン（ブルース・インターアクションズ）二〇一〇

John Leland: Hip— The History 2004

ヒップはセロニアス・モンクのピアノの至福の果てにあって、ルー・リードとヴェルヴェット・アンダーグラウンドのストイックな野性の中にある。それでいてヒップはジャック・ケルアックのバップな言葉の韻律そのもので、マイルス・デイヴィスの小さく吠える話し方でもあって、その身なりであり、その演奏スタイルなのである。けれどもまたヒップはジェイムズ・エルロイのパルプ・フィクションであって、レニー・ブルースの加速する風刺なのだ。

こういうヒップについての言いっぷりをこれ見よがしに次から次へと射出する、該博で小気味のよいクロニクルをいつか誰かが書きまくるだろうとは思っていたけれど、やっぱりそんなことを仕上げる凄腕のアメリカン・ライターがいた。本書がそれだ。大著だった（二〇〇四年の著作で、六〇〇ページ）。白くて黒いアメリカの喧噪に充ちた好奇心のサラダボウルの中の食材を、あらいざらい提供してみせた。

著者のジョン・リーランドはニューヨーク・タイムズの記者で、二十年以上にわたってアメリカン・ポップカルチャーの取材と記事を執行してきた猛者《もさ》である。日本でも「スタジオボイス」などでちょくちょくお目にかかっていた。長らくイーストヴィレッジに住んでいたようで、だからというわけではないが、ブルックリンのウィリアムズバーグの道端やロスのシルヴァーレイクの落ち着きがないのに自信たっぷりな風情にも、詳しい。

おそらくは破壊的知性にめっぽう強いジャーナリストなのだろう。日本のメインジャーナリズムでは、この手のポップカルチャーやローカルチャーに精通した記者が大手の新聞社にずっといることなんて、まずありえない。日本ではサブカル記者はたいてい排除されるのだ。記者だけではない。日本には「サブカルズ」を大段平《おおだんびら》切って議論できる思想者が出ていない。

ヒップは才能ではない。脱落者、ちんぴら、ふしだら、フリーク、アウトロー、トラブルメーカー、ほら吹き、トリックスターが才能だというなら才能とも言えようが、やっぱりそうではない。ヒップは、ルーティ（盗品）やブーティ（戦利品）で仕上がった反抗の誇示なのだ。

反抗の誇示は、ジャクソン・ポロック、チャーリー・パーカー、トゥパック・シャクール、カート・コバーン、ドロシー・パーカーがそうだったように、ときに破滅をもたらす。仮りにバードことチャーリー・パーカーとベラ・バルトークがどっこいどっこいの才能をもっていたとしても、どっちを演奏したいかといえば、「そりゃ、バルトークだろう」ということになる。「バードのあとに何ができる?」というわけだ。

ところがヒップがヒップスターの生きざまの片言隻句《せっく》になり、ステージングの演奏や姿勢になり、アクセサリーや靴やジャンパーになったとたん、どんなハイカルチャーの才能も及ばないような図抜けた凱歌がそこに溢れていった。ヒップの副産物こそはとびきりの才能に昇華していくのだ。そこにオリンピックとXゲームほどの、コルトとグロックの拳銃ほどの、コミックの《バットマン》とフランク・ミラーの《ダーク・ナイト》ほどの、決定的な違いがあらわれる。

つまりヒップは「純粋」にはほど遠いのだ。そのかわり「スタイル」と「雑」が本領なのだ。だからローカルチャーはハイカルチャーよりうんと複雑になる。ヒップは偶発的で偶有的《コンティンジェント》なのだ。アンディ・ウォーホルは、「ぼくがヒップにめざめたのはジェイムズ・ブラウンをハーレムのアポロシアターに見にいく途中のリムジンの後部座席にいたときだった」と告白しているが、まさにそうだろう。突如として、偶発的に、ヒップは人を襲うのだ。ウォーホルもこのあと、理由もなくヴェルヴェット・アンダーグラウンドの最大のパトロンになっていた。

こんなコンティンジェントな起動感覚はとうていうまく言いあらわせないので、これまでもクール（cool）、ダウン（down）、キャンプ（camp）、ビート（beat）、ラッド（rad）、ファット（phat）、タイト（tight）、ドープ（dope）などと呼ばれてきた。ときにひとくくりにボヘミアン（Bohemian）と総称することもあった。しかし、やはりヒップ（hip）という言葉がいちばんこの感覚を包括しているだろうというのが、本書の見方だ。

ヒップの語源については、定説はない。言語学者のデイヴィッド・ダルビーは西アフリカのウォロフ語の動詞「ヘピ」（hepi＝見る）や「ヒピ」（hipi＝目を開く）あたりの言葉が起源ではないかと言う。セネガルやガンビアの黒人奴隷が十八世紀にアメリカで使いだしたらしい。かれらはそのころ「ディグ」（dig＝わかる）の語源である「デガ」（dega＝ピンときた）や、「ジャイヴ」（jive＝からかう）の語源になる「ジェヴ」（jev＝偽りを語る）といったウォロフ語も一緒に使っていた。いずれもセネガルやガンビアの黒人たちがアメリカにもちこんだ。

そのうちヒップやヒッピー(hippie, hippy)がよく使われるようになり、やがてヒップとジャイヴがまじっていった。ノーマン・メイラーが一九五七年の『白い黒人《ホワイト・ニグロ》』(新潮社『ぼく自身のための広告』所収)でヒップスターを勇気ある文化としてとりあげ、「ヒップは巨大なジャングルに暮らす聡明な原始人の知恵である」と書いたのは、いまからすれば危うい言い方ではあるけれど、ずばりルーツを言い当てていた。

そうだとすると、アメリカにヒップが生まれ、そのムーブメントが一気に席巻しはじめたのは、一九二〇年代やメイラーがヒップスターを議論した五〇年代後半だったのではなく、その一〇〇年も前のことだったのである。本書は、ヒップの誕生はミンストレル・ショーとブルースが混じっていったところに起源すると証した。

ミンストレル(minstrel)というのは、白人が黒塗りをして粉飾し、黒人もどきを演じてみせる芸人たちのことで、そのショーは一八二〇〜三〇年代の各地の小劇場に登場して十九世紀アメリカで最も親しまれたエンターテインメントだった。フォスターの《草競馬》や《おおスザンナ》はミンストレル・ショーのために作曲された。

司会者(インタロキュター)や「つっこみ」(ストレートマン)もこのショーから生まれた。ホイットマンは子供のころからこのショーが大好きで、ディケンズは当時のスターだったウィリアム・ヘンリー・レインを「史上最も偉大なダンサー」だと褒めた。

白人が黒人を試着して（擬装して）、そのことを自負すると、今度は黒人がそれを再転用して変更し、白人が再び黒人の変更を強奪する。この〝愛〟と〝盗み〟のあいだにヒップが生まれたのである。のちにボブ・ディランが《アウトロー・ブルース》で、ミシシッピのジャクソンにいる恋人について「褐色の肌だが、かわらずおれは好きなんだ」と歌ったのは、ミンストレル・ショー以来の白人的矜持《きょうじ》であるとともに、もう過去にはとらわれないという「現実変革の約束」でもある。けれども、アメリカン・ポップカルチャーはこういう人種差別的なショーの愉しみから派生したと言わざるをえない。

ミンストレル・ショーがどんなものかは、日本でいえばシャネルズの鈴木雅之たちが顔を黒く塗って黒メガネをし、湯川れい子と井上大輔の《ランナウェイ》などを歌い出したことを想えば、なんとなくその意図が思い当たるかもしれない。ちなみにシャネルズという名はココ・シャネルのシャネルからきているのではなく、「シャ・ナ・ナ」と「ザ・チャネルズ」を合わせたネーミングだった。シャネルズはその後はラッツ&スターと変名して《め組のひと》などをヒットさせた。

当時のぼくにはシャネルズの出現はひどい茶番に見えたけれど、その歌いっぷりにはグルーヴで痺《しび》れるものがあった。アメリカの白人たちも、このように黒人の真似をすることをやたらにおもしろがったのである。

ブルース（Blues）のほうは、アミリ・バラカ（＝リロイ・ジョーンズ）が指摘したように、「アメリカ人になった黒人」が初めてつくりだした正真正銘の文化イディオムだ。

発生地はテネシー州メンフィスに広がる肥沃《ひよく》な農地、ミシシッピ・デルタあたり、そこを揺籃《ようらん》地にしたのは、①セネガルやガンビアの奴隷たちが得意なコール&レスポンス型の歌や弦楽器やイントネーション、②コートジヴォワールやナイジェリアから運ばれてきた男女混合のこみいったポリリズム、③コンゴやアンゴラからやってきた複雑なボーカル・アレンジメント、この①②③の混成だった。

アメリカ化した黒人はこれらにアイルランドのバラッドの要素、ヨーロッパの賛美歌をまぜて黒人霊歌を生みだした。そこへバンジョーに代わってマーティンやギブソンの上出来ギターが加わり、さらにチャーリー・パットンやトミー・ジョンソンが《ジョン・ヘンリー》《フランキー&アルバート》といったフォーク・バラッドから自立して独得の歌を奏でるようになったとき、ブルースが誕生した。

初期のブルースの生態にはアフリカンなピッチトーン言語が生きていた。ピッチトーンはアクセント（ピッチ）と声調（トーン）によって意味が変わっていく音楽言語の調べのことで、それが、新たにブルーノート・スケールとして育まれていくブルースにマッチした。またアフロ・アメリカンな黒人英語にもぴったりだった。

ブルーノート・スケールは五音階のペンタトニック・スケールでできていて、この音楽展開にシャッフル（shuffle）やグルーヴ（groove）などの特色を富ませ、コール&レスポンスなブルースを極上にした。

こうして多くのブルース・シンガーが、最初は黒人の旅芸人《ミンストレル》として、ついではロバート・ジョンソンのようなプロミュージシャンとして、また白人のカントリーシンガーとして、活躍を始めた。折からのレコードの発達もブルースの流行を手助けた。グルーヴとは、もともとレコードの溝をあらわす言葉なのだが、その粗野なレコード盤がもたらす波打つ溝から出てくるような音は、頓《とみ》にブルースぽかったのである。メイミー・スミスの《クレイジー・ブルース》の録音（一九二〇）が決定的だった。

ぼくはこうした流れがどんなブルース思想になっていったのかを、本書の著者同様、当時はリロイ・ジョーンズ名義だったアミリ・バラカの『ブルースの魂』『ブルース・ピープル』（ともに音楽之友社）、『ダンテの地獄組織』『根拠地』（ともにせりか書房）、『ブラック・ミュージック』（晶文社）からとくとくと教わったけれど、それはもちろん後付けの話で、実際のブルース思想を支えていったのは、一八五〇年代の「アメリカン・ルネサンス」をもたらした作家たちだった。

エマソン、ソロー、ホイットマン、メルヴィルらが、「アメリカン・ルネサンス」の旗手である。それぞれ『代表的人物』、『ウォールデン　森の生活』、『草の葉』、『白鯨』で鳴らした。ここに、個人を讃え、規範に従わない者たちを称賛し、市民的不服従を唱え、ゲイカルチャーの匂いを放つ「新しいものがもつ官能的な叫び」を容認するヒップの知的枠組みが築かれた。

ホイットマンはこう煽《あお》った。「以下が君のすべきことだ。大地と太陽と動物を愛せ、富を軽蔑しろ、請われたら誰にでも施しをしろ。愚かな者や狂った者のために立ち上がれ。暴君を憎め。神以外のことを議論しろ。どんな奴にも帽子を脱いだりするな」。まさにヒップスター創生のためのマニフェストのようなものだ。

それまでアメリカには、ヨーロッパに匹敵する上等な思想も文学もなかった。それがミンストレルやブルースとともに、ホイットマンが過激に示唆してみせたような独特の主張や信念としていきなり発揚した。これはのちのビバップ、ヒップホップ、ロスト・ジェネレーション、ビート・ジェネレーション、インディー・ピュリスム、ドラッグ・カルチャーの昂揚につながっていった。

一八五五年にチャールズ・プファッフがブロードウェイ653に開いた地下ビアホールは、こうした主張や信念に呼応する連中の巣窟となった。かれらはヘンリー・クラップ率いる「ニューヨーク・サタデープレス」によって、しばしば「ボヘミアン」(もともとはロマのこと)と呼ばれ、マーク・トウェイン、ヘミングウェイ、ダシール・ハメットに痺《しび》れ、ライト兄弟の飛行機、フォードの自動車、ハリウッドの映画、ジャズ、タップダンス、チャールストン、ヒップホップに浮かれた。

黒人も白人も同じ文学を読み、同じ自動車に乗り、同じように腰を振ったのだ。こんなことはアメリカ新世紀にしかおこらなかった。一九一三年、フランスの作家シャルル・ペギーは「イエス・キリスト以来の世界変化よりも、この三十年間の変化のほうがずっと大きい」と書いたものだ。

ジャズを胚胎《はいたい》したのは十九世紀末のニューオリンズである。農地でブルースしていた黒人音楽とフランス移民のあいだのクレオール・ミュージックとが混じって、うずうずした様相を見せていった。ルイジアナ行政法がダウンタウンのクレオールと黒人バンドをアップタウンに一緒くたにさせたのも大きかった。

たちまちカドリーユ、ワルツ、ラグタイム、ブルース、葬儀音楽、マーチなどが交差しあい、そのやりとりのあいだから、一方では嘘つきでギャンブル好きのジェリー・ロール・モートンの《キング・ポーター・ストンプ》や《ハイソサエティ》が、他方ではマーチングバンドの《ディドント・ヒー・ランブル》や《聖者の行進》が生まれた。かれらは葬儀の行きは陰鬱に鳴らし、帰りは楽しげにシンコペートしたりラグしたりしてみせた。

一九一七年二月二六日、ニューオリンズ出身の白人五人組のオリジナル・ディキシーランド・ジャズバンドが、ニューヨークのヴィクター・スタジオで《リヴリー・スティブル・ブルース》を録音した。三年後、メイミー・スミスはハーレムで歌っていた《クレイジー・ブルース》をレコーディング・スタジオに持ち込み、一ヵ月で七万枚、一年で一〇〇万枚を売った。こうして、かのルイ・アームストロング(サッチモ)やシドニー・ベシェやデューク・エリントンが登場していった。モートンも歯にダイアモンドを入れてこの一陣に並び立った。

ジャズは個性に富んだ即興力によって過去と現在をすばやく行き来し、堅い楽譜に自在なパフォーマンスをもたらした。ジャズは意外にも自動車が秘めるスピードや組み立てライン(アセンブリー)の工場のリズムと相性がよく、それゆえ同じ曲や歌を緩く悲しくも、快活に喧《やかま》しくもあらわせた。ロバート・ファリス・トンプソンはそれをこそ「ジャズのヒップでクールなところ」と解説した。

第一次世界大戦とジャズエイジは、白人たちであるヘミングウェイやフィッツジェラルドらをロスト・ジェネレーションにさせ、黒人にはハーレム・ルネサンスを、ランドルフ・ボーンらのフットルース(身軽な若者たち)にはグリニッジ・ヴィレッジでのボヘミアン暮らしをもたらした。

黒人自身も変化した。ハーレム・ルネサンスの担い手の一人となったアレン・ロックは「ニューニグロ」という言いまわしを、ゾラ・ニール・ハーストンは「ニグロタリアン」という言葉を用意した。一九二四年のシヴィック・クラブで開かれたディナー・シンポジウムでは黒人と白人がニューニグロ感覚を共有した。

こういう流行がお仕着せやペダントリーであることに業を煮やした連中もいた。あまりに文明的でありすぎるという反発だ。そこでこれをヒップに戻そうとするカール・ヴァン・ヴェクテンらは、そこにハイカルチャーとローカルチャーをまぜこぜにするためにヒップなツアーガイドを広げていった。ガートルード・スタインから全幅の信頼をもらっていたヴェクテンは『ニガー・ヘヴン』(未知谷)を書いて、みずからホワイト・ニグロの仲人となった。ヴェクテンは写真家でもある。

ここで舞台に登場してきたのが、タルラ・バンクヘッド、ジョージ・ガーシュウィン、アレグサンダー・ウルコット、セオドア・ドライサー、すでに酔っ払いになっていたベッシー・スミスたちだった。

ジャズエイジ、ロスト・ジェネレーション、ハーレム・ルネサンスの三本柱は、大恐慌とともに変質する。その隙間を埋めたのは何だったのか。パルプ・フィクションとハードボイルドとフィルム・ノワールと、そしてギャングスターだ。

ハメットに続いたチャンドラー、ホレス・マッコイ、ジェイムズ・ケインらは、マスキュリンな(男っぽい)ヒップ・ダンディズムを称揚した。いささか煽情的で官能的な挿絵付きの「アメリカン・マーキュリー」「ソーシー・ストーリーズ」「ブラック・マスク」が売れまくった。それが、のちにクエンティン・タランティーノが惚れまくったパルプ・アイコンの席巻になり、西海岸のサンフランシスコの波止場やロスの場末がヒップのロケーションとして人気を集めた。

ヒップは「闇」をかこったのである。ジェイムズ・エルロイの四部作『ブラック・ダリア』『ビッグ・ノーウェア』『LAコンフィデンシャル』『ホワイト・ジャズ』(いずれも文藝春秋)は、ロスを偽善と悪といかさまで染め上げた。

そんなところへシカゴやニューヨークのギャング(gang)が重なってきた。ウォーリアー(戦闘員)とハスラー(麻薬売人)が街を占め、アル・カポネの時代があからさまになり、陰謀が渦巻き、無法の街が現実味を帯びてきた。闇と偽善と悪の蔓延に、当時のアメリカの良識派は禁酒法とフロイト主義という言い訳をつくったものだ。マックス・ローチはこう言った、「ヒップホップってのは音楽じゃなくて娑婆《しゃば》のことなんだ」。のちにアフリカ・バンバータは本書の著者にこう言った、「ヒップホップを理解するにはね、ブロンクスのギャング・ストラクチャーを知らなければならないんだ」。

本書は一五章立てで、五章と六章を「ヒップ黄金時代」に当てている。「1：ビバップ、クールジャズ、冷戦」ではチャーリー・パーカー、ディジー・ガレスピー、セロニアス・モンク、リアカット・アリ・サラーム（ケネス・スピアマン・クラーク）、マイルス・デイヴィスがスケッチされ、「2：ビート」ではケルアック、ギンズバーグ、ウィリアム・バロウズらの爛《ただ》れたビート文芸と過激なヒッピー伝説がスケッチされる。

まずは四人組のことである。チャーリー・パーカーは旅芸人の父をもち、ハイスクールをドロップアウトしたのち十五歳で結婚し、ヘロインとモルヒネを常習するようになった青年だが、アルトサックス奏者としては天才的だった。一九三九年の暮れに、コードチェンジのときに新コードの高い音程でソロ演奏に入れば、オリジナル旋律の拘束から解放されることを発見した。ここに「ビバップ」が誕生し、同時に「モダンジャズ」が創始された。

ジャズ業界からは〝バード〟と親しまれたパーカーは、若き日のマイルスを登用する一方、エドガー・ヴァレーズにぞっこんで、彼のもとで本格音楽を学びたいと思っていたほどのクラシック好きだった。そのためジャズメンたちとはいつも距離をとっていた。一九五五年、バードは三五歳で薬物で死んだ。《オーニソロジー》《コンファメーション》《ナウズ・ザ・タイム》などの名曲を残した。

ついでながら、ぼくはロバート・ライズナーの『チャーリー・パーカーの伝説』（晶文社）よりも平岡正明の『チャーリー・パーカーの芸術』（毎日新聞社）を愛読した。こちらのほうがグルーヴしていたからだ。

トランペット奏者で歌手でもあったガレスピーは、学校で音楽の基礎をしっかり身につけた青年で、ルイ・アームストロングに憧れていたとともに、そのショーマンシップに不満をもち、他方ではベニー・グッドマン楽団ふうの優美なスウィングに疑問をもっていた。それが一九四〇年にパーカーと出会い、自分の中にあるものに気が付き、衝撃を受けた。パーカーもガレスピーのことを「自分の鼓動の片割れ」と感じた。

ガレスピーは、バードが周囲からの隔絶を好んだのにくらべると、ずっと社交的で、そのぶんビバップの伝道者になりえたようだ。《チュニジアの夜》《ブルー・ン・ブギー》《マンテカ》《ビバップ》などは、その後のスタンダードジャズの代名詞にもなった。一九六四年には大統領に立候補する気もあった。

ピアニストのセロニアス・モンクは巡回ゴスペル・バンドの一員だったが、奇行が多かったようだ。ハーレムのクラブで職を得たとき、左手が複雑なコードをうねるように捌《さば》く動きと、右手による音程の大胆な跳躍があいまって、未知の領域を告げるようになっていた。

リアカット・アリ・サラームはハイスクールでピアノ、トロンボーン、ドラム、ヴィブラフォンを演奏し、音楽理論にも詳しい青年だった。テディ・ヒルのバンドに入り、バスドラムにアシンメトリックなアクセントをつけるためのボム（爆弾）を工夫していたのだが、バンドからは外された。そこで出会ったのがガレスピーだ。たちまち「クルック・モップ」(擬音っぽい奴)の異名をとった。

この四人はともに子供の頃に大恐慌を体験し、第二次世界大戦後にブラック・ナショナリズムの洗礼を受けた世代である。ここにバド・パウエル、マックス・ローチ、マイルス・デイヴィスが加わって、ビバップのノンコンフォーミズム(不服従主義)が共謀された。不服従がジャズだったのである。

マイルスについては、すでに四九夜にマイルス本人の語りをクインシー・トループがまとめた自叙伝を軽く紹介しておいたので、ここでは本書に沿った話をひとつだけあげておく。

一九四八年にパーカーのバンドから離れて人種混合集団に参加したとき、その溜まり場となったギル・エヴァンスのアパートで、マイルスはエヴァンスに惚れ抜いていた。「このカナダ出身の背の高い痩せた白人はどんなヒップよりもヒップだった」と述べている。マイルスが加わった九人の人種混合集団による演奏こそ、その後に七八回転盤でリリースされたのち、かの《クールの誕生》に収録されたものである。

本書の中ではマイルスは「ヒップの王様」もしくは「クールの王子様」扱いをされている。これはしかし過小評価というべきで、多くのジャズファンにとってはどう見ても

「神様」だ。とくに「そこにあるものを演奏するな、そこにないものを演奏しろ」や「ジャズは革命の兄貴だ。革命はそのあとにやってくる」、あるいは「俺の言っていることが理解できるなら、俺になれ」は、長らくマイルス・デイヴィス神話の告知だと信奉されてきた。

マイルスが最も重視したことはただひとつ、「スタイル」を生むこと、あるいは「変化するスタイル」に向かいきれるかということだった。サブカルズの本来があるとすれば、それは「変化するスタイル」そのものにあるはずなのだ。マイルスこそはやはりすべてのサブミッションに通じた神だった。

「2：ビート」のケルアックからバロウズに及ぶビートニク（ハーブ・ケインの造語）な流れについては、今夜は省く。

ヒップの歴史には数多くのトリックスターが出入りする。そこには詐欺師、ハスラー、愚か者、ならず者とともに、グラフィティ（落書き）やカートゥーン（動くマンガ）が付きものので、それらの出入りには必ずや「文化の縫い目」に過敏な現象が見てとれる。とくに「封印と暴露」がアイロニーやパロディやセクシュアリティを伴って、独得の不確実性や決定不可能性を暗示する。

本書ではそのことを黒人特有の「シグニファイング」（signifying）の発露だろうというふ

うに括《くく》っている。風刺、指示まちがい、ほのめかし、冗談がオープンエンドのままに、黒人文化の縫い目として保持されてきたということだ。ヘンリー・ルイス・ゲイツ・ジュニアは『シグニファイング・モンキー』（一九八八）で、ヒップの生息領域がシグニファイングの口承性にあると見て、そこに二つの文化（黒人と白人など）を結び付けるとともに分割している縫い目があることを指摘した。こんなふうに説明している。「ある種の十字路、つまりヨルバ語と英語であれ、スペイン語とフランス語であれ、さらには黒人ヴァナキュラー（固有の様式）と標準英語であれ、二つの言語が出会う言説の十字路を、シグニファイングが現前化してきたのではないか」というふうに。

これは、いまや日本でもおなじみのヒップホッパーやラッパーたちによる「ダズンズ」(dozens)に、あからさまだ。ダズンズは相手の親族、とくに相手の母親の悪口を言い合うことで（お前の母ちゃん出べソ）、黒人文化ではゲーム化されるほどによく知られた応酬である。

ダズンズは、黒人古語の「仰天させる」「麻痺させる」「目を眩《くら》ませる」といった意味をもつ"to dozen"から派生した。ウーフィング(woofing)、サウンディング(sounding)、ジョイニング(joining)などとも言われる。モハメッド・アリやH・ラップ・ブラウンが得意にした。これが出来のいいラップになると、つねにダズンズが一行ごとに更新されてみごとなヒップトークに昇華した。本書はこのトーク技法は、もともとはマーク・トウェインが最初に獲得して、その成果を『ハックルベリイ・フィンの冒険』に結実させたとみなした。だとするとレニー・ブルースはその後裔《こうえい》だったのである。

ヒップホップ（hip hop）は一九七〇年代のブロンクスで誕生した。アフロ・アメリカン、カリビアン・アメリカン、ヒスパニック・アメリカンらが貧しいブロックパーティをしているうちに誕生した。ストリート・ギャングたちが落としたサブカルだ。抗争を無血におわらせるために、ラップやダンスが対抗戦として工夫されたのである。

八〇年代、ヒップホップはラップ、ブレイクダンス、グラフィティを三大要素とし、九〇年代になると、これにＤＪ（およびＭＣ）が加わって四大要素になった。そうなったについては、クール・ハーク（ブレイクビーツの発明者）、グランドマスター・フラッシュ（スクラッチの天才）、アフリカ・バンバータ（ヒップホップの名付け親）といったＤＪ名人たちの影響が大きい。

グラフィティは日本ではヒップホップとあまり結び付いていないけれど、アメリカではかなり大きなヒップ・ジャンルを形成してきた。そもそもカートゥーンの歴史がヒップだったのである。ポパイからスヌープ・ドッグまで、ブロンディからシンプソンズまで。とくにバッグス・バニー（Bugs Bunny）がすばらしいヒップスターだった。

この長身で二足歩行する白ウサギ野郎は、音楽とニンジンが好物で、カフェイン中毒だ。性格はクールで怖いもの知らず、猟師エルマー・ファッドや荒くれ者のヨセミテ・サムをつねに揶揄《からか》って翻弄する。それでいて相手が自分の存在に気がつくと、たいていキスをする癖がある。相手をごまかすときはすかさず変装や女装をし、そのくせかなりの読書家なのだ。いったいこいつは何者なのか。

バッグス・バニーのアニメーションをいくつも演出したチャック・ジョーンズは、これはアンチ・ディズニーの号砲で、そのスタイルはまさに「変化するスタイル」であり、その本質はハックルベリー・フィンやマイルス・デイヴィスに通じていると確信できると言明した。本書は、そこを「ハイカルチャーとローカルチャーの、男と女の、権力と反抗の、まさに亀裂と縫い目をあらわしている」と評価した。

ここに、ヒップとスクウェア（堅物）の区別を判然とさせる何かが君臨している。ジェリー・ウェクスラーは「ヒップの理念は差別や知性、意識の面で有象無象から自分を切り離せるかというところに芽生える。ただし、そこにはなにがしかのアイロニーが必要で、それを忘れると気取っているだけになる。そこで背中を押してくれるのがスクウェアに対する揶揄なのだ」と言った。

この言い方には、何をもってアウトローたりうるかというスタイルの秘密が見え隠れする。ボブ・ディランが「おれの外見はロバート・フォードかもしれないが、気持ちはジェシー・ジェイムズなんだ」と歌うとき、ヒップにとってのアウトローの意味が間近に迫ってくる。ディランはウィリアム・バロウズの信奉者であることを、この一節に込めたのだ。

一九六五年、シラキュース大学にいたルー・リードはヴェルヴェット・アンダーグラウンドを結成し、翌年《ヘロイン》をつくった。ヒップとドラッグと自己破壊をめぐるロマンが謳われた。おぼつかないギターのストロークから始まり、「どこに向かっているか、わからない」という歌い出しに、ヴァイオリンとモーリン・タッカーの切れ目のないタムタム・ドラムが連打されていくと、テンポが上がってビートがどんどん短くなっていく。事態は決してまとまらない。レスター・バングスは「想像しうるかぎりの一番混乱したものを象徴していた」と評した。

《ヘロイン》の一定できないビートは時制からの自由だ。この曲の奇妙な気持ちよさは、ヘロインのもたらす深刻な結果をものともしないからではなく、事態というものは決してロジカルに進まないという場を創出しているからだ。ルー・リードがどこに向かっているかわからないのは、どこにも向かっていないからなのだ。ぼくはそのことを《ロック・メヌエット》でさらに存分に堪能できた。

ルー・リードは麻薬をヴェルヴェット・アンダーグラウンドの場で律したようだったが、ヒップなポップミュージックの中では、多くのミュージシャンが悲劇的な中毒に苦しんだ。ミュージシャンだけではない。アメリカン・ポップカルチャーは広域の中毒症状をきたしたのである。

パーカー（バード）、ポロック、ブコウスキー、ドロシー・パーカー、フィッツジェラルド、ハート・クレイン、ビリー・ホリデイ、ハンク・ウィリアムズ、レニー・ブルース、ケルアック、ニール・キャサディ、ジョン・コルトレーン、チェット・ベイカー、ジャニス・ジョプリン、ジミ・ヘンドリクス、ジョニー・サンダース、ジェリー・ノーラン、カート・コバーン、ダービー・クラッシュ、リヴァー・フェニックス、みんな中毒から抜けられなかった。だからドラッグカルチャーそのものにヒップはなく、ヒップはそこに最もコミットしようとしていけば、そこはすっかりヒップでなくなってしまうというパラドックスを見せるのだ。

マイケル・ハリントンは一九七二年に「カウンターカルチャーはその成功に滅ぼされるかたちで終焉した」と宣言した。六〇年代のカウンターカルチャー（対抗文化）を代表したハリントンは、こう言ったのだ。「ボヘミアンの共同体は、中流階級の道徳観をその対極におくことで初めて存在しえていたのだから、それが消滅してしまったあとは存続することができなかった」と。

それでどうなったのか。七〇年代はＤＩＹ時代になって、みんながウォーホルの真似をして、ヒップはプロダクトに乗せられたのだ。フォックスブラザーズ社はディジー・ガレスピーが着たレパードスキン・ジャケットを売り出し、プレイボーイ社はビートジェネレーション・ネクタイピンを広告し、ヒップホップのDJは古いビートから新しいサウンドをウォーホルのシルクスクリーン印刷のように生み出し、ラモーンズやブロンディのようなパンクバンドは六〇年代のロックをキャンディなものにしていった。

ヒップ資本主義が姿をあらわしたのである。ヒップはモダニズムと連携し、広告がその連携を拡張させていったのだ。

それでもパティ・スミスやセックス・ピストルズが気を吐いていたのだが、一九八一年にMTVが発足して、その受信数が一挙に広まるにつれ、パンクもだんだんコマーシャル・サイズの画面の餌食になっていった。では、もはやこれまでかと思われたとき、ウィリアム・ギブスンがサイバーパンクを持ち出して、『ニューロマンサー』（ハヤカワ文庫SF）を書いた。

本書の後半は、ヒップ資本主義が身を翻してインターネット・ヒップに脱出していく様子を捉えている。なかなかの読み筋だった。ヒップスターが「ギーク」（geek）に移っていったのだ。いささか一九九三年に創刊された「ワイアード」を褒めすぎてはいるが、さすがジョン・リーランドだ。

かくしてヒップは二一世紀につながっていく。ノーマン・メイラーが予告した通りだった。世間は「ヒップか、さもなくばスクウェアであるか、もしくは順応者か反逆者なのか、そのどちらかなのである」！

第一七五一夜　二〇二〇年九月十四日

参照千夜

四九夜：『マイルス・デイビス自叙伝』　一一二二夜：ウォーホル『ぼくの哲学』　一七二五夜：ノーマン・メイラー『ぼく自身のための広告』　四〇七夜：ディケンズ『デイヴィッド・コパフィールド』　三〇〇夜：メルヴィル『白鯨』　六一一夜：マーク・トウェイン『ハックルベリイ・フィンの冒険』　一一六六夜：ヘミングウェイ『キリマンジャロの雪』　三六三夜：ダシール・ハメット『マルタの鷹』　二六夜：レイモンド・チャンドラー『さらば愛しき女よ』　三四〇夜：『ギンズバーグ詩集』　八二二夜：ウィリアム・バロウズ『裸のランチ』　九五夜：ブコウスキー『町でいちばんの美女』　六二夜：ウィリアム・ギブスン『ニューロマンサー』

モッズからパンクへ。
「スタイル」の切り出しこそがサブカルだった。

ディック・ヘブディジ

サブカルチャー

スタイルの意味するもの

山口淑子訳　未來社　一九八六

Dick Hebdige: Subculture — The Meaning of Style 1979

ジャン・ジュネは、こっそり隠していたのに獄房で見つかってしまったワセリン・チューブのことを『泥棒日記』の冒頭ほどなくとりあげて、「これほどちっぽけで最低の代《しろ》物《もの》が警察に立ち向かうことができる。これがそこにあるというだけで、世界中の警察を苛立《いらだ》たせることができる。こんなものが嘲《あざ》けられ、憎まれ、真っ青になって口もきけないほどの怒りを招くのだ」と書いた。

ジュネは、「ちょっとした代物」が世間の常識に破壊的な意味をもたらすことに気がついたのだ。ワセリン・チューブは刑務所の規律（コンプライアンス）を破ったのではなく、世間の常識に刃向かったのだ。だからジュネは「あの馬鹿げた代物を否認するくらいなら、人の血を流すほうがましだ」と、続けて書いた。ジュネは何に気づいたのか。「社会がもっている受容と拒絶の関係の距離」に気がつき、「何をすれば反抗的にみえるのか」ということを知ったのだ。世の中は逸脱が大の苦手で、日々の「アノマリーの誇張」を嫌うということを見抜いた。

ジュネの「最低の代物」はその後、安全ピン、革バンド、前髪の盛り上がり、チェーン・アクセサリー、先の尖《とが》った靴、派手なジャンパー、爆音をたてるオートバイというふうに継承されていった。五〇年代ロンドン・テッズを筆頭に、「最低の代物」が流行文化として唸《うな》りをあげていったのだ。

本書はこのあたりに「サブカルチャーの発動」があったとみなして、そこに「社会が容認しにくいスタイルの躍如」が始まったというふうに捉えた。社会が容認しないことには暴行も犯罪も騒音もあるけれど、それがスタイルであっても容認できないとき、そこにサブカルズの胎動が窺《うかが》えるのである。ロラン・バルトは現代社会はおおむねプチブルでできていると見て、「プチブルは他者を想像できない。他者はプチブルの存在を脅かすスキャンダルなのである」と説明した。

こうして一九五〇年代半ばから六〇年代にかけて「二重の意味をもつ日用品でつくり

あげたスタイル」の中にサブカルチャーが起爆し、ついには七〇年代半ばのセックス・ピストルズに向かうパンク・ファッションの連打の乱れ咲きに及んだのである。

多少は時代の順を追ったほうがいいだろうからそうするが、最初に有名になったサブカルチャー・スタイルは一九五〇年代初期、ロンドンのセヴィル・ストリート（「背広」の語源となった、あのセヴィル）などに屯《たむろ》した労働青年たちのあいだから生まれたテディボーイ（teddy boys）だった。本人たちは好んで「テッズ」（Teds）と自称した。テディとは英国王エドワード七世の愛称で、テッズたちは国王が好んだエドワーディアン・ルック（細身のシルエットに丈の長いジャケット）に半ば憧れ、半ばは揶《から》揄《か》ってアレンジを遊んだ。

髪をリーゼントにし（英国ではクイッフという）、後ろはダックテイルにまとめ、長いドレープジャケットを羽織って、白いシャツにスリムジム・タイ（細いネクタイ）を締め、細身のパンツに分厚いラバーソウル（厚底靴）でダウンタウンを闊歩《かっぽ》してみせた。すぐさま不良少年たちがこれをまねて、ここから「サブカル的逸脱」が次々に出撃する。刺青をちらつかせてチェーンをぶらさげ、ナイフを持ち、ビートの効いたツイストを踊りまくった。女の子たちもブリルクリーム（ヘアクリーム）をたっぷりつけたリーゼントヘアに、ベルト付きのワンピース（広がるフレアスカートやパラシュートスカート）で対抗した。

不良時代のビートルズはこのテッズが原点だった。のちにポール・マッカートニーが

《テディボーイ》を、日本ではキャロルの矢沢永吉やジョニー大倉が《涙のテディボーイ》を歌ったことからも、テッズが六〇年代のロックンロール世代をまるごと席巻していたことが伝わる。ごくごく最近のことだが、ディオールのマリア・グラツィア・キウリが二〇一九 - 二〇の秋冬コレクションのコンセプトに、なんと「テディ・ガール」を採り入れた。いささか上品すぎてはいたが、いまだテッズは永遠なのである。

テッズからモッズ（Mods）が派生した。モッズは"Modernism or sometimes modism"の略で、やはりロンドン周辺からあらわれたスタイルだ。髪を下ろしたモッズカット、ぴったりした三つボタンのスーツ、ミリタリーパーカー（モッズコート）、やたらにミラーやライトを貼り付けたランブレッタやベスパのスクーターが好まれた。

モッズは深夜営業のクラブに集まり、際立ったファッションと当時勃興していたロッカーズ（ロックンロール派）に対抗した音楽を選んだ。レアな黒人音楽、R&B、ジャマイカ育ちのスカ（ska）、ソウルミュージックなどがお気にいりだ。ザ・フー、スモール・フェイセス、キンクスが登場した。

ロッカーズのほうは革ジャンに白いペイントのロゴ、ニットのセーター、香港製ジーンズ、ポマードでなでつけた髪形を好み、スクーターではなく単気筒や二気筒エンジンのトライアンフやノートンのバイクで疾駆した。かれらの動向はクリフ・リチャードやシャドウズらのブリティッシュ・ロックンロール、ジーン・ビンセント、エディ・コクランのロカビリーを流行させた。

　モッズはこうしたロッカーズとは切り込むように対立する。その対立の光景はアンソニー・バージェスの一九六二年の小説『時計じかけのオレンジ』に描かれ、スタンリー・キューブリックの映画（一九七一）になり、さらにフランク・ロッダムによって《さらば青春の光》として映画化された（一九七九）。原題は《四重人格》（Quadrophenia）というのだが、これはザ・フーのアルバム・タイトルだった。

　いまや有名な話だが、ビートルズはデビューにあたってはテッズを隠してモッズ・ファッションを選択した。それが当たった。このスタイルがビートルズをしてロックンロールやロカビリーから一線を画させた。モッズのほうは、六〇年代後期には少し変質して、ドクターマーチンのブーツ、ベン・シャーマンのシャツを身につけて、やたらにスキンヘッズを好むようになっていく。

　問題はコノテーションとブリコラージュなのである。内示作用力と修繕ファッションだ。テッズもモッズもロッカーズもそこに賭けていた。

　耳たぶに安全ピンをするか、先の尖った靴を履くか、低俗ミニスカートにスティレットヒールを合わせるか、プレスリーにするかスカを選ぶかジャズを鳴らしておくか、そこが命がけの問題なのだ。

このきわどい選択はジュネの一本のワセリン・チューブに匹敵した。スーザン・ソンタグはそのきわどい選択眼を「反解釈」(against interpretation) とみなし、スタン・コーエンはそれを「潜在的脅威の露出」ならびに「路地裏の悪魔の出現」と捉え、ウンベルト・エーコは「記号のゲリラ戦」と言った。知識人たちもサブカルを放置しておくわけにはいかなくなった。

察してもらえたかもしれないが、テッズ、モッズ、ロッカーズは、わが青春期とは数年のズレで同時進行していたサブカルチャーだった。

ぼくが自分の中のティーンエイジの沸々とした渦潮に戸惑っていたとき、海の向こうでは突如としてビル・ヘイリーやエルヴィス・プレスリーやカール・パーキンスたちのロカビリー (rockabilly) が熱狂していた。一九五四年に始まった数年間の感染的熱狂だ。プレスリーの徴兵、エディ・コクランの事故死がロカビリーの幕を引いた。ウッドギターがエレキに取って代わっていった。日本では少し遅れて日劇のウェスタン・カーニバルが大ブレイクして、平尾昌晃、ミッキー・カーチス、山下敬二郎が体を反っていた。母親は「なんであんなにくねくねして歌うんやろ」と笑っていた。

九段高校に入って親友が三人できた。一人はヌーヴェル・バーグのオタクで、一人は北一輝の心酔者で、一人はプレスリーのファンだった。

　高校を出る間際、ビートルズがモッズルックで登場してきた。早稲田大学で素描座という劇団に入ると、数日後に「明日はスーツと革靴で来いよ」と言われ、そういう恰好をしていくと新宿の路上に連れていかれて、「よし、ここでやろう」と言うもまもなくポータブルプレイヤーの音に合わせて路上ツイストを踊らされた。翌日は下駄で日韓闘争のためにデモに出掛けた。

　当時の早稲田にはありとあらゆるサブカルチャーが押し寄せてきていた。そこは電子音楽からフルクサスまで、暗黒舞踏からアンチテアトルまでごっちゃまぜに彩られていた。ぼくはスタイルとしてはロックよりもジャズかブルースを、ヒッピーよりも革命的ロマン主義かアナーキズムを好んだのだが、まわりにはなぜか実存主義者やフォークシンガーたちがふえ、ぼくを取り込もうとしていた。早稲田の学生たちはアメリカが仕掛けたベトナム戦争にうんざりしていた。

　そんなとき斎藤チヤ子に惚れた。気がつくと彼女はロンドンに行ってしまっていた。そしてそのころからロンドンには何があるのか、気になった。それから父が死に、その借財を返すための日々が数年続く。それがおわると、以上の青春グラフィティは一九七一年創刊の「遊」でさまざまなアレンジのもとに蘇ることになる。この雑誌はキング・クリムゾンの《宮殿》を池袋の木造の二階の事務所で聴きながら準備した。三年後、ロバート・フリップと対談した。

オイルショックとドルショックに見舞われた七〇年代はピンク・フロイドの《原子心母》で明けた。プログレ（プログレッシブ・ロック）が唸るような全盛期を迎えていた。そこへマーク・ボランのTレックス、デヴィッド・ボウイ、ニューヨーク・ドールズらのグラムロックが官能的旋風をおこし、ラモーンズ、イギー・ポップ、リチャード・ヘルが際立った。ボウイの《ジーン・ジニー》はジャン・ジュネをもじったタイトルだったのである。

七〇年代が半ばにさしかかるころ、ナルシズムとニヒリズムとミニマリズムが混濁していった。ニューヨークとロンドンにパンク・サブカルチャーが魔界から身を翻すようにあらわれた。音楽、文学、イデオロギー、禅、ぶっとびファッション、アート、ダンス、映像、写真、ドラッグ、ゴシップをたちまち巻き込んで、パンクは一挙に時代のスタイルを席巻した。

パンク（punk）はもともとは青二才や役立たずの意味をもつ俗語だったが、あっというまにバズワードになった。日本ではやっとウィリアム・バロウズがさかんに読まれるようになっていた。ぼくが新宿のツバキハウスや六本木のストークビルに出入りしていた時期だ。音楽プロデューサーの間章《あいだあきら》、コミュニケーターの木幡《こばた》和枝、写真家の横須賀功《のり》光《あき》、ダンサーの田中泯、「ロック・マガジン」の阿木譲、前衛音楽の高橋悠治や小杉武久と親しくなった。

こうして一九七六年、セックス・ピストルズが悪夢のように爆発したのである。マルコム・マクラーレンが、キングスロードで開いていたブティック「SEX」の常連たちにバンドを組ませた。スティーヴ・ジョーンズ、グレン・マトロック、ジョニー・ロットンが加わり、《アナーキー・イン・ザ・UK》《アイワナ・ビー・ミー》がパンクした。反体制、アナーキズム、啓示、ドラッグ、自由、絶望が安全ピンで束ねられて渾然《こんぜん》一体となっていた。そこに「SEX」をマクラーレンと組んでプロデュースしていたヴィヴィアン・ウェストウッドのパンク・ファッションが加わった。ヴィヴィアンは店名を「セディショナリーズ」に変え、ブティックを「ワールズ・エンド」(世界ノ終ワリ)に変えると〝パンク・ファッションの女王〟として君臨していった。最近刊行されたばかりのヴィヴィアンの『自伝』(DU BOOKS)は実におもしろい。

ニューヨークではパティ・スミスがパンクした。パティはランボーとバロウズの言葉をカットアップしてロック・ポエトリーにし、ロバート・メイプルソープのモノクロ写真とともに男シャツのままストリート・パンクの風をおこしていた。痺《しび》れた。

本書は、パンク・サブカルチャーを中心に社会を評論した一冊だ。著者のディック・

ヘブディジは、一九六四年にバーミンガム大学で現代文化研究センター（CCCS）をジャマイカ出身のスチュアート・ホールと立ち上げた社会文化研究者で、いわゆる「カルチュラル・スタディーズ」（cultural studies）の提案者である。

ヘブディジやホールはレイモンド・ウィリアムズのマルクス主義的な社会文化論の衣鉢《いはつ》を継いでいるため、その議論のハコビはどこか片寄っていて、ぼくにはどうしてもイマイチな印象があるのだが（それがカルスタの特徴でもあるが）、サブカルチャーやスタイルを正面からとりあげた功績はめざましく、とくに本書はテッズからパンクに及ぶスタイルの変動を追って、気を吐いた。ダブ、レゲエ、スカなどの西インド諸島のステディ・パルスな音楽文化がどのようにパンク・サブカルチャーと交錯していったかということにも、かなり目を配っている。

けれども本書はサブカルチャーにこだわっているわりには、映画演出のスタイルと手法、さまざまな文芸的な実験スタイル、アートシーンにおけるスタイルとアレンジ、ビートニク・ムーブメントの変容、政治思想の切片化の事情などをほとんど扱っていない。またルー・リードのヴェルヴェット・アンダーグラウンドやプログレッシブ・ロックの動向、グラムロックやヘヴィメタルやドラッグ・カルチャーの影響にも言及していない。べつだんそれでもいいのだが、たとえばパンク・ムーブメントの周辺にノーザン・ソウルのようなかなり秘密性の強いサブカルが出入りしていたこと、七〇年代末になるとパンクがツートーン、ニューウェーブ、ノーウェーブに分かれて裾野を広げていって、その後はふたたびゾンビのように勢いを盛り返し、ハードコア・パンクやストリート・パンクが再燃したことなど、今日のサブカルチャーにつながるブリッジを拾えないままになっているのは、やはりもったいない。

サブカル・パンクは社会の潜在的欲望の発露である。それが当初は貧困すれすれ、差別ぎりぎり、堕落きわきわであることが、つねに奔放なファッションとスタイルを発動させた。

それは世の中に対してはたいてい「場ちがい」「用途ちがい」という矛盾を突き付ける。だからそれらはいつだって社会の「ノイズ」（雑音）として切り捨てられる宿命をもっているのだが、だからこそそのノイズはジュネのワセリン・チューブのような、ちっぽけではあるが、許しがたい主張力をもった開口部になりえたのだった。

ぼくが「遊」を編集制作していたときは、たいていこうした開口部を求めた多くのカジュアルズが集まってきていた。そこでついでながら、日本のパンク・ムーブメントにも、少しだけふれておきたいと思う。日本は当然のことながらテディボーイ、モッズ、ロッカーズ、スキンヘッド、パンクというふうな順は追っていない。

ごくごくおおざっぱに紹介するが、七〇年前後にブルースロックをベースにして差別用語を連発していた村八分、過激なメッセージを盛っていたパンタ（中村治雄）らの頭脳警察、ミッキー・カーチスがプロデュースした外道などが先行していたところへ、セックス・ピストルズの影響で一気にジャパニーズパンク・バンドが登場していったのだろうと思う。

ＬＩＺＡＲＤ、フリクション、ヒゴヒロシのミラーズ、東京ロッカーズを結成したミスター・カイトやＳ‐ＫＥＮ、銀ジャンで鳴らしたヒカゲをボーカルとしたＴＨＥ ＳＴＡＲ ＣＬＵＢ、大阪の町田町蔵（町田康《こう》）率いるＩＮＵ、めんたいロックと呼ばれた福岡のバンド群、シーナ＆ロケッツらが目立った。

吉祥寺の「マイナー」で活躍していた灰野敬二、工藤冬里《とうり》らのノイズ系、タコの山崎春美、じゃがたらは思い切ったパフォーマンスを見せ、アナーキー、スターリンが「反文化」の真骨頂を発揮していた。春美はいつしか「遊」の編集部に出入りしていた。その「遊」は一九八二年に休刊（結局は終刊）するのだが、それに代わって「宝島」が登壇していった。このへんでインディーズが立ち現れていく。ラフィン・ノーズ、ウィラード、有頂天が御三家である。ここからパンク・ムーブメントはテクノポップやニューウェーブとまじっていった。

八〇年代後半に入ると、甲本ヒロトや真島昌利のブルーハーツなどがメジャー化して、その後はパンクはポップスの中にまみれていったとおぼしい。それでも尖っていたのは宮沢章夫、いとうせいこう、竹中直人らのラジカル・ガジベリビンバ・システムだったろうか。ちなみにぼくは八〇年代前半をEP-4の佐藤薫ともっぱら遊んで、ニューウェーブなメディア・スタイル談義に耽《ふけ》っていた。すべて、うたかたの日々になってしまった。

第一七三五夜　二〇二〇年三月十二日

参照千夜

三四六夜：ジャン・ジュネ『泥棒日記』七一四夜：ロラン・バルト『テクストの快楽』六九五夜：スーザン・ソンタグ『反解釈』二四一夜：ウンベルト・エーコ『薔薇の名前』九四二夜：北一輝『日本改造法案大綱』八二二夜：ウィリアム・バロウズ『裸のランチ』三四二夜：間章『時代の未明から来たるべきものへ』一〇一〇夜：阿木譲『イコノスタシス』六九〇夜：ランボオ『イリュミナシオン』三一八夜：パトリシア・モリズロー『メイプルソープ』七二五夜：町田康『くっすん大黒』一九八夜：いとうせいこう・みうらじゅん『見仏記』

ボクシングと大統領と革ジャン。
みんなヒップスターが取りこんでいく。

ノーマン・メイラー

ぼく自身のための広告（上・下）

山西英一訳　新潮社　一九六二

Norman Mailer: Advertisements for Myself 1959

早稲田の素描座の演出家だった上野圭一のアパートに遊びにいったとき、本棚に数々の演劇書や文芸書にまじって目の高さの真ん中あたりにノーマン・メイラーの数冊が並んでいた。タイトルが変わっている。手にとってパラパラした。この日、初めて先輩大学生の部屋に行ったのだと思う。家族とともに住んでいる自宅の一室で、「先輩の部屋」というものがいかに胸ときめくものか、どぎまぎしながら満喫した。

上野さんはその後はフジテレビで有名ディレクターになるのだが、テレビ業界のメジャー志向と視聴率志向が嫌になって早期退社して、一転、針灸師《しんきゅうし》の資格をとった。その後はババ・ラム・ダスやアンドルー・ワイルの翻訳を手掛ける一方、『ナチュラルハイ』

「サイキック・ハイ」をいきいきと象徴していたのではないかと思う。

野先輩だが、あの学生時代の本棚の中央にあった数冊のメイラーは、上野さんの何かの（ちくま文庫）、『代替医療』（角川oneテーマ21）などの著書を書くようになった。そういう上

それから八年ほどたって、田中泯に「ノーマン・メイラーのところで踊りたいのでポスターをつくってくれ」と言われた。グリーンのカラーペーパーに墨色の英文をあしらったものを渡した。シルク印刷は木村久美子に頼んだ。そのころ田中泯は特別なダンスを踊るときは、たいていぼくにポスターを編集デザインさせていた。

その八年ほどのあいだ、『裸者と死者』『鹿の園』（ともに新潮文庫）、『アメリカの夢』（集英社）、『ぼく自身のための広告』、『夜の軍隊』（早川書房）、『一分間に一万語』（河出書房）などを読んだ。感想はあとで言う。ついで二年後、木幡和枝がメイラーの家で突撃インタヴューを果たしたので（メイラーは名うてのインタヴュー嫌い）、「遊」一〇〇三号の「店の問題十幻想人工都市」特集に載せた。あいかわらず「勇気」をめぐっていた。

木幡らしい気っ風のいい対話だったので、彼女にそう言ったら「あのメイラーも、やや逃げ腰ね。でも、さすがにヒップ・ダンディだったわよ」と笑った。木幡ならではの言いっぷりだ。木幡が突撃インタヴューをしたのは一九七八年だから、まだメイラーが五五歳のころだったのだが、何度も離婚と再婚をくりかえして、ちょっと気弱になって

いたのかもしれない。

以上がぼくのメイラーとのかかわりのすべてだ。あとはメイラーの書いたものに及ぶしかないのだが、今夜は小説ではなくて『ぼく自身のための広告』と『一分間に一万語』をとりあげる。理由はそのうちわかる。どちらも山西英一の訳で、メイラーの速射砲のような凝った英語をみごとに日本語にしていた。


第二次世界大戦でナチスと大日本帝国を撃破した直後のアメリカ社会において、ノーマン・メイラーが突如として極め付けの代表めいて躍り出たことは、アメリカ自身にとってもとんでもない才能の出現だったのだと思う。

その才能を惜しみなく早く費《つか》いすぎたかもしれないが、溜めておくなんてガマンできない男だったろう。才能というより、才気か。才気が溢れて渦巻き、他人を巻きこまずにはいられなくなったのだ。奔放というより奔出とか出奔というに近い。なにしろ一分間に一万語がほしい男なのである。

そこで最初に『一分間に一万語』のことを書いておくが、この本は一九六二年九月二五日のヘビー級パターソン対リストンのタイトルマッチ・ボクシングを観戦したメイラーが、現場で喚起されたサイキックな震動を高速にルポルタージュしたものと、その三日前に四〇〇〇人の聴衆の前で保守主義の俊英論客ウィリアム・バックレーを相手に

「アメリカの右翼の意味」を苛烈にディベートしたときの記録の、二部構成のセルフドキュメンタリーなのである。

すでに文学上の名声をほしいままにしていた作家がこんなボクシング観戦記を書くなんて、誰も予想できなかった。それも一分間に一万語、ざっと二万七〇〇〇語になっている。当時、メイラーの小説に感化されていた大江健三郎が感嘆しきったのは当然だった。のちに沢木耕太郎が影響されてボクサーを採り上げた。

シカゴのコミスキーパークでのフロイド・パターソンとソニー・リストンのタイトルマッチは大観衆の熱狂のなか、たった二分六秒でカタがついた。パターソンが屈辱的敗北を食らったのである。全観衆もプロスポーツの関係者もメディアも唖然《あぜん》とした。のちのちまで語られることになった伝説的一戦だ。メイラーはしかし、この一戦に全米の「意識の集約」を見て、当時のアメリカン・コンシャスな課題のあれこれをルポルタージュに織りこんだのである。

イゴール・カッシーニ（当時のトップ新聞コラムニスト）はミッキー・ルーニー（一世風靡した小柄なエンタテイナー）と同列か。ロジャー・ブラウ（製鋼会社社長）はエリザベス・テイラーの前方に出られるか。フランク・シナトラはウッドワード夫人（億万長者の夫を殺したヒロイン）よりも礼遇されるのか。ザザ・ガボール（ミス・ハンガリーで女優。ホテル王ヒルトンなどとの九度の結婚を誇った）はいったいニューヨーク市長ワグナーよりも上席か。

メイラーはこうしたボクシング会場におけるスノッブな「席順」をアメリカ人に突き付けて、タイトルマッチをドキュメンタルに綴ったのである。まったくもって、不埒《ふらち》なほどみごとで、鼻もちならないほどきわどいルポだった。日本社会もそうだけれど、「席順」こそはその社会の文化インフラなのだ。メイラーはボクシングの会場でそこをカウンターパンチで揺さぶったのだ。

『一分間に一万語』の後半には、ウィリアム・バックレーとの大上段なディベートがまるまる収録されている。自由と勇気を鼓舞する〝赤いメイラー〟が右寄りの〝黒いバックレー〟を相手に闘いを挑むのだが、これまたヘビー級の言葉のボクシングのようになっている。ノックアウトシーンはないが、ぼくはバックレーの判定勝ちではなかったかと感じた。ところがバックレーに圧《お》され気味のメイラーはその血しぶきを露も隠さず、この交戦を記録することに平ちゃらで、何もかもをぶっちゃけている。このあたりがメイラーの「あからさま主義」だ。

メイラーには鼻っ柱の強い政治的発言が多く、実は大統領になりたがっていたんだという噂も絶えなかったのだが、実際にはカウンター・ポリティックスが好きなだけで、そういうところはその後のメディアでの知識人のコメントのラディカル・パターンを先駆していた。それが『一分間に一万語』の二つのタイトルマッチで見せたメッセージだったのだ。

なぜこういう突飛なスタイルを思いついたのかといえば、最初からこのスタイルが好きだったのだ。突飛ではなく、それがメイラーのスタンダードだったのだ。だからそれを実行した。

実際、エレガントなシャンパン・パーティに呼ばれても、一人だけ野球帽にTシャツで通した。あの好き勝手がまかり通るアメリカ社会でさえ、メイラー以前、誰もそんなことをしていなかった。けれどもメイラーは、感じていたことをそのまま恰好にも言葉にもあらわす男っぷりを通した。それがメイラーの先駆的な才能（才気）だったのだと思う。いまでは、訳知りの連中はフォーマルな場面でも、野球帽とTシャツにジャケットを引っかけて着るようになった。

そういうスタイルに徹してどうするのかといえば、目的と戦略ははっきりしていた。断乎として狂宴《オージー》をつくりだすのである。それがメイラーが広めたと言われる「アメリカン・ヒップスター」の感覚だ。

一九五七年に発表された『白い黒人《ホワイト・ニグロ》』という衝撃的なエッセイがある。そこには「ヒップとは、巨大なジャングルに暮らす聡明な原始人の知恵である」と書かれている。

この「聡明な原始人」とはノーマン・メイラー自身のことで、「巨大なジャングル」はスクウェアに病んだアメリカのことをさす。こんなふうに書いている。「それは順応と抑圧の時代であった(つまり「席順」の社会)。アメリカ生活のあらゆる気孔から恐怖の悪臭が出てきて、われわれは集団的な勇気の喪失に苦しんでいる」。

メイラーの生きざまはもっと知られていいと思う。知られたほうがいい。早熟で才気煥発で、矛盾を告発しつづけるクセがあって、自身はスキャンダラスな日々を送り、一貫してアメリカのジレンマを体現しつづけた男だった。

一九二三年にニュージャージーの田舎町にユダヤ系の子として生まれて、乱暴なブルックリンで育って喧嘩を辞さず、ハーバード大学では一転して知的遊戯をおぼえ、フロイトとサルトルを引きちぎって「新実存主義」を感知するようになった。

十八歳で最初の作品を書くのだが、このとき戦争や戦場の男たちに「異常と快感」がくすぶることに関心をもった。ナチスと大日本帝国を破ったアメリカは、その内部がおかしくなっていることに気づいたのだ。その「おかしさ」は文明の本質だろうと見当をつけた。メイラーは、このときから「極限」(極め付け)を自身で抱くことにした。

日本にも縁がある。一九四四年にアメリカ陸軍第一一二騎兵連隊としてレイテ島とルソン島との戦闘に参加した(ぼくが生まれた年だ)。連隊情報員、航空写真班、偵察隊の小銃兵などとして従軍した。ポツダム宣言のあとは進駐軍の一員として千葉の館山《たてやま》に上陸すると、銚子に駐屯し、途中、福島県の小名浜《おなはま》(現在のいわき市)でぶらぶらして、また銚子に戻った。日本は美しい国だが、日本人は「いくじなし」だと感じた。

このあと一九四八年にパリのソルボンヌ大学に行くのだが、その前に書いた『裸者と死者』が早くもベストセラーになった。レイテやルソンでの戦争体験にもとづいたものだ。戦場にひそむ名状しがたい衝動を通して、恐怖の持続や肉体の消耗を綴った。その文体が絶賛された。「窯《かま》の口をあけた熱気」「触手をのばす水たまり」「澱《よど》んだ流れとなった虚脱の行進」「焦げ腐った軍服」「耳から顎まで射貫かれて豆袋のように膨れ上がった顔」「詰物が破けてはみ出た人形さながらの死体」「いそぎんちゃくのようにはみ出た内臓」「ぎっしり塊《かたま》った鋼のような陰毛と根元まで焼け爛れた陰茎」といった描写が連打されていた。

一九五〇年のアメリカはトルーマン&マッカーサーの朝鮮戦争と上院議員ジョセフ・マッカーシーによる赤狩りであけた。赤狩りはたちまち民主党議員の告発に及び、メイラーにはこの風潮がとてもアタマにきていた。

五二年、共和党のアイゼンハワーが民主党のアドレー・スティーヴンソンを破って大統領になると、知識人たちに失望が広まった。世界を眺めまわすと、突如として冷戦時代に突入していた。アメリカは「見えない敵」のソ連との闘いに苦渋しはじめたのだ。しかし、誰もこの閉塞《へいそく》と屈服を突破しようとしない。誰もがイナクショナル（非活動的）なのだ。

五五年、噴然としたメイラーはハリウッドの赤狩りの内実を舞台にした『鹿の園』を果敢に発表した。ところが『裸者と死者』を絶賛した文壇は、これを冷たくあしらった。メイラーは「文学」を呪った。そこで五七年、エッセイ『白い黒人《ホワイト・ニグロ》』を書き、一方でアメリカ社会の根源的な暗闇に言及し、他方で独得のヒップスター論を提示してみた。社会そのものをフィクションとドキュメンタリズムの隙間に引きずりこむようなスタイルを編み出したのだ。

これで逆襲の準備ができた。かくて一挙にさらけ出されたのが『ぼく自身のための広告』なのである。

開口一番、「怒りはぼくを残忍と紙一重にした」「傲岸不遜《ごうがんふそん》なものが多分にある。これはどうすることもできない」「ぼくは、現代の意識に革命をまきおこさないではけっして満足しない知覚に閉じこめられているのだ」とある。

この瞬間、アメリカの若者たちが一斉に変わった。ジェームズ・ディーンの《理由なき反抗》の不良性に痺れ、エルヴィス・プレスリーの《ハートブレイク》なぶるぶるした陶酔に走り、メイラーのヒップ・スタイルを模倣し、ケルアックやギンズバーグのビートニクな詩に攫《さら》われていった。

メイラーは超有名なスターになりすぎた。そのせいだろうけれど、一九六〇年、よせばいいのにニューヨーク市長選に立候補した。きっと、自分はスノッブな有名人ではないと見せたかったのだろう。こういうところがメイラーの勢いあまるというか、勢いを誤るというか、とんでも発奮なところで、案の定、その出馬表明の席に泥酔したままあらわれて、とっさに何を思ったのか妻の胸をナイフで一突きしてしまったのである。あやうく殺人罪に問われるところだった。もちろん市長選はすっとんだ。

こうしてアメリカはメイラーの代わりに若きＪＦＫ（ケネディ）を採ったのだ。アメリカ史上、最も若い四三歳の大統領である。メイラーは自身への刃《やいば》をそらすかのように、よせばいいのにすぐさまＪＦＫに惚れ、『勇気ある人々』（英治出版）を仕上げた。メイラーは自分が鼓舞した「勇気」を体現する大統領ができあがったと歓《よろこ》んだのだ。

ケネディはニューフロンティア政策に着手し、フルシチョフと会い、さかんにテレビを活用し、ベルリン危機とキューバ危機を演出し、そして数々の不倫をすり抜けていった。メイラーに肖《あやか》ったのかもしれない。最後はマリリン・モンローとの不倫に溺れたようだが、ダラスで暗殺されて、メイラーの夢を壊した。いまふりかえって、ＪＦＫに政治的才能があったかどうか、疑わしい。

当時の日本はといえば、そういうＪＦＫにすらまったく届かない。対ソ冷戦もない。石原慎太郎や中曽根康弘の首相公選制にたぶらかされただけだった。ぼくは高校二年になって、せっせと安保のデモに通うようになっていた。

メイラーはたいていのことに懲《こ》りない男だった。意気揚々と『一分間に一万語』を「エスクワイア」に書き、ベトナム戦争に反旗を翻し、ノンフィクション・ノベル『夜の軍隊』でピューリッツアー賞をかっさらった。

メイラーが『夜の軍隊』の主人公に選んだのはエド・サンダースだ。反戦運動家であって、過激派バンド「ファッグス」のリーダー、シャロン・テート惨殺事件を書いた『ファミリー』（草思社）の作家でもある。ボヘミアン出版社の発行人で、書店の店主でもあった。のちに佐野元春が乾坤一擲《けんこんいってき》のインタヴューをした。ぼくは早稲田の素描座に入り、上野圭一の部屋でノーマン・メイラーに出会った。

懲りないメイラーは、今度は用意周到な準備のうえ、ふたたびニューヨーク市長選に名のりを上げる。この男にとってニューヨークこそが革命拠点だったらしい。マルクーゼの「エロス的文明」の爆心だったのだ。

けれどもまたぞろ泥酔して、ボランティアの選挙運動員たちをブタ呼ばわりして、孤立した。ぼくはのちに野坂昭如《あきゆき》や立川談志が国会議員に出馬するたびに、照れて酔っ払い、悪態をついて失敗するのを何度も目撃するのだが、それらはまさしくメイラー病の飛び火だったろう。

それにしても、どうしてメイラーはこんな失態を演じてみせるのか。これは勝手な憶測だが、『裸者と死者』に始まって『一分間に一万語』や『ぼく自身のための広告』の連射に及んだラディカル・チックは、メイラーの予想をはるかに上回る加速度で、新たな分子運動に変換されていたのである。メイラーの「自分自身」は、どんどん別の「他人自身」になっていったのだ。それがボブ・ディランやマイルス・デイヴィスであり、マルティン・ルーサー・キングやマルコムXであり、ウッディ・アレンやウォーホルだったから、たまらない。この連中はメイラーをやすやすと超えていた。

その後のメイラーもあいかわらず破天荒だった。CIAと近づき、全米ペンクラブの会長として君臨し、ロイ・コーンに頼んであやしい出版契約金を取得するという体《てい》で、褒められるようなことはほとんどしていない。

ロイ・コーンとは、赤狩り時代の検察官から弁護士に転身して、ニクソンやレーガンを支え、不動産王ドナルド・トランプの特別弁護をしつづけた男だ。ゲイであることを隠した。その日々は、のちにアル・パチーノ主演の《エンジェルス・イン・アメリカ》になって、数々の賞をとった。今日のトランプの「アメリカ・ファースト」はメイラーとコーンの矛盾の密約の上に成り立ったものなのである。

こうして、メイラーは「アメリカのありとあらゆる夢」を掻き立て、好きほうだいに蹂躙《じゅうりん》し、その大半のパフォーマンスを独得のスタイルに仕立てて、二〇〇七年十一月十日に死んだ。八四歳だった。

さて、『ぼく自身のための広告』には唸らされた。巧妙に構成されている。こんな編集構成術があったのかと、そのことに驚かされた。大江健三郎は『厳粛な綱渡り』(講談社文芸文庫)でこのスタイルをほぼパクった。菊地成孔《なるよし》の『歌舞伎町のミッドナイト・フットボール』(小学館文庫)にもこの手法が踏襲されていた。

全編にメイラーのそれまで書いてきた短編やエッセイが配されていて、それがいかにすばらしいか、何を狙ったのか、その自画自賛と反省を交えた自主「広告」を次々に挟んでいるのだ。

第一部には『天国を目当ての計算』についての広告とその文章などが、第二部には『ヨガを研究した男』や『西ヨーロッパ防衛の意義』についての広告とその文章などが掲載され、第三部は「誕生」と銘打たれていて、『ホモセクシュアルな悪党』や『鹿の園』最終稿などについての自画自賛広告と文章を並べたあと、六九項目のインタヴューに対する回答が続くという具合だ。

メイラーは他人の才能を見抜くのもピカイチだった。彼がぞっこんだったのはトルーマン・カポーティで、その次の次あたりがヘミングウェイだったのだが、そういう他人の才能を見抜く目で「ぼく自身」を見るという手法を編み出した。それがやたらにうまい。むろん「いいとこどり」をするわけだ。では「いいとこどり」ばかりで悦に入っているのかというと、かつてのメイラー批判の文章や質問票もちゃんと配列させていく。つまりは敵と味方の両方のボクシングのリングを必ず作ってみせるのだ。

痛快なのは第四部「ヒップスター」である。ここに『白い黒人《ホワイト・ニグロ》』も、その脚注も収録されている。とくにヒップ(H)とスクウェア(S)を次々に比較しているところが、当時のメイラーのスタイル思想を如実にあらわしていた。

曰《いわ》く、正午でなくて夜半を、警官でなく悪漢のほうへ、連続的でなくできるだけ連想的に、サルトルでなくハイデガーで、レーニンでなくてトロツキーで、スクウェアなオナニーではなくヒップなオージーで……云々《うんぬん》、というふうだ。

なんとなくピンとくる。スクーターではなくオートバイ、フロイトでなくウィリアム・ライヒなのである。しかし、プロテスタントがSでカトリックがH、ボヘミアンがSでバーバル(野蛮)がHだというあたりとなると、戸惑う者もいるだろう。けれども、このチョイスにこそメイラーの真骨頂がある。それは裁判官(S)を子供(H)に変えるというような、ファクト(S)よりもニュアンス(H)のほうが雄弁であるというような、そこに気がつけばよく了解できることなのだ。

こうして第五部では「オージーの心理学」が掲げられ、大小の狂宴《オージー》だけが社会を変革するパワーをもつことが宣言される。結びに「退場」のための自分広告が述べられて、さしもの一冊編集革命もエンディングに向かうのである。


ぼくはかつて一度もメイラーが羨《うらや》ましいと思ったことはなく、メイラーを他人に薦めることもしなかった。メイラーは安全なロングセラー商品でなく、危険なジャンクフードであり、アカデミズムがゆっくり蒸留したくなる組成物ではなく、瞬間的なアマルガメーションをおこす強烈な消費財なのである。センター舞台にいながら、ずうっとサブカル的なヒップスターを演じてみせたのだ。それは、それでよかったのだろう。メイラーはそのつど現れたい男なのだ。

それなのに、世の中はいまなおメイラー・ヴァージョンのおこぼればかりでいっぱいである。今日の二一世紀社会でも、メイラーが最初にやってみせた狂騒しかおこっていない。週刊誌の見出し、テレビ特番、ロックフェス、異種格闘技大会、みんなメイラーだ。たいていのソロ・パフォーマーたちもメイラー風のパフォーマンスばかりを見せたがる。みんな野球帽をかぶりたがる。

そこをどう見るか、あらためてサイキック・ハイの動向とその熱源の正体をピンナップ編集するにはどうするのかということを言うには、やはり一度はメイラーを千夜千冊しなければまずいよなと思ってきたわけである。田中泯がそういう男の前で踊りたがったこと、よくわかる。

第一七二五夜　二〇一九年十一月十六日

参照千夜

七五一夜：沢木耕太郎『イルカと墜落』　八九五夜：フロイト『モーセと一神教』　八六〇夜：サルトル『方法の問題』　三四〇夜：『ギンズバーグ詩集』　一三〇二夜：マルクーゼ『エロス的文明』　八七七夜：野坂昭如『この国のなくしもの』　八三七夜：立川談志『童謡咄』　四九夜：『マイルス・デイビス自叙伝』　五一九夜：『マルコムX自伝』　一一一二夜：ウォーホル『ぼくの哲学』　三八夜：カポーティ『遠い声・遠い部屋』　一一六六夜：ヘミングウェイ『キリマンジャロの雪』　九一六夜：ハイデガー『存在と時間』　一〇四夜：レーニン『哲学ノート』　一三〇夜：トロツキー『裏切られた革命』

マイルス・デイヴィスの《クールの誕生》があったのに、いつしか安売りクールがはびこっていた。

ディック・パウンテン&デイヴィッド・ロビンズ

クール・ルールズ

クールの文化誌

鈴木晶訳　研究社　二〇〇三

Dick Pountain & David Robins: Cool Rules —Anatomy of an Attitude 2000

ノーマン・メイラーは、こう言った。「クールというのは、スクウェア（堅物・石頭）たちがスウィングできないところでスウィングしてみせ、そのままその場を支配することだ」というふうに。読書界にセンセーションを巻き起こした『白い黒人《ホワイト・ニグロ》』（一九五七）のなかでの有名な説明だ。

クールというのは、適当にイキがることではない（……それは逃げの手だ）。ここぞというときにも、ふだんの大好きなスタイルを通すことだ。だから、クールはヒップなのである。メイラーは「ヒップスター」という言葉をつくり、ヒップとクールが同じ感覚的起源をもっていることを説いた（……江戸の「粋《いき》」を京都が「粋《すい》」にしたように）。クールはクールジャズからロックやヒッピーやR&Bをへて最近のヒップホップまで地続きで、約半世紀にわたってアメリカ人の尖んがったアトリビュートとスタイルをリードしてきた。

メイラーの指摘から四十年後、アンガー・マネジメント理論で鳴らした社会史学者ピーター・スターンズは『アメリカン・クール』（一九九四）に、「クールという発想はアメリカ人の想像力の核心をなしている」と書いた。

なるほど、最初はダシール・ハメットのサム・スペードやレイモンド・チャンドラーのフィリップ・マーロウで、パルプ・フィクションの中にいた。そのうちスクリーンの中のジェームズ・ディーンこそがアメリカン・クールの原型になった。続いて《波止場》《乱暴者》のマーロン・ブランドや《傷だらけの栄光》《ハスラー》のポール・ニューマンが革ジャンを着て、クールには「排他的連帯感がオートバイに乗っているようなところ」があることを証明してみせた。これはのちの《イージーライダー》のデニス・ホッパー扮するビリーにまで受け継がれた。

アメリカン・クールは、もともとは黒人が見せた矜持《きょうじ》から生まれたものだった。美術史家ロバート・ファリス・トンプソンが『今に生きるアフリカの芸術』『精神のきらめき』（ともに未訳）などであきらかにしたことなのだが、ヨルバ族とイボ族のアニミスティックな文化の中心で大事にされていた「イトゥトゥ」という価値感覚は、英語ならばまさしく「クール」というもので、のちにアメリカ人が好んだブルースやブルーデニムは、この「イトゥトゥ」のもつ青色性から派生したものだというのだ（……ジャワの更紗《さらさ》が日本の「縞《しま》」の文化をつくったように）。

だとすると、アメリカン・クールはクレオール（混淆文化）から生まれたのだ。ポール・オリヴァーが「今朝、ブルースが降ってきた」と言ったのは当たっていたわけだ。ニューオリンズがクールを全米に送り出したのだ。そのときニューヨークではブレヒトとクルト・ヴァイルの《マック・ザ・ナイフ》がこれを迎え撃ち、それが転じてバーンスタインの《ウェストサイド物語》になって、また何度か隔世遺伝して、マイケル・ジャクソンの《ビート・イット》の喧嘩シーンになっていったわけだ。

アメリカ五〇年代にクールが何たるかを告げたのは、マイルス・デイヴィスのどえらいアルバム《クールの誕生》（一九四九）だった。マイルス九重奏団がバップを変えてしまった革命的演奏だ。その後も黒人文化がアメリカン・クールをリードした。

ところがアメリカという国は貪欲《どんよく》だ。たちまちこれを白人が食べた（……公家の「あはれ」を武家が「あっぱれ」にしたように）。そのため五〇年代のクールの特徴は「よそよそしい傲慢」というものになった。それがエルヴィス・プレスリーとジェームズ・ディーンにあらわれた〝粋がり〟だ(……いや「やつし」というものだ)。プレスリーは太りすぎてもドーナツを食べすぎてもクールが残響できるんだということを露呈し、マイルスはクールの最初の殉教者になった(……天草四郎時貞のように)。

こうして同じ五〇年代、ジャック・ケルアックやウィリアム・バロウズが享楽と死を弄《もてあそ》ぶクールがありうることを示し、アレン・ギンズバーグやゲイリー・スナイダーはそれが禅とビートニクのあいだでスピリチュアルな石ころのように転がっていると示唆した。白人化されたアメリカン・クールはWASPと差別と極貧を縫うように、ひどく貪欲だったのだ。ゲイ感覚から禅感覚まで、尖んがったものなら何であれ、どんどん取り入れていったのだ(……なんでも人形浄瑠璃や仮名草子になったように)。

白人がスパイスを効かせたアメリカン・クールは、当然ながらはなはだ超個人的で、すこぶる非合理で、めっぽう快楽主義的で、つまりは目立ちたがり屋そのもののようだった。だから六〇年代になると、カウンターカルチャー(対抗文化)的なるものをちょっと奇抜に磨き上げさえすれば、なんだってクールになった。

一番わかりやすい例は、アンディ・ウォーホルがそういうクール感覚こそがポップアイコンになりうることを証《あ》かしたことと、マルコムXやブラックパンサーのエルドリッジ・クリーヴァーが、クールであるためにはラディカルなアウトローであることが条件になると宣言したことだ。当時（いまなおそうであるが）、暗殺されたチェ・ゲバラのTシャツがアメリカン・クールにやたらにもてはやされたのは、そのせいだ。

ちなみにロック・アーティストたちは、六〇年代クールのスタイルにちゃっかり「クールは派手でドラッグな不摂生」というスノッブな捻《ひね》りを加えた。たとえばローリング・ストーンズ、ザ・フー、レッド・ツェッペリン、ロッド・スチュアート、それにルー・リードやイギー・ポップたちがそのことを見せつけた。


アメリカン・クールの歴史にはもとより公式見解なんて、ない。五〇年代ならジャズクラブが、六〇年代ならヒッピーフェスティバルが、七〇年代ならパンクパーティが、それぞれクールが創発する騒々しい現場だった。

そこに共通しているだろうことは、世間に対する一人よがりの反抗であり、堕落や頽廃を怖れぬことであり、それでいてグループとしての気分的な信条を守ろうとするものがあるということだ（……さしずめ大杉栄から中原淳一をへて谷川雁《がん》まで、宮崎滔天《とうてん》から川田晴久をへて唐《から》十郎あたりまでということだろう）。

本書の著者は、時代ごとにクールの変遷はあったとしても、そこには、①勝手なナルシシズム、②ロマンチック・アイロニーな無関心、③人に伝えにくい快楽主義、などが共通すると言っている。

そういうことが見え始めたのは、ぼくの実感からすると、ヴェルヴェット・アンダーグラウンド、ストゥージズ、ニューヨーク・ドールズといったミュージック・シーンの先行的動向が、七〇年代にセックス・ピストルズやマルコム・マクラーレンによる半シチュアシオニスト（半状況主義者）ぶりに変じてみせてくれたときだった。また映像でいうのなら、マーティン・スコセッシが《タクシー・ドライバー》（一九七六）でロバート・デ・ニーロ演ずるトラヴィスに、あの世間に対する苛立ちと反感のあらわし方を見せたときだった。

それでクールの正体があらかたピークに達したのかといえば、そうではなかった。アメリカン・クールの乱打的多様性は底知れない。

八〇年代のクールにはクール・ハーク、グランドマスター・フラッシュ、アフリカ・バンバータが登場し、ヒップホップやラップを前面化させたかと思うまもなく、あっというまにダンスレコードをサンプリングしたりスクラッチしたりするＤＪたちを、ストリートギャング・クールの代名詞にさせたのだ。

が、それもまだまだ隠れた氷山の一角だった。九〇年代になると、もっと意外な展開が待っていた。ひとつには、マイケル・ジョーダンやフローレンス・ジョイナーに代表される黒人アスリートたちこそ最も美しいクールであることがわかってきたことだ（その後は、この主張はビヨンセに及んだ）。

もうひとつには、シリコンバレーのITベンチャーのTシャツ普段着のビジネス・キーパーソンたちが、のちのスティーブ・ジョブズがそうであったように、クールビジネスの頂点に躍り出たことだ。ジョブズはこう言った、「ぼくたちは世界に凹みを入れてやろうと思って、クールな仕事をしているんだ」。

ウォルマートやナイキやマイクロソフトがクールをむしゃむしゃ食べ始めたことは、いつのまにか商品消費文化がクールをぶんどったことをあらわしている。ヒップホップのバギーパンツとナイキのシューズはクール・コモディティの凱歌となり、マルチウィンドウとマウスのあいだのPCインターフェースは、その後の電子商品がクールを独占することの予告だったのである。

さあ、こうなってくると、クールこそが二一世紀アメリカ資本主義の最も気軽な自由主義で、最も商業的な仲間だということになる。クールは市場と商品の係数になっていったのだ。

一九九九年の五月、サンフランシスコのリーバイ・ストラウス社は国内工場の半分の閉鎖と六〇〇〇人の解雇に踏み切った。「リーバイスのジーンズがもはやクールでなくなったから」というのが、その最大の理由だった。これは何を示していたかといえば、二一世紀のクールは消費資本市場にすっかり受容されてしまったということだ。リーバイスのジーンズがみっともなくなったのではない。クールがついに棚に並ぶ商品サイズになってしまったのだ。

もっとみっともなかったのは、一九九七年以降のイギリスがいまさらながら新自由主義の延長のもと、「クール・ブリタニア」を謳おうとしたことだ。みごとに失敗した。もしもイギリスがどうしてもそんなことを言い出したいというのなら、むしろブリティッシュ・クールをまずはデヴィッド・ボウイやビートルズやマリー・クワントに戻し、ついでにその前のテッズやモッズ、さらにはその前のエスクワイアやリザーブ感覚（イギリス流の謹み深さ）やギャラントの感覚を取り戻し、加えて自分たちのクール文化の歴史に自信をもつために、さらにはオスカー・ワイルドやオーブリー・ビアズレーやケンジントン公園のピーター・パンの奥なるウィリアム・ブレイクを響かせて、その原点の「かっこよさ」を持ち出せばよかったのである。


ついでに言っておくけれど、その「クール・ブリタニア」に遅れることさらに十年後の「クール・ジャパン」は、もっとひどかった。

ぼくも巻きこまれたので文句ばかりつけるわけにはいかないが、民主党時代の政府と経産省が推進しようとしたクール・ジャパン計画は、およそ何の準備もない茶番のようなものだった。福原（義春）さんが有識者会議の座長となって「松岡さん、手伝ってよ」

と電話をかけてきたので、ぼくも副座長を引き受けたのだけれど、そのとき最初に言ったのは「クール・ジャパンという看板を降ろしなさい。さもなくばクール・ジャパンを江戸・室町・平安までさかのぼって可視化しなさい」ということだった。

これは一言でいえば、日本のクールは「数寄と傾奇《かぶき》の感覚」にこそあらわれてきたということで、それなら日本は「際《きわ》」をめぐったジャパン・クールを持ち出せる。ところが、永田町と霞ヶ関はそういうことはいっこうにお留守にしたかったのだ。案の定、プロジェクトの展開にはこれっぽっちも本気な価値観が入っていなかった。コンサル屋のA・T・カーニーが「クール・ジャパン」の海外進出シナリオをA４数枚で配った程度なのだから、何をか言わんやである。アニメ、コスプレ、おたく、かわいい、電子ゲーム、初音ミクをクールとしたいのなら、「数寄と傾奇の感覚」こそをこれに負わせるべきだった。

クールとは「安易な変化を嫌う変化のスタイル」なのである。それをジャパン・クールで拾うなら、をかし・吹抜屋台・あはれ・バサラ・数寄・無常・枯山水・オリベ・粋・真行草などを持ち出して、これを春信・若冲・ハイカラ・夢二・魯山人・寺山修司・あしたのジョー・日野皓正《てるまさ》・井上陽水・桑田佳祐・ＡＫＩＲＡ・土屋アンナ、そして草薙《くさなぎ》素子《もとこ》や初音ミクに装ってもらえばいいわけなのだ。そんなこと、どうしてわからないんだろうね。

もうひとつ、パンチアウトしなければならないことがある。アメリカン・クールもジャパン・クールも、そこに凭《もた》れてはダメだということである。ちょっと突き放していないといけません。これはたとえば、クエンティン・タランティーノが《パルプ・フィクション》で、サミュエル・L・ジャクソンに「エゼキエル書」の一節をわめきちらさせたという、あの感覚も必要だということだ。

ま、そういうことはともかくとして、こうしてアメリカン・クールはついに商品市場主義のロジックにまみれてしまったのである。もうタムラ／モータウンなんてない。すべてはウェブの中のコンビニ音楽だ。ロバート・クラムやS・クレー・ウィルソンのコミックもない。あるのは落書きペイントとアメリカンコミックに代わる日本のコミックだ。ヒッピーもモッズもいない。ニートやホームレスという名になった。

クールは内部崩壊したのだろうか。そうではない。逆である。クールは表舞台に出すぎて、なにもかもにタグと正札を付けすぎたのだ。コンサル屋と広告代理店がこれをごちゃまぜにしすぎたのだ。トマス・フランクが『クールの征服』（一九九八）でとっくに指摘していたことなのだが、ヒップやクールは「資本主義が自分自身を理解して、これを大衆に向けて説明するためのポップ・コンセプトに使われてしまった」ということなのである。

なぜ、こんなにも骨抜きになったのか。そのことについてもノーマン・メイラーは予言していた。「ヒップとクールの性格には闇の面があり、内的生活と暴力的生活、無礼講と夢のように美しい愛、殺人の欲望と創造の欲望とが、それぞれ同居する。いずれこうした矛盾が露呈するだろう」と。

そうなっては困るので、商品市場がクールから「暴力とセックスと無礼講」をせっせと水洗いして、骨抜きにしたわけなのだ。同じこと、日本にもほぼあてはまる。ヤクザと不良とスラムがないところ、ジャパン・クールはなかなか「際」を見せられない（……別所とバサラと苦界と悪場所とカブキ者とは、同床異夢だったのである）。

本書『クール・ルールズ』は、この手の本としては嫌みのない記述に徹していて、そこそこ気持ちのよいものだった。著者がジャーナリスト二人組だったのがよかったのだろう。とくに著者の一人のディック・パウンテンはかの「OZマガジン」の編集をしていた男だった。ぼくが「遊」の第Ⅲ期を迎えるにあたって、世界中のマガジンを見て、うん、これと「フェイス」だと参考にした名うてのマガジンだ。

もっとも、本書の後半部の結論は、慎重なものになっている。クールはアメリカ帝国主義文化の代名詞にすぎないとか、クールは世界に輸出されたアメリカのポップカルチャー商品にすぎないといった見解についてはさすがに排してはいるものの、しかしながら辛うじて、さしものアメリカン・クール文化もいまやすっかり商品市場主義のコモディティの代名詞になってしまったことを、縷々《るる》証明したあげく、あえていうなら「いまやカウンターカルチャーこそが新たな起業家の立脚点になるだろう」というふうに結んでいる。ただし、その起業家だってコンプライアンスにひどく悩まされるよとは書いていなかった。

今夜の劈頭《へきとう》と掉尾《ちょうび》を飾ったメイラーの〝予言〟は『ぼく自身のための広告』のなかでその大半にお目にかかれる。いつか千夜千冊したい（注：一七二五夜にとりあげた）。ついでにギー・ドゥボールの『スペクタクルの社会』（平凡社）なども参考にするといいのだけれど、こちらは千夜千冊するかどうかは、わからない。

第一五一六夜　二〇一三年八月十四日

千 夜 千 冊

一七二五夜：ノーマン・メイラー『ぼく自身のための広告』　一〇〇七夜：岩淵達治・早崎えりな『クルト・ヴァイル』　四九夜：『マイルス・デイビス自叙伝』八二二夜：ウィリアム・バロウズ『裸のランチ』　三四〇夜：『ギンズバーグ詩集』　一一二二夜：ウォーホル『ぼくの哲学』　二〇二夜：『ゲバラ日記』　一五四七夜：ノーラン・ブッシュネル&ジーン・ストーン『ぼくがジョブズに教えたこと』　四〇

夜：オスカー・ワイルド『ドリアン・グレイの肖像』　一五〇三夜：ジェームズ・バリ『ピーター・パンとウェンディ』　七四二夜：ウィリアム・ブレイク『無心の歌・有心の歌』　一一一四夜：福原義春『猫と小石とディアギレフ』　四七夜：『魯山人書論』　四一三夜：『寺山修司全歌集』　八〇〇夜：大友克洋『ＡＫＩＲＡ』

ちょっとわからないのではなく、全部わからせないこと。そこに自信をもてるかどうかが、ポップアートなのである。

アンディ・ウォーホル

ぼくの哲学

落石八月月訳　新潮社　一九九八
Andy Warhol: The Philosophy of Andy Warhol 1975

ウォーホルはそこにウォーホルが関与しているというだけで、完璧なアンディ・ウォーホルなのだから、よっぽどケアする気にならないとウォーホルをおもしろくさせられない。今夜、たまにはそれもいいだろうというつもりになった。

最初に言っておくが、ぼくはウォーホルのアートの並べられ方が好きじゃない。六〇年代終わりから七〇年代前半にかけてのことだが、そのころはまだ名前が出たばかりの原宿や青山のデザイナーやアーティストの真っ白い部屋へ行くと、五人に一人がウォーホルのシルクスクリーンを床から無造作に、つまりこれみよがしに壁の隅のほうに立て掛けていて（他にはドナルド・ジャッドかフランク・ステラ）、まったくバカバカしかった。きっとウォーホルの「あっけら缶」のなかで自分がしている理由のつかないクリエイティヴィティに免罪符がほしかったのだろうと思ったものだった。

ぼくはウォーホルとはほぼ正反対のところにいる。たとえばウォーホルは体に触られるのが大嫌いで体を洗ってばかりいるが、ぼくは触られるのが大好きで、洗うのは面倒くさい。ウォーホルは昨日のことも忘れるほど毎日が新しく見えるのだが、ぼくは次にくるトレンドに興味がないので過去が新しい。ウォーホルは香水が大好きで、三ヵ月ごとに銘柄を切り替えていたけれど、ぼくは香水もタイピンもカフスボタンもつけたことがない。ウォーホルはチョコレートをいくらでも食べるけれど、ぼくは一齧《かじ》りか三齧り。ようするにウォーホルは化学的《ケミカル》だが、ぼくは物理的《フィジカル》なのだ。

それなのに今夜めずらしくウォーホルをケアする気になったのは、あの被害妄想的世間感覚が後期資本主義独特のポップカルチャーとコンテンポラリーアートを垂れ流すにふさわしいほどフラットで明快で、そんなことはウォーホルだからこそできたということに、一度は注意のカーソルを向けておきたかったのと、そんなウォーホルとぼくの何かが完全に一致するところもあるからだ。

ウォーホルは八歳で皮膚から色素を失った。綽名《あだな》は「スポット」、つまりシミ夫くんだ。以来、ウォーホルはミスキャストを大事にするしかなくなった。ようするに「場違いのところにいるまともな人間」か「まともな場所にいる場違いな人間」かになることがウォーホルになった。

ウォーホルは十歳までに三度、一年ごとに神経衰弱に陥っていた。夏休みになると舞踏病にかかった。父親は炭坑に行っていたので、あまり顔を見なかった。そういうことがあったからかどうか、ウォーホルには十八歳まで親友がいなかった。それでやっとひとつのことに気がついた。誰も自分に悩み事を相談してくれない。どうしたらそういう連中にこっちを見させられるか。驚かせるしかなかった。毎日ポートフォリオをもって歩きまわった。けれどもグリーティングカード、水彩画、みんなダメ。喫茶店で詩の朗読もした。これもダメ。

結局わかったことは、みんなパーティが好きだということだ。だから黙ってパーティの準備をして、人に来てもらうようにした。何もできないから黙っていると、少しずつウォーホルが変人であることに人気が出た。「もう孤独でいいやと思ったとたん、取り巻きができたのだ」。パーティの会場をいちいち変えるのは大変だから、ちょっとしたスタジオをもって、そこによく来る奴は寝泊まりもさせた。ウォーホルは確信した、「ほしがらなくなったとたんに手に入る。これは絶対に正しいことだろう」。

ウォーホルにとっては「買う」は「考える」よりずっとアメリカ的なのである。アメリカは人でも金でも会社でも国でも買ってしまう国だから、ウォーホルはアメリカでなければ生きられない。

そのかわり、ウォーホルには人というものはすぐに狂気に走りたがることが手にとるように観察できた。ともかくウォーホルは有名なものを複写して複製して、仕事場を会場にしてポップアート宣言するだけなのだから、あとは集まってきた連中がおかしくなるのを待つだけなのである。

二三歳で髪を真っ白（銀髪のカツラの常用へ）にしておいたのもうまくはたらいた。そのころのヴェルヴェット・アンダーグラウンドに《オールトゥモローズ・パーティズ》という歌があったけれど、たいていはパーティに来ているうちにおかしくなっていった。映画スターやポップスターはみんな成り上がりだが、パーティに顔を出しているうちに成り下がるのが目に見えていた。だから六〇年代はみんながみんなに興味をもって、パーティがつまらなくなった七〇年代はみんながみんなを捨てはじめた。

ウォーホルがメディア・パーティの主人公だと勘違いされた六〇年代は、目立った男や目立った女と親しくなるためにはシャツも言葉も好きな写真も独特でなくてはならず、それで傷つくのを恐れてはいけなかったのだ。いやいや、必ず傷つくために親しくなっていけばよかった。そして親しくなったら、必ず傷ついた。親しくなるというのはウォーホルにとっては、そういうことだった。

こうしてウォーホルは十年に一度しか休暇がとれなくてもどこへも行きたくないという奇人変人になりおおせた。だからたぶんウォーホルは招かれないかぎりは、いつも自分の部屋にいた。テレビを二台つけて、リッツ・クラッカーをあけて、ラッセル・ストヴァーのチョコレートを食べて、新聞と雑誌を走り読む。

ウォーホルは「ひなひな」である。ママ坊である。再生元素が足りないヒップな人間化学物質である。しかしそのぶん、ウォーホルには常套句《じょうとうく》があった。それがウォーホルの世相哲学だった。「だからどうなの?」と言ってみることだ。これはサブカルズのとっておきの反撃なのである。言わないときは心で呟《つぶや》いてみた。

母親に愛されていなくてねえ。だからどうなの？　旦那がちっともセックスしないのよ。だからどうなの？　仕事ばかりが忙しくてさ。だからどうなの？　いまの会社で大事にされているんだけど、なんかやることがあるような気がしてきてね。だからどうなの？　これってアートにならないらしい。だからどうなの？

いずれにせよ、人はいつも同じことを繰り返してばかりいるのだ。ウォーホルからすると、それで失敗するのは当たり前で、成功することなど忘れれば、すぐに成功するのにと思えた。そのうち、ウォーホルはまた気がついた。「新しいものとはわからないものなんだ」ということだ。それが何かさえわからないもの、それだけが新しいものなのだ。ということは、「これ、わからないね」と言われれば自信をもてばいいはずだ。ただし、一〇〇パーセントわからないものにしなくてはいけない。できるだけ全部わからないのが、いい。「ここがわからない」と言われるようではダメなのだ。ウォーホルは確信した。「とくにアートは作れば新しくなくなっていく」。このことはバスキア（ジャン＝ミシエル・バスキア）をあんなにも巧みに売り出し、トップ・アーティストにしてみせたことに、よく象徴されている。

以上の話は、ウォーホルがとびきり猜疑心が強くて、ひどく嫉妬心が強いことをあらわしているとともに、そのことを何かでまぶすにはパーティとポップアートが必要だったことだけを告げている。

こういうウォーホルとぼくが一致していることなんてなさそうなのだが、それがそうでもないのだ。たとえば次のようなことである。

①八歳までの子供はみんな美しい。だから傷つけたくはない。それはたいていの動物にもあてはまる。暴力が美しく見えたこともない。暴力は時間をかけるし、美しいものは瞬間も美しい。

②世界中のホテルで一番いいのはロビーだけ。世界で一番いい建物は仮設のものだけ

である。

③ニュースを作っている者たちは、ニュースはいったい誰のものかということがわかっていない。ほんとうは、名前をもった者がニュースに出たら、ニュースのほうがその名前にお金を払うべきなのだ。

④その人物が静かで落ち着いて見えるのなら、その人物は男であれ女であれ、飛んでいるということだ。

⑤あまりにも何かを売る店ばかりになっている。そろそろ「何かを買う店」があっていい。買う専門店だ。

⑥実はレシートがお金の本質なのである。

⑦たいていの哲学はその内容よりも、それを作った人間がそれに添えないからダメなのだ。

⑧一番エキサイティングでセクシーなことは「無」というものだ。

⑨いつだって「無」は時代を超える。

⑩これからはランクが決まる者と犯罪者だけがスターになるだろう。

たいへん結構だが、これらはすべてぼくとウォーホルの偶然の一致だろう。だから誇るべきこともないし、互恵的になることもない。⑤なんて、これからやっと流行するだろう。ただしひとつだけ、ウォーホルが羨ましいと思うことがあった。仲のいいダイアナ・ヴリーランドが世界でも指折りのクールできれいな女の人だったということだ。ヴリーランドは第八八夜で書いたように、長きにわたった「ヴォーグ」編集長のことである。ウォーホルは彼女のことを「仕事を恐れていないし、したいことをしているのに、とても清潔だから美しさばかりが引き立っていた」と言っていた。

ウォーホルは五八歳で死んだ。早死にだ。かつてのヴェルヴェット・アンダーグラウンドのメンバーだったルー・リードとジョン・ケイルは連名で《Songs for Drella》という追悼アルバムをつくった。"Drella"はドラキュラとシンデレラを一種合成した造語だ。ウォーホルをみごとに象徴していた。

第一一二二夜　二〇〇六年三月七日

参照千夜

四九八夜：ジーン・スタイン&ジョージ・プリンプトン『イーディ』　一五一六夜：ディック・パウンテン&デイヴィッド・ロビンズ『クール・ルールズ』　一七〇一夜：スーザン・ストラッサー『欲望を生み出す社会』　一七三五夜：ディック・ヘブディジ『サブカルチャー』

ニコとイーディとパティ・スミス。
ポップ・アイコンはひたすら「とびきり」だけ。

ジーン・スタイン&ジョージ・プリンプトン

イーディ

青山南・堤雅久・中俣真知子・古屋美登里訳　筑摩書房　一九八九
Jean Stein & George Plimpton: Edie—An American Biography 1982

ストックブリッジの墓地にイーディの一族が眠っている。ニューイングランドの歴史を象徴するセジウィック一族だ。とんでもなく豪華な一族だった。

イーディはその大金持ちの娘で、カリフォルニアの家にいたときは客が来る前に妹と二人で車寄せの円柱の上に妖精のような恰好をさせられて、スフィンクスのように座らされていた。そんなお姫様がいつしかアンディ・ウォーホルのファクトリーのアイドルになった。アイドルというよりもアイコンになった。

イーディをポップ・アイコンにしたのは、ファクトリーでウォーホルとつねにいがみあっていたアストラル超心理学や地球外生物体が好きな神秘主義者のチャック・ワインである。ワインはイーディを「パンチ」のマンガ家デュ・モーリアの小説に出てくるトリルビー（邪悪で天才的な音楽家によって変身させられた歌姫）に見立てて、映画に出した。SMめいた《ヴィニール》だ。それからである、イーディの神話がニューヨーク中に、アメリカ中に、世界中に洩《も》れ出したのは。

パーティが好きなウォーホルはファクトリーのそこかしこに、たえず美女と美男と狂気と驚喜と狂喜を侍《はべ》らしていた。イーディはその美女のなかでもとびきり有名な第二号の妖精である。第一号はベビー・ジェーン・ホルツァーだった。第三号がルー・リードとヴェルヴェット・アンダーグラウンドを組むニコ、さらに第四号にヴィヴァが続いた。彼女たちがいなければウォーホルはあんなに有名にはならなかったか、それとももっと筋金入りになっていた。

ウォーホルはその美女たちの誰とも寝なかった（らしい）。本書のヴィヴァの証言によると、美女たちの誰かがウォーホルの体に触れようものなら、ウォーホルは必ず縮みあがっていたという。むろんイーディにも手を出さなかった。そのかわりゲイの大半がイーディに手を出した。

だいたいファクトリーは毎夜毎朝がドラッグ漬けである。ほぼ全員が笑気ガスを吸ったような状態で、病的な雰囲気が似合わない者なんていなかった。そのなかでイーディだけがその病的な男たちに詩人を見出す才能をもっていた。

そのうちイーディが「ヴォーグ」に出て、眩《まぶ》しいほどの脚光を浴びた。一九六五年である。そのときのイーディの印象を、当時、「ヴォーグ」こそが自分の全意識だったというパティ・スミスは「しめた、これだと思った」と言っている。「輝く知性とスピードはこういうふうに一緒になればいいんだ」ということが、イーディの黒のレオタードとラフなノースリーヴのセーターのポーズを見て、すぐにわかったのだ。

そのときの「ヴォーグ」は二二歳になったばかりのイーディを「ユースクエイカー」と名付けている。名物編集長ダイアナ・ヴリーランドのあいかわらずのお手並みだ。ピンク色の地震波だ。イーディはインタヴューに「ヘンリー・ムーアのぼんやりした彫刻を見ているみたい」に変身させられたとだけ答えている。

同じ年、今度は「ライフ」にイーディがとりあげられた。やはり黒のレオタードの上にルディ・ガーンライヒのシルクプリントのドレスを無造作に着て、体を自由に捻《ひね》っている。ガーンライヒはトップレス水着「モノキニ」のデザイナーだ。これでアメリカ人は新しい時代のコンセプトが「フィジカリティ」であることを知らされた。

本書は二八歳でこの世を駆け抜けていった不可解な美女の思い出を、一〇〇人近い証言だけで編集構成したもので、読みすすむうちにたちまち当時のセパレートリアルでストーンな状況に立ち会わされているような眩惑をおぼえる。

この編集術はそうとうにみごとなもので、イーディやウォーホルのことはもとより、当時居合わせたありとあらゆるスノッブとセレブリティのスタイリッシュな息づかいが耳元に次々に吹きつけられるようになっている。だから耳が痒《かゆ》くなる。発言者たちの登場のしかたも凝っていて、その発言者がどのような出自のどのような人物かはわからないまま、喋りだす。これが徹底している。また耳が痒くなる。

読みすすんでいくと、そのうちやっと、その発言者がイーディの大学のクラブの友人であったことや、ルー・リードの紹介でイーディに一度だけ会ったゲイであることなどがわかってくる。それらの発言がとびとびに交じって、その発言だけでドラマがつくられているという編集なのだ。当初からの計画ではなかったかもしれないが、よくできた映像ドキュメンタリーのようで、まったくうまい編集だ。

ともかくも会話がページの奥からのべつまくなく聞こえているので、あまりに耳が擽《くすぐ》ったくて二度も読む気はおこらないが、これが映像になっているなら、きっと何度も見たくなったであろう。

八人兄妹の七番目だったこと、父親が牧場主でもあったこと、その父の不倫の現場を見てしまったため「うつ」になったこと、シルヴァー・ヒルの精神科病院に入れられたこと、兄のミンティが自殺したことなども、だんだんわかる。

それにしてもイーディが一九七一年の十一月十五日までのたった数年間の時の流れのなかで、アメリカのアヴァン・ポップなシーンのど真ン中を疾走していったことは驚嘆に値する。本書の証言を読むと、たいていの猛者《もさ》たちがイーディだけにはなんらかの過剰な幻想と、過剰な幻想ゆえの失望と羨望《せんぼう》とをもっていたことがよくわかる。あたりかまわず人を罵《ののし》ったボブ・ディラン（いっときイーディと付き合っていた）も、悪魔のようなジム・モリソン（ドアーズのボーカリストで、ニーチェ、カフカ、コクトーの信奉者）も、どうやらイーディだけにはぞっこんだったようだ。

イーディ・セジウィックは最後の最後になってマイケル・ポストと束《つか》の間の結婚をする。が、すでにクスリと疲労でおかしくなっていたイーディはもう蘇らない。二八歳で死ぬとはあまりにも哀しいが、本書に収められた数々のイーディの写真を見ていると、彼女はどこにも〝実在〟してはいなかったのだということも伝わってきて、なるほどイーディはそういう宿命の女だったということに納得もさせられる。

ウォーホルはイーディの死についてはとくに発言をしていない。「あまり親しくなかった」というような、いかにもウォーホルらしいこそこそした呟《つぶや》きめいた感想しか残っていない。しかしトルーマン・カポーティはさすがに事態を見抜いていて、こんなふうに言った。

「思うに、イーディはアンディがなりたかった何者か、だったんだ。ピグマリオン風にアンディは彼女に転換しようとした。ほら、よくいるだろうが、女房が服を選ぶときにわざわざくっついていきたがる男がさ。ああいうのは自分がそれを着たいからじゃないかと私は思っている。アンディ・ウォーホルはイーディ・セジウィックになりたかった。チャーミングで生まれのいいボストン社交界の娘になりたかったんだ。アンディ・ウォーホル以外の誰かになりたかったんだ」。

第四九八夜　二〇〇二年三月十五日

参照千夜

一一二三夜：ウォーホル『ぼくの哲学』　三八夜：カポーティ『遠い声・遠い部屋』　一一二四夜：ラリイ・マキャフリイ『アヴァン・ポップ』　八二二夜：ウィリアム・バロウズ『裸のランチ』

ポストモダン以降のサイバーパンクやコーエン兄弟は、デジタル世代の前衛ヒップをめざしていた。

ラリイ・マキャフリイ
アヴァン・ポップ

巽孝之・越川芳明編訳　筑摩書房　一九九五
Larry McCaffery: Avant-Pop 1993

夜の街《ナイトシティ》は社会ダーウィン説の狂った実験に似ている。退屈しきった研究者が計画し、片手の親指で早送りボタンを押しっぱなしにしているようなものだ。

——ウィリアム・ギブスン

アメリカの九〇年代精神の「際《きわ》」を抉《えぐ》った一冊だった。父ブッシュの湾岸戦争とウォール街の暴走とインターネットの抬頭のなか、アメリカン・マインドは千々に乱れていた。クリエイターたちは、こう思っていた。ポストモダンではまにあわない、パンクロックは費《つか》いつくした、グローバル・キャピタリズムなんてくそくらえ、いまさらドラッグには戻れない、できればサイボーグな官能に耽りたい。こうしてアヴァンギャルドなポップがめざされたのだった。

ひるがえって思い出すと、七〇年代半ばくらいのことだと思うけれど、ダウン・アンド・イン（down and in）という言葉がとびかっていた。ちょっと摑みにくいが、「前衛だけれど、でも、周縁じゃない」といった意味だ。ロナルド・スーキニックにそういうタイトルのアンダーグラウンド文化論があった。ダウン・アンド・インは「アンダーグラウンドはアッパーに出る」といった意味でもあったので、さしずめアンディ・ウォーホルとヴェルヴェット・アンダーグラウンドの、よこしまに見えながら実はとっても純《ピュア》で高感度《ヒップ》な関係のようなことをさしていたにちがいない。

ところが八〇年代をすごしてみると、そんな蜜月に酔うよりも、ITネットにダウン・アンド・インするほうがずっとドラッグレス・ハイになれそうだと感じるようになったのである。けれどもそれって、以前の夢のデジタルな焼き直しとは違うのか。クリエイターたちは少し迷い、そしてアヴァン・ポップに突っ込むことにした。

世の中が上位と下位を分け、主流と前衛を離し、中心と周縁を区別するのは、もううんざりだと感じていた連中にとっては、キャシー・アッカー（パンク・ノヴェルの作家）の『アイデンティティ追悼』はもともとローリー・アンダーソン（音楽パフォーマー、ルー・リードの妻）の「ファウンド・ランゲージ」そっくりなのだし、マーク・レイナーの『エスター・

ウィリアムズの香り』は《マックス・ヘッドルーム》やデビッド・リンチの《ツイン・ピークス》となんら変わりのないものなのだ。

本書はヒップでポップな文学はどうなっていったのかという話を書いている。どうなっていったかというのは、おかしくなったということだ。そこをどう見るかということだ。そう言ってわかりにくいのなら、日本の例でいえば、石川淳の『狂風記』（集英社文庫）は筒井康隆の『虚航船団』（新潮文庫）の腹違いの兄弟なのに、そういうことがわからなくなっていると言えばいいだろう。何の話をしているかって？　やっぱり「小説を読むための小説」「小説という方法を書く文学」というのがハバをきかせているという話だ。それがかつてのパンクロックがやってみせたこととよく似ているということだ。

セックス・ピストルズの《プリティ・ヴェイカント》を聞けば、おどけたニヒリズムとからっぽさ加減がダダ的不条理で抑圧する言語体系をゆさぶっているのがすぐわかる。だからかれらは自己言及的批判が演奏にあらわれてくる。

——ラリイ・マキャフリイ

マキャフリイが言いたかったことは、ウィリアム・ギブスンの『ニューロマンサー』（ハヤカワ文庫SF）を読みおわって、もう一度一ページ目をゆっくり開いた瞬間に、すべてがわかるようになっている。そのエピグラフにはヴェルヴェット・アンダーグラウンドの《日曜の朝》の「見ろよ、世界はおまえの背後にある」が引用されていた。それはサイバーパンクの開幕であって、同時にアヴァン・ポップの凱歌のマニフェストであった。

マキャフリイに『アヴァン・ポップ』という書名の著作はない。巽孝之《たつみたかゆき》がマキャフリイと相談ずくでこのような本を編んだ。手にとってすぐ、本場よりも進んでいる感じがした。コズフィッシュ（祖父江慎のデザインアトリエ）の木庭貴信によるロゴポップな造本もいいし、編集構成もいい。それにたくさんのルビがついているのが日本アヴァン・ポップになっている。これもアメリカにない。高山宏の神技ほどではないが、それでも「再搾取」に「リミックス」と、ロバート・クーヴァー（ピンチョン、バーセルミらと並ぶポストモダン作家）の『女中の臀』に「メイドのおいど」とルビが振られていると、それだけでアヴァン・ポップなのである。

アヴァン・ポップというコンセプトはマキャフリイが一九九一年あたりに提案したものだった。一九八六年のジャズのレスター・ボウイの《アヴァン・ポップ》から採ったかどうかは知らないが、ポストモダン以降のデジタルメディア時代のアヴァンギャルドな潮流に対して名付けられたもので、最初のうちはタランティーノやコーエン兄弟の映画の批評で語られていたのだが、それがしだいにポストモダンの次にくる文学理論に応用されていった。

　これをメタフィクションと混ぜて議論してみせたのは巽孝之たちだ。だからほんとうは巽孝之の著作、たとえば『メタフィクションの謀略』（筑摩書房）やそれを勘案した『メタフィクションの思想』（ちくま学芸文庫）のほうを紹介したいくらいなのだが、一応、本場に敬意を表した。

> パンクの登場とともに、そのふざけ半分の引用や関連性のないカットアップ手法や皮肉なポーズによって、従来のサブカルチャーの閉鎖性は完全にくつがえされた。パンクスは戦後のサブカルチャーを手当たりしだいにあさり、リサイクル＝再生させるべくファッションとサインを盗んだのだ。
>
> ——イアン・チェンバーズ

　二十世紀末のアメリカ文学に何がおこっていたかを瞥見《べっけん》しておくと、ひとつには北米マジック・リアリズムのようなものが志向されていた。ひとつにはブルース・スターリングが名付けた「伴流文学《スリップストリーム》」が文脈をもった。そしてひとつにはマキャフリイが命名したアヴァン・ポップの潮流が溢れてきた。

　これらはそれぞれが似たような境界侵犯領域をさしている。しばしば「トマス・ピンチョン以降のポストモダン」とも「ニューマキシマリズム」ともよばれていた。マキシマリズムはむろん七〇年代のミニマリズムに対抗したものだ。ようするに、後期資本主義の前衛芸術と大衆芸術の境界を脱構築する「小説という方法を書く文学」という文芸的なムーブメントのことである。

それを総じて巽孝之はメタフィクションというふうにまとめた。「尽きる文学」だ。いや、メタフィクションと言わなくてもいい。『嫌ならやめとけ』（水声社）のレイモンド・フェダマンは「サーフィクション」（超虚構小説）と、『読みのプロトコル』や『テクストの読み方と教え方』（ともに岩波書店）でいろいろのタネ明かしをしてみせたロバート・スコールズは「ファビュレーション」（寓話化）と、マシュード・ザバーザダーは「トランスフィクション」と、数学者でもある作家のルディ・ラッカーは「トランスリアリズムの文学」と、ジェローム・クリンコウィッツは「ポストコンテンポラリー・フィクション」と名付けていた。

まあ、呼称はいろいろだが、これらはMTVやハイパーテキストやウェブ社会の登場と軌を一にしていた。つまりこれらはIT時代の情報文学であって、デジタル加担の方法文学で、たぶんにサイバーなエディトリアリティの実験文学なのである。

味、構造、そして映像ディスプレイの諸要素が本質的に不安定であるという点で、
電子テクストは従来のテクストとは一線を画している。

――J・D・ボルダー

アヴァン・ポップなメタフィクションは中心などもってはいない。むろん周縁にもいない。どこもかしこも脱中心であって、どこからでも自己他者モデルが顔を出す。すべてが仕掛け《ギミック》であって、すべてが入れ子構造《チャイニーズ・ボックス》なのだ。

それをマイクル・ボイドは、これはどうかと思うのだが、ありきたりにも「自己言及小説」と言って、読むことを消費する〝小説批評小説〟だと説明した。それならポール・ド・マンが言語の効果は自然を読みちがえることなんだと言ったことが当たっていたわけだし、大塚英志が「物語消費」と言い、東浩紀《あずまひろき》が「データベース消費」とオタク文化の本質を言いあてたのも、当たっていたわけだ。

けれども問題はもはや「自然と言語の裏切りの関係」などではあるまい。そんなものではすまなくなっているとも言わなければならない。マーク・アメリカが一九九三年に書いた『カフカ年代記』の主人公がそうだったように、二十世紀末のアヴァン・ポップなグレゴール・ザムザには、最初から自己言及すら失敗するように微小な「バグ」がプログラム注入されていたわけなのだ。

究極のロゴスなど存在しない。そこにあるのは新たな視点、新たな認識、新たな解釈だ。にもかかわらず、文学はむしろ連続性を保持するためのシステムであり、われわれはその文学の電子化を提唱したい。

——テッド・ネルソン

本書には二つの瞠目すべきヴィジュアル・ワークが紹介され、その作者とのインタヴューが収録されている。山崎シンジ&ユミとデイヴッィド・ブレアだ。

山崎シンジ&ユミはAZZLOを拠点にボンデージ&ディシプリンを公開する活動をしている。シンジは金子國義のアシスタントをしているころからフェティッシュなスーツやツールを集めはじめていて、ユミと出会ってからはそれらを装着した調教的拘束性を写真にし、さらにそれらをSMショーふうに組み立てていくようになった。写真のほうは『BD』（フールズメイト）にまとまって、欧米のアヴァン・ポップ・シーンの度肝を抜いた。

マキャフリイは東京に滞在していた一九九二年に二人に会ってインタヴューすると（本書はそのときの巽孝之らとの体験から生まれた一冊なのである）、その中身をすかさず「サイボーグ・ブッディズム」と名付けた。ぼくもかつての海岸通りの「GOLD」や西麻布の「イエロー」で二人のディシプリン・ジムのショーを見たが、あまりに参加者が多いためか、ユミだけが公共建築物とともに静謐《せいひつ》かつ矛盾に満ちて写っている『BD』のほうがずっと刺激的だった。

ポルノショーに出てみて、セクシュアリティが政治性だってことがよくわかったわ。私とセント・マークスの群衆とのあいだを隔てているのは政治性なのよ。

——キャシー・アッカー

デイヴィッド・ブレアのヴィジュアル・ワークは六年がかりで完成した《WAX》の中に注入されている。「蜜蜂テレビの発見」というサブタイトルをもつこの作品は、フライト・シミュレーター工場に勤める主人公ジェイコブ・メイカーが、祖父のジェイムズ・ハイヴメイカーから受け継いだメソポタミア系蜜蜂を飼育しているという愉快な設定になっている。主人公にはブレア自身が扮し、祖父には合成されたウィリアム・バロウズが扮した。

物語は陰謀と殺人がからむカインとアベルふうの複雑なスリップストリームものになっているのだが、いよいよジェイコブが飼育しすぎた蜜蜂からこめかみに鏡球を埋めこまれるにおよんで、蜜蜂テレビともいうべき超絶視覚をもたざるをえなくなる。加えてそこに神話時空的なヴィジュアル・ナビゲーションの体験が進んでいくと、俄然、これを見るわれわれもまた蜜蜂の集団的無意識に犯されていくような錯覚をおぼえるようになる。クライマックスではジェイコブは人間爆弾となって死者の国から帰還するに至るのだ。

この映像作品は、あきらかにトマス・ピンチョンの『重力の虹』(新潮社)にカインとアベルの物語をまぜこみ、それをハイパーテキストふうに組み直していったという意図をもっている。つまりはメタフィクショナルTVなのだ。ちなみにジェイコブとは「ヤコブの梯子《はしご》」のヤコブの英語名をあらわしている。

わたしはかれを求め、かれはわたしを満たす準備万端。家の中ではわたしはイスラム教徒。心ではわたしはアメリカのアーティストであり罪悪感はない。わたしは快楽を探し求める。わたしはおまえの皮膚の下の神経を探し求める。狭いアーチの道を。層を。古代レタスの巻物を。わたしたちはまちがいを崇拝する。比類なき娼婦のおなかのほくろ。

――パティ・スミス

ところで二〇〇〇年ちょうど、日本でこれまでのアメリカ文学史って何だったのかとおもわせるほど痛快な二冊のアメリカ文学案内が刊行された。柴田元幸の『アメリカ文学のレッスン』と巽孝之の『アメリカ文学史のキーワード』(いずれも講談社現代新書)だ。

楚々《そそ》とした変哲のないタイトルになっているからといって、侮ってはいけない。二冊ともめっぽうよくできている。柴田のものはマーク・トウェインの『ハックルベリイ・フィンの冒険』からリチャード・パワーズの『黄金虫変奏曲』までを一気に駆け抜けるもので、さすがにすべての引用を柴田自身の翻訳で貫いただけあって、アメリカ文学の文体のウェブ変化が浮き出すように如実に伝わってきた。

巽の本は文学思想史として徹底していて、いま日本語で読める最も高質な分析と配慮に満ちている。アメリカ文学をコロニアリズム、ピューリタニズム、リパブリカニズム、ロマンティシズム、ダーウィニズム、コスモポリタニズム、ポスト・アメリカニズムの七つの潮流に区分して、それぞれにまことに興味深い作品例をランドマークにして、それをトーテムポールの解読よろしく配分してみせた。

アヴァン・ポップな話題は第七章の終盤にしか出てこないのだが、全編をメタフィクションの構造と方法をめぐるヒントとして読めるようにもなっている。巽は「あとがき」で、エモリー・エリオット編纂の大著『コロンビア米文学史』(山口書店) に蟷螂《とうろう》の斧をふりかざしたようなものだと謙遜していたが、どうしてどうして、そんなことはない。蟷螂の斧の切れ味が読みごたえがあった。

その巽の本の最後で、マキャフリイが「二十世紀英語文学一〇〇選」のベストテンにアメリカ文学作品を七つ選んでいることにちょっとふれている。これにはぼくも意外な

新鮮味を感じた。こうである、

（1）ウラジミール・ナボコフ『青白い炎』、（3）トマス・ピンチョン『重力の虹』、（4）ロバート・クーヴァー『公開火刑』、（5）ウィリアム・フォークナー『響きと怒り』、（6）ガートルード・スタイン『アメリカ人の形成』、（8）ウィリアム・バロウズ『ノヴァ』三部作、（9）ナボコフ『ロリータ』。ナボコフが二冊、入っている。なるほど、なるほど、アヴァン・ポップは昔の名前で出ています。

第一一二四夜　二〇〇六年三月九日

参照千夜

六二夜：ウィリアム・ギブスン『ニューロマンサー』　一一二二夜：ウォーホル『ぼくの哲学』　八三一夜：石川淳『紫苑物語』　四四二夜：高山宏『綺想の饗宴』　一七五二夜：大塚英志『「おたく」の精神史』　一七五五夜：東浩紀『動物化するポストモダン／ゲーム的リアリズムの誕生』　四五六夜：トマス・ピンチョン『V.』　八二二夜：ウィリアム・バロウズ『裸のランチ』　六一一夜：マーク・トウェイン『ハックルベリイ・フィンの冒険』　一六一夜：ナボコフ『ロリータ』　九四〇夜：フォークナー『サンクチュアリ』

人種問題を抱えるアメリカと、戦後復興真っ只中の日本。
渦巻き絡み合う欲望社会の縫い目から、
型破りでスタイリッシュなスターたちが躍り出た。

荒俣宏蔵

David Savill/Topical Press Agency/Getty Images

ZUMAPRESS/アフロ

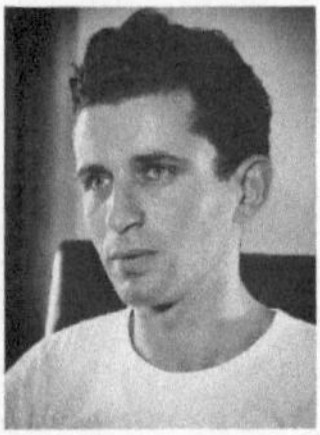
Bettmann/Getty Images

Express Newspapers/Getty Images

Photofest/アフロ

Bridgeman Images/アフロ

右上から、白人警官が黒人に扮したミンストレル・ショー、アメリカギャングを牛耳ったアル・カポネ、"ヒップスター"ノーマン・メイラー、1930年代のコカコーラ広告、パルプマガジン「Breezy Stories」、"ジャズの帝王"マイルス・デイヴィス、ルー・リードのヴェルヴェット・アンダーグラウンド、左ページ右上から蜜月期のウォーホルとイーディ、映画《タクシー・ドライバー》でロバート・デ・ニーロ演じる元海兵隊員トラヴィス、ロカビリー時代の平尾昌晃、演劇実験室「天井桟敷」の《青森県のせむし男》第一回公演、戦後日本ファッションの基礎を築いた桑沢洋子、"伝説のコミックバンド"ハナ肇とクレージーキャッツ、《11PM》司会の大橋巨泉と朝丘雪路。

学校法人桑沢学園所蔵

John Springer Collection/CORBIS/Corbis via Getty Images

朝日新聞社提供

Steve Schapiro/Corbis via Getty Images

朝日新聞社提供

朝日新聞社提供

朝日新聞社提供

第二章 サブカル・ジャパン

ドナルド・リチー『イメージ・ファクトリー』
イアン・ビュルマ『日本のサブカルチャー』
秋山邦晴・小野田勇・村上紀史郎ほか『文化の仕掛人』
宮沢章夫・ＮＨＫ制作班『ニッポン戦後サブカルチャー史／深掘り進化論』
秋山祐徳太子『泡沫桀人列伝』
植草甚一『ぼくは散歩と雑学がすき』
都築響一『賃貸宇宙』
酒井順子『ユーミンの罪／オリーブの罠』
米澤泉『コスメの時代』
榊原史保美『やおい幻論』
井田真木子『フォーカスな人たち』

「かわいい」や「クール・ジャパン」のお粗末な現在主義のなか、日本のハイ&ローをどのように語ればいいのか。

ドナルド・リチー

イメージ・ファクトリー

日本×流行×文化

松田和也訳　ロイ・ガーナー写真　青土社　二〇〇五

Donald Richie: The Image Factory 2003

クール・ジャパンとかジャパン・クールという。ちょっとした「和」のブームをかっこよく言い直した用語のようだが、どうにも擽（くすぐ）ったい。浮いている。

　クール・ジャパンとは、日本の伝統と「かわいさ」とがまぜこぜになって、ファド（流行）をおこしつつあるものをいう。いわゆるヒップ（先端）なのではなく、そこに「日本というスタイル」がかわいい刷り色になっているものをいう。そもそもスタイルとは、チェスターフィールドらがとっくに定義してきたように「思考の意匠」であるはずなのだから、クール・ジャパンは現在の日本を象徴する日本という国柄（ステート）のスタイルなのだ、ということになる。が、そういうことで、よろしいのか。

欧米ではクールを「かわいい」などとは見ていない。ノーマン・メイラーが「クールはヒップのことだ」と言ったように、ディック・パウンテンやデイヴィッド・ロビンズが「クールは権威に対する不服従を表明する」と言ったように、クールは反抗の持続的スタイルのことなのだ。

日本に日本らしさを求めてやってきた観光客をはじめとするガイジンたちの多くが決まって不満に思うことがある。とくに知識人には不満は決定的で、バーナード・ルドフスキーからスーザン・ソンタグまで、ほぼ一致する。それは、日本に来るとつねに「新奇《キッチュ》なもの」ばかりに取り巻かれてしまうということだ。おかげで石庭と五重塔を見た帰りにダッコちゃんやポケモンに出会い、歌舞伎座と浅草に寄った帰りに竹下通りやアキハバラに迷いこみ、どこにもかしこにも名状しがたい〝変な日本〟があることを見いだすことになる。

ガイジンが不満なだけならまだしも、いまやこの現象に日本の知識人がお手上げなのだ。それどころか大方がクール・ジャパンでいいんじゃないかとさえ思い始めている。が、それでほんとうに、よろしいのか。

先だっての一月二七日の土曜日（二〇〇七）、「連塾Ⅱ・絆走祭《はんそうさい》」として〈風来ストリート〉と銘打った半日を、自由学園明日館《みょうにちかん》で催した。ぼくはナビゲーターのような役で、六人のゲスト（ゲストとはいえ、これまで連塾の聞き役として参加した連衆から選ぶ。これを「客主」と称んでいる）を、次々に舞台に呼んだ。

舞台というのは、フランク・ロイド・ライトと遠藤新《あらた》が大正十年あたりから昭和二年にかけて仕上げた、いかにもライトらしい木造の講堂のことをいう。構造と細部のすべてがいまでは悉く《ことごと》セピアな懐古のなかにある。

その講堂での当日の光景は、冒頭ぼくが「風」と「ストリート」の日本芸能文化の話をし、そこへ大倉正之助の大鼓《おおかわ》に送られてオートバイ・デザイナーの石山篤《あつし》が人機一体のエロスとタナトスを語った。ついで、明日館の講堂に「黒い花道」を造作したハイパーダンサーの田中泯が拍子木に送られ、誉田屋源兵衛《こんだやげんべえ》の鯉をあしらった衣裳で構造を解体する舞に耽《ふけ》り、五輪真弓の《恋人よ》で飄然《ひょうぜん》と去った。

次は写真家のエバレット・ブラウンである。「日本」を撮った写真一四〇枚を連打して、それぞれにコメントを加え、静かな語りで「こういう日本でいいのですか」と問うた。ここで休憩を挟んで、東京新聞の一二〇回にわたる連載最終回を「日本という方法が必要だと私もやっと気がついた」と結んだ福原義春が、資本主義過飽和の日本に含蓄のある警鐘を鳴らし、入れ替わって高橋睦郎《むつお》が自身の幼なごころの原郷に何が盤踞《ばんきょ》していたかを、独特の語り口で髣髴《ほうふつ》とさせた。失われた日本を告知するに、絶妙の語り部となってくれた。

最後は小堀宗実の「遠州好み」の御披露で、存分に茶の湯の趣向とは何かということを堪能させるものだったのだが、一番の場面はぼくが「現在のお茶ブーム、これでいいんですか」と聞き、家元が間髪を容れずに「全然ダメですよ」と言うところだったろう。ぼくは最後に西田幾多郎と井伏鱒二と徳川夢声《むせい》のフィルムを映し出し、かつての日本人の語りを取り出した。

ざっとこんなふうだったのだが、鈴木清順・井上鑑《あきら》・植田いつ子・コシノジュンコ・緒方慎一郎・山口智子ほか、参加者の多くが堪能してくれた。「日本という方法」の提示になっていると思ってもらえたからだろう。

そこで、今夜の一冊なのだが、以前からとりあげたいと思っていたドナルド・リチーの『イメージ・ファクトリー』にした。〈風来ストリート〉のあとにふさわしいと、ふいに思ったからだ。

リチーはGHQが統括した占領軍のタイピストとして来日して以来、長く日本に滞在した。日本のあれこれを熟知する「ニューヨークタイムズ」や「ワシントンポスト」のジャーナリストであって、映像作家であって美術評論家である。すでに『小津安二郎の美学』（フィルムアート社）、『黒澤明の映画』（キネマ旬報社）、『日本の大衆文化』（秀文インターナショナル）、『素顔を見せたニッポン人』（フィルムアート社）などを書いてきた。

そのリチーが本書では「日本×流行×文化」のサブタイトルのもと、日本という国柄のなかでは、スタイルは「思考の意匠」というより「イメージ」だけを、とりわけ「イメチェン」（イメージ・チェンジ）を追求しているようだけれど、これはいったい何なのか、それでいいのかということを突いた。現代文化では思考よりもイメージが雄弁であることはどんな国にもあてはまることではあるものの、それが日本においては極端なほどに「思考なきイメージ」の氾濫《はんらん》が大手を振っているという指摘だ。『イメージ・ファクトリー』というタイトルは、そういうイメージ偏重主義の日本のことを揶揄《やゆ》している。

本文では、さまざまな観察と着目と疑問がキャッチーに綴《つづ》られる。なぜプリクラでは五人一緒にポーズをするのか。なぜラブホテルではショートタイム利用のことを「休憩」というのか。そのくせなぜ、必ず男が主導権をもつような「連れ込み」という名がまかり通るのか。それって、昔の「陰間茶屋《かげま》」の名残りなのか。

カラオケは「空《から》のオーケストラ」の略称らしいけれど、あんな程度の伴奏が入るだけで、どうしてオケ（オーケストラ）なのか。三十年以上も営業しているパチンコ店はなぜにまた毎日「開店」を自慢したがるのか。「コスチューム・プレイ」の略であるコスプレがマリス・ミゼルやXジャパンに変装し擬装するのはよくわかるが、それで何をプレイしようとしているのか。

ひょっとすると日本人は、その場かぎりの「共解」だけが大事で、ひたすら現在主義に甘んじていたいだけなのではないか。何がイメチェンしたかということだけが、文化だと思いこんでいるのではあるまいか……。まあ、こんな調子だ。

リチーは推理する。アメリカではコカコーラのTシャツを着ることは、「私はコカコーラなんて制度的にも習慣的にも受け入れていない」という意味であり、ミュージシャンがアメリカ陸軍の放出品を着ることは、ベトナム戦争やイラク戦争に反対か無関心であることを表明するのだが、日本ではどうもそのようなアイロニーがないままなのではないか。

だとすると、日本は海外文化は受け売りのままで、もっというなら無批判な現代文化屋になっているのではないか。日本人は海外のファド(流行)を、その思考のコンテキストから切り離して受け入れて平気なのか。どうも理解しがたい。

たとえば日本の青少年がアメリカン・ヒップホップのだぶだぶファッションが大好きなのは、アメリカの黒人の子供や若者たちがスポーツウェアを着て、パンツを下げ、野球帽を逆に被《かぶ》ってあらわすメッセージとなんら関係がない。だいたいアメリカでは黒人以外はこんな恰好を絶対にしない。なぜならあれは部族的アイデンティティであるからだ。あえてそれをする者がいたとしたら、そのことによってメッセージにアイロニーをもたせるミュージシャンやアーティストたちで（それがヒップだが）、それも、その恰好でメッセージが伝わらなければ、すぐやめる。それを日本ではまるで群衆の旗印のようにその真似が大流行してしまう。

リチーはそこで、日本は少なくとも輸入ファッションについては、あきらかに「文盲である」と断定した。その無頓着はおばさんが猫も杓子《しゃくし》も着たがるシャネル・エルメス・グッチ現象まで肥大する。輸入ファッションだけではない。スターバックスにもガーデニングにもM&Aにも無頓着になってきた。

海外の文化に無頓着であることは、べつだん羞《はず》かしいことではない。それを自分のコンテキストにすれば、それでいい。どこの国だって〝海外もの〟はおもしろく、それを自分のものにするために文化をつくりだしてきた。ドイツがクレヨンをつくったのはフランスのプチ・ロココやプチ・ロマネスクが入ってからのことだった。

かつての日本もそういうことをした。ただし、どこも試みなかった「日本という方法」で。たとえば江戸の「粋《いき》」や「通《つう》」や「俠《きゃん》」と言われたスタイルの多くは海外からの「渡りもの」に触発されてのことだった。一例をいえば、「縞《しま》」が粋だとみなされたのは、最初はジャワや東南アジアの異質な染め物に目を見張ったからで、それゆえそういうものを「島渡り」と言った。けれども、江戸の流行はそれをただ受け入れたのではなかった。それらを徹底して工夫した。浮世絵という海外にない情報印刷文化スタイルのなかで練磨させ、浄瑠璃《じょうるり》や常磐津《ときわず》や新内を好む芸者たちが、婀娜《あだ》な着物に仕立てて徹底して着こなした。それが「縞」である。その「縞」は財布や煙草入れや野良着にまでなった。

これは文字をもっていなかった日本人が中国の漢字を受け入れ、それを仮名にし、カタカナにし、さらには散らし書きや分かち書きにしていった歴史このかた、日本人がむしろ得意にしていたことだった。そのはずだった。

ところが最近の日本人が好きなシャネル・エルメス・グッチは、買えば、そのままなのである。まったく応用がない。着なくなればクローゼットに吊るしっぱなしか古着屋に売る。だからいつまでたってもエルメスのスカーフは煙草入れにならないし、シャネル・スーツはシャネル・スーツのままで、決して野良着にはならない。日本のヒップホップ・ファッションも黒人そのままなのだ。

いったい、どうしてこんなふうになってしまったのか。きっと理由はいくつもあるだろうが、リチーは、この奇怪な現象の背後に一つのおぞましい言葉が君臨していることを突き止める。それは「かわいい」という言葉だ。

この二〜三十年間というもの（いつから流行したのかは知らないが）、どんな物品の出来栄えやどんなアイドルの印象についても、「それって、かわいい」「かわいいから、いいわよ」「かわいくなーい」で万事が片付けられてきた。「かわいい」は、そう言いさえすれば便利なのか、無責任でありたいせいなのか、実は何もあらわしていないのか、それともすぐには思いつけない何かのテイストを代弁しているのか、よくわからないにもかかわらず、どんな場面でも切り抜けられる言葉になったのである。

たしかに「かわいい」は、エルメスからフィギュアまで、家庭用ロボットからメイドカフェまで、帯留から安室奈美恵まで、現代アートから小料理屋の小鉢まで、片っ端からなぎ倒していった。「かわいい」と言っておきさえすれば、どんなスタイルにもテイストにもあてはまってきた。おそらくちゃんとした意味は、ない。ヴァージョンもない。すべて「かわいい」だけですます。きっといつかの時点で女性たちが言い出した言葉なのだろうけれど、それなら、それに代わる「思考の意匠」をあらわす言葉がつくられたかといえば、マスメディアも男性陣も何ひとつもたらせなかったのだ。そして、その「かわいい」がクール・ジャパンになったのだ。

「かわいい」は何を隠蔽《いんぺい》してきたのだろうか。クール・ジャパンは何を「かわいい」から引き取ったのか。何も引き取ってはいない。

連塾の〈風来ストリート〉には、「かわいい」ものは何もなかった。むしろ「こわいもの」だけがあった。ラディカルだけが去来した。

石山篤はオートバイのデザインの根底に曼陀羅《まんだら》や観音があることを強調し、田中泯は自分の踊りが村祭りのお囃《はや》しに始まると言った。高橋睦郎は子供時代に聞いた北九州の婆さまたちの怖しげな語りのなかにこそ詩歌の発生があったことを証した。

日本の風来とは、そういうものなのだ。エバレット・ブラウンはそういう日本を求めて、一方で首相専用機のなかの小泉純一郎や稽古場の琴欧洲《ことおうしゅう》を撮り、他方で奥の細道や熊野古道を歩き、その二つの光景の「あいだ」にひそむ日本を伝えようとした。そのプレゼンテーションはみごとだった。小堀宗実は、「なぜブラウンさんのようなメッセージを日本人が発してこなかったのか」と言った。

リチーも、龍安寺の帰りにポケモンを買うという両極にあえなく股裂きになった日本の「あいだ」を探る。そして、日本中のテーマパークがスペイン村やオランダ村といった〝外国〟になってしまうこと、パチンコ屋とカラオケ屋がいっこうに廃《すた》れないこと、フィギュアやコスプレが現実の少女よりずっと現実感をもつという倒錯があいかわらずおこっていること、週刊誌が深刻なニュースとポルノまがいの〝グラビア〟をいまなお同時に飾り立てていることなどの特異な現象をあげつらい、そういうことを流行にしてきた理由をなんとか探そうとする。

そのうえでやっと仮説してみたことは、日本はいつしか「神」を喪失し、その喪失したものをまったく取り戻せていないだろうということ、そのぶん何もかもを「かわいい」で埋め尽くしているのだろうということだった。

リチーの仮説は半分くらいは当たっている。パチンコやカラオケが廃れないのは、戦後の日本人が「過去の忘却」を遊戯の本質としたせいだったと言うのだが、そういうこともあるだろう。昭和二七年から二年間にわたってラジオ放送された菊田一夫の『君の名は』は、冒頭、必ず「忘却とは忘れ去ることなり」というナレーションが入った。週刊誌が社会告発とタレントの噂とポルノまがいの〝グラビア〟で埋まるのは、戦後の日本人が自分の国の中のあれこれの「あいだ」を可視化できなくなっているからだった。これも当たっているところがある。

リチーは、きっと日本人はあえて何かを喪失したかったのだろう、忘れたかったのだろうと心配をしているのだ。

いつからか（むろん敗戦後あるいは日中戦争以降だろうが）、日本は「神」や「仏」だけではなく、「あいだ」も失った。日本人って曖昧だね、中間的だね、イエス・ノーがはっきりしないよと言われるうちに、日本にひそむ「あいだ」を見る力を失ったのだ。

それでどうなったかといえば、これはリチーが名付けた用語だが、一億総現在主義になった。どんな残虐な犯罪も、どんなに不幸な災害も、せいぜい三ヵ月か七ヵ月くらいしか話題の座にいられなくなったのだ。記憶のない日本人になったのだ。そのかわり、何が継続しているかというと、入れ替わり立ち代わり「よかったね」「がんばった」「かわいい」の連発で、ものごとが通りすぎていくだけなのである。

かつてロラン・バルトは、二十世紀後半に語られるイメージは、「見かけとそれ自体を同一視すること」になりさがったと指摘した。

当初、この「イメージの堕落」を最もスキャンダラスに体現したのはテレビであった。ロバート・マクニールは早くから、テレビの本質が「咀嚼《そしゃく》しやすさ」「複雑さの排除」「洗練からの逸脱」「視覚的刺激の連打」「言葉の厳密さをアナクロニズムとして扱うこと」などにあると見抜いていた。まさに、その通り。しかし、事態はテレビにはとどまらなかったのだ。とくに日本においては。

ほぼ同じことが、いや、それ以上の刺激性をもって、マンガに、テレビゲームに、合コンに、吉本芸人に、フィギュアに、一挙に流れていった（同じことがおっつけ、ブログやミクシィを埋め尽くすだろう）。これはいったい何がおこっているのか、なかなかその傾向にひそむものを摑めなかったリチーは、あるとき「イメクラ」という言葉が「イメージ・クラブ」の略であったことを知って、呆れながらも膝を打つ。なんだ、日本人が言う「イメージ」って、そういうことなのか。

そうなのだ。コナミが売り出した「藤崎詩織」（TVゲーム「ときめきメモリアル」のキャラクター）が、ホリプロがモーションキャプチャーででっちあげた「伊達杏子」（三菱電機「ジェニー」のポップアイコン）が、日本人の言う「イメージ」なのだ。だから日本人は、オランダではなくてオランダ村へ、ペテルスブルクではなく新潟のロシア村へ、コペンハーゲンではなく登別のアンデルセンゆかりのニクス城へ、漱石のロンドンではなく修善寺のブリテン・ランドへ「イメージ」を求めて出掛け、仲間みんなで「わあっ、かわいい」を連発したら、もう二度と行かなくなってしまったのだ。

中学生のころか高校生のころ、ぼくは「女性自身」や「週刊女性」が金髪の外国人モデルばかりを表紙にしているのにうんざりしていた。それが原因かどうか、最初に海外に出たパリで、あまりに金髪が多いので落ち着かなくなったほどだった（パリで最初に惚れたのは友人の妹の黒髪のパリジェンヌだった）。

けれどもそんな話すらもはや遠い昔日のこと、日本中のどこもかしこも茶髪や金髪が流行し、いつしか、教師が茶髪を申請すれば、校長はこれを許可するしかないと東京都教育委員会が〝認定〟するようになっていた。茶髪・金髪・赤髪が流行しただけではない。日焼けも流行し、白顔メークもガングロも流行し、韓《ハン》流も流行した。その流行はいまだ止まらない。

以上のことと、ヒップホッパーまがいのファッションが巷《ちまた》に溢《あふ》れたこと、小顔が「かわいい」になったこと、安倍晋三が「美しい国」を標榜することとは、同じイメージ現象なのである。リチーの言いぶんなら、日本という国柄がそういうイメージ・ファクトリーになったということなのだ。

まあ、今夜の話はこれくらいにしておこう。リチーがあと半分で何が言えていなかったかということも、付け加える必要はないだろう。推して知るべし。

少々、補充しておけば、クール・ジャパンという言葉は、アメリカのエコノミストのダグラス・マックグレイが二〇〇二年の「フォーリン・ポリシー」誌上で、日本はGNPではもはや大国でも何でもないが、GNCから見れば世界一の大国だと書いてから、広まった。GNCとは「グロス・ナショナル・クール」の略で、マックグレイはふざけて国別のクール度（かっこいい度）を持ち出したのである。つまりはマックグレイは「日本はクール生産高に賭けているんですね」と揶揄《からか》ったのだ。

もっともトニー・ブレアのようなおっちょこちょいは、それとはべつに「クール・ブリタニア」を言い出した。「クール・ジャパン」や「ジャパン・クール」はそのおこぼれだった。いつまでも取りすがらないほうがいいだろう。どうしても追いかけたいなら、このあたりについては奥野卓司が『日本発イット革命』（岩波書店）で、クール・ジャパンがいかにアジアに広まっているかを報告しているので、参考にするといい。

ぼくが知らないだけかもしれないが、「かわいい」問題のほうは、実はその後もたいして研究されていない。たとえば「をかし」や「あはれ」や「粋」や「伊達《だて》」の流行と、「かわいい」の流行とは何が根本的に異なるのか、そこまで踏みこんだものもまったくない。それどころか、いま流行しているのは「かわいい」の増産の乱舞であって、それが「萌え」や「うざったい」の支流にまで至ったのだった。

気になるのは、世間から差別語が退治されるようになってから、とくに「かわいい」が氾濫したということだ。その結果かどうかは知らないが、日本は物差しの目盛が粗くなり、棒読みがまかり通る世の中になっていったのである。

第一一七二夜　二〇〇七年一月三十日

参照千夜

四八六夜：バーナード・ルドフスキー『建築家なしの建築』　六九五夜：スーザン・ソンタグ『反解釈』　九七八夜：『ライト自伝』　八六六夜：大倉正之助『鼓動』　一一一四夜：福原義春『猫と小石とディアギレフ』　三四四夜：高橋睦郎『読みなおし日本文学史』　一〇八六夜：『西田幾多郎哲学論集』　二三八夜：井伏鱒二『黒い雨』　六四二夜：徳川夢声『話術』　七一四夜：ロラン・バルト『テクストの快楽』　五八

三夜：夏目漱石『草枕』

やさしいはずの日本人が、
なぜ「性と暴力」の表現をあんなに好むのか。

イアン・ビュルマ

日本のサブカルチャー

大衆文化のヒーロー像

山本喜久男訳　TBSブリタニカ　一九八六
Ian Buruma: A Japanese Mirror 1984

なぜ山口百恵が三浦友和の世話をするためにスターの座を捨てたことを、日本の女性週刊誌は一斉に称賛するのか。なぜ谷崎潤一郎は母に対する思慕を裏返してナオミを偏愛し瘋癲《ふうてん》老人を描いたのか。なぜ日本のラブシーンは「濡れ場」とよばれるのか。まだ、ある。ノーパン喫茶のクライマックスがなぜウェイトレスが着けていたパンティの競売になりうるのか。オスカルとアンドレが天国に行って結ばれることがなぜ宝塚やそのファンにとって必要なのか。
まだ、言いたりない。少女マンガの日本人の主人公はなぜわざわざ茶色や亜麻色《あまいろ》の流れるような髪になるのか。篠田正浩は高校球児にとって甲子園が聖地であることをなぜあんなに強調するのか。鈴木清順は《けんかえれじい》にどうして北一輝を出す必要があるのか。デラックス東寺（京都）のストリッパーは踊っているときはすました無表情なのに、〝特出し〟のときになってなぜ急にお母さんのように微笑するのか。高倉健と鶴田浩二はなぜギリギリまで我慢するのか――。

一読、こんなふうにあけすけに日本の大衆文化像を見た書き手がかつていただろうかと思った。のちのちドナルド・リチーの弟子筋だったと知って「さもありなん」と納得したが、今度ざっと読み返して、著者が提起した謎かけはいまだ日本人からの返答がないままだということに気がついた。あまりに素頓狂《すっとんきょう》で配慮のない「疑い」だからだろうが、その後の日本でちっとも回答が得られていないことばかりなのだ。

イアン・ビュルマ（ブルマとも表記）がこの本でとりあつかったのは、昭和日本の大衆やマスメディアや表現者が祭り上げたヒーローやヒロインである。ガイジンにとっては目をそむけたくなるような、あるいは一部の日本人にはどうしてそんなことで日本を議論できるのかというような、そんなアイテムとアイコンばかりである。

日本語版の序文と「まえがき」で、日本のサブカルチャーが説明すべきことについての本書の意図が述べられている。

第一に、著者は日本が大好きなのだが、納得できないことも少なくない。その理由を学者やメディアに求めてもなかなか得られない。なぜなのか。そこを考えてみたかった。第二に、そうなっているのは日本の「高尚な文化」に対する説明と「低俗な文化」に対する説明とが示し合わせたかのように分断しているからだろうと思った。そこで第三に、著者自身が見聞した大衆文化《サブカルチャー》に関する興味と疑問をそこそこに列挙してみた。

しかし第四に、日本人は自分たちが溺れているかもしれない大衆文化《サブカルチャー》はガイジンに理解されなくたっていいと思っているようなので、そこを突破するには日本人が好む英雄《ヒーロー》と悪役《ヴィレン》を虚像とみなさず、日本人が以前から培ってきたであろう神話性や選好性にもとづいて考えてみることにした。かくして第五に、欧米諸国のガイジンが培ってきた「想像力《イマジネーション》の産物」と、日本人が好んできた「想像上の英雄《ヒーロー》と悪役《ヴィレン》」には何か大きな違いがあるのだと思わざるをえないという結論を得た。

こうして本書が綴られたのだが、書きすすむうちに「あること」を日本人に問い返す必要があることを痛感したようだ。それは端的に言えば、「日本人のやさしさ」と「日本人の暴力性と色情性」とを重ねあわせられる何らかの説明を、日本人はもっているのだろうかということだった。

高校球児が涙ながらに甲子園の砂を小さな袋につめて持ち帰る姿と、キャンディーズや山口百恵が「フツーの女の子」に戻る姿に喝采をおくることと、ノーパンしゃぶしゃぶで茶髪の女子のお尻に触り、大学生がコンパでイッキ飲みをして女子学生を〝落とす〟ことは、別々なのだ（そのはずだ）。いいかえれば、日本人の行動規範の多くは、大衆的な遊びのなかでは何ひとつ守られていないし、生かされてもいないけれど、それでよろしいのかという問い返しだ。ようするに日本のサブカルチャーにはほとんどの説明可能な道徳もそれをくつがえす反道徳の哲学もないのだとしたら、日本人は快楽と暴力をよそおうことでしか日本的なペシミズムを回避できないということになるが、それでもいいんですね、ということである。

イアン・ビュルマはこんなことを推理する。日本神話においては、スサノオは絶対的な悪神ではない。風によって木がなぎ倒されるように、他に迷惑をかけるから悪い神だとみなされているにすぎない。親鸞は「善人なおもて往生す、いわんや悪人をや」と言った。こうした例を見ていくと、日本人の思考には絶対的な悪は存在しないように思える。ケガレを恐れているだけとも思える。

ひょっとして日本人が「悪」と「ケガレ」を混同しているかもしれないという指摘に続いて、著者はスサノオが「ミソギ」（禊）をする理由の説明に移って、日本人は「悪」と「ケガレ」を一緒くたに水に流せるという原状回復力に可能性を見いだし、さらにはいったん出雲（根の国）に放逐されたスサノオがヤマタノオロチなどを退治して、美女を獲得する英雄《ヒーロー》として蘇生するという復活可能性に拍手をおくれるようにしたことに注目する。なぜこんなふうな展開を選んだのか。

こうした物語の類型はギリシア・ローマ神話やオセアニア神話にもあるけれど、日本ではそれが「罪」や「罰」として継承されるよりも、新たな変容や変身の物語になることが多い。著者はそこに日本人の判官贔屓《はんがんびいき》、「忠臣蔵好き」、西鶴の好色一代男の遍歴礼讃などに共通するモードを読みとり、それが谷崎潤一郎の痴女の観音化や今村昌平の《にっぽん昆虫記》の好色礼讃につながりうることを発見する。ついで、これらが日本の大衆メディア文化の、女性週刊誌や少女マンガに至ったイメージの系譜を追い、ここには「変容肯定主義」とでもいうものがあるのではないかと推断した。

そして、これらのことはドイツ文学者の種村季弘《たねむらすえひろ》が言うところの「日本的な浄化の儀式」でもあったことに、多少納得するのだ。

本書のイギリス版の原題は『日本の鏡』で、アメリカ版は『仮面の裏』だった。それが日本語版で『日本のサブカルチャー』になった。版元と訳者の意向だろうが、いわゆるサブカル論ではない。映画についての言及は多いけれど、マンガ、ファッション、商品、Jポップ、学習塾、サブカル小説などは、ほとんどとりあつかっていない。

しかし、昭和日本の大衆文化《サブカルチャー》のかなり奇妙な一面を浮上させるには、そこそこの説得力をもっていた。日本人が好んだイメージ・セオリーに「変容肯定主義」の傾向が強いという観察も、けっこう当たっていた。たしかに日本には「かわる」(変)と「わかる」(判)という傾向があるからだ。

イアンは一九五一年にオランダのハーグに生まれ、ライデン大学で中国語と日本語と日中の歴史を専攻した。在学中にアムステルダムで公演した寺山修司の天井桟敷を見て衝撃をうけ、さっそく日本に来て日大の芸術学部で日本映画を学んだ。小津安にもクロサワにも鈴木清順にも詳しいのはそのせいだ。

その後はジャーナリストとして東京・ニューヨーク・香港に滞在し、二〇〇三年からはアメリカに行って大学教授となり、何冊もの本を書いた。翻訳されているものは少ないが(二〇〇〇年現在)、『戦争の記憶―日本人とドイツ人』(ちくま学芸文庫)は仲正昌樹の『日本とドイツ―二つの戦後思想』(光文社新書)とともにいまや日本人の必読書だろうし、オリエンタリズムならぬオクシデンタリズムの虚を突いた『反西洋思想』(新潮新書)は、『近代日本の誕生』(ランダムハウス講談社)と交差して、読ませた。

この本は英語で書かれた。欧米社会ではかなりの反響があったらしい。だいたいの批評が「これまで触れにくかった日本をよくぞ巧みに描きだした」というものだったようだ。ただし、ぼくは、フィリップ・ウインザーの書評に出ていた次の一節のほうに感服した。

「フロイトが日本で生まれていたら、自分の仕事をやめただろう。というのも、日本には父権的な宗教や、その派生物である西洋の道徳的な伝統がないのにもかかわらず、日本人は西洋と同じように多くのエディプス・コンプレックスをつくりだして、働くときや遊ぶときの特性としているからだ」。

第三〇夜　二〇〇〇年四月十一日

参照千夜

六一八夜：井原西鶴『好色一代男』　四一三夜：『寺山修司全歌集』　六〇夜：谷崎潤一郎『陰翳礼讃』　九四二夜：北一輝『日本改造法案大綱』　八九五夜：フロイト『モーセと一神教』

冗談工房、「世代」と「思想の科学」と「ガロ」、南画廊と草月アートセンター。戦後日本の先頭を切ったサブカルズ。

秋山邦晴・小野田勇・村上紀史郎ほか

文化の仕掛人

現代文化の磁場と透視図

青土社　一九八五

かつて「TBS調査情報」という放送業界の良心を守るような情報誌があった。ときどき鋭い企画でメディア文化の現状や歴史を追いかけていて、ぼくも「現代プロデューサー論」シリーズの第一回目にとりあげられたことがある。

そのときの書き手は、当時はオフィス・トゥーワンにいたプロデューサーの高村裕だった。高村は「ニューステーション」をはじめとする久米宏の番組の大半をつくってきた辣腕《らつわん》である。なぜぼくが〝プロデューサー〟なのか、しかもシリーズ第一回目に登場するほどの〝業績〟があるのか、そこがよくわからなかったのだが、初対面の高村は鋭い目でぐっと睨むと、「だって松岡正剛こそは、われわれがその動向を注目するプロデューサーなんですよ。松岡正剛は、ほら、メディアを生める人でしょう」と言った。なんだかときどき丸いものを産卵するニワトリになったような気分だった。

どうせ買いかぶりだろうとは思ったが、そのようにメディア文化のさまざまな人物や現象を俎上《そじょう》にのせて解剖してみるというのが、この企画の狙いだったのだ。本書もその「TBS調査情報」の「戦後文化――その磁場の透視図」というシリーズ企画をまとめたもので、戦後の日本に生まれて一九六〇年代までの文化を牽引《けんいん》した〝文化装置〟とその先頭を走り抜いた群像を次々にとりあげている。

本書がスポットライトをあてたのは、ムーランルージュ（赤い風車）新宿座、三木鶏郎《とりろう》の冗談工房、三枝博音《さいぐさひろと》の鎌倉アカデミア（鎌倉大学校）、吉行淳之介がデビューした「世代」誌、まったく新しい民衆の知を掘り起こした「思想の科学」、日本最初のデザイン学校となった桑沢デザイン研究所、志水楠男の南画廊、東宝から分かれた新東宝、伊達《だて》得夫《とくお》が冴えきった書肆《しょし》ユリイカ、青林堂の「ガロ」、そして草月アートセンターである。この取り合わせが闇市の並びのようでおもしろい。

それらを、関係者の座談と詳細なレポートと貴重な図版、それに註と年表を交えて次々に浮上させているのだが、連載時よりかなりの補充も加わって、戦後の文化牽引者たちの動向を知らない世代にとってはもってこいのものになった。ただし、表題『文化の仕掛人』は一般的すぎていただけない。ここに登場する連中はもっと過激、もっとセクシー、もっとサブカル・ラディカルだった。

以下に、ちょっとつなげてスケッチしてみることにする。ここでは前後をわかりやすくするために西暦表示にした。敗戦直後の話から始めよう。

天皇が人間宣言をした一九四六年の初夏のことである。東京は呆れるほどの焼け野原だったけれど、五月一日、昭和十年代の軽演劇やレビューで人気のあったムーランルージュ新宿座が細々とオープンして、中江良夫作の《栄養失調論・地上の星》を上演した。ここにはのちに森繁久彌や楠トシエが入ってくる。

その五日後の五月六日、鎌倉大学校が開校した。久枝武之助・飯塚友一郎のもと、三枝博音・服部之総《しそう》・吉野秀雄・林達夫・高見順らの教授陣が鎌倉の光明寺を教室にしてハイレベルの授業を披露した。文学科・演劇科・産業科という学科設定が独創的で、畳の上での講義にも熱が入った。演劇科の第一期生に予科練帰りの前田武彦（のちの放送作家）、幼年学校帰りのいずみたく（のちのミュージカル作曲家）がいた。

ここはのちに「鎌倉アカデミア」と名を変えて、科学史家の三枝博音が「幾何学を学ばざる者、この門を入るべからず」の看板を掲げ、戦後私塾の風濤《ふうとう》の先頭を切った。その校舎が大船に移り、重宗和伸らによって映画科が開設されたときの第一期生には鈴木清順や十時敬介がいた。三枝はぼくがのちに傾倒した江戸唯物論思想史の解読者であり、重宗は豊田四郎、五所平之助と並んでいた映画監督だったが、のちに「東京発声映画製作所」などをつくった。

つづいて五月半ば、上田辰之助（ペンシルヴァニア大学の経済学者で、大倉山文化科学研究所の所長）が「思想の科学」と名付けた雑誌を創刊した。太平洋協会出版部内につくられた先駆社を母体にして集まった同人は渡辺慧《さとし》・武谷三男・都留《つる》重人《しげと》・丸山眞男・鶴見俊輔・鶴見和子・武田清子たちである。創刊一万部を完売した。

編集方針に、①ひとびとの哲学の研究、②コミュニケイションの研究、③記号論理学研究、④私たちがもっとはっきり考えられるためのさまざまのこころみ、とあるのが斬新である。いま、これだけの編集方針をもって知的メディアの創刊に踏み切れる者は、なかなかいまい。昨今のメディア派はたいていはどんよりしている。研ぎ澄ますこと、メディアにはそれしか方針はない。

当初の「思想の科学」グループの親分格は渡辺慧だった（IBMワトソン研、理化学研究所、ハワイ大学教授などを歴任）。この、時間論をしきりに探求していた物理学者こそがすばらしかった。渡辺さんにはぼくも二度ほど会ったことがあるのだが、なんとも「人と論理と情報のエントロピー」を包む魅力をもっていた。グループやサロンやメディアをつくりたいのなら、こういう人を大事にすることだ。武谷は武谷三段階論で名を馳せた弁証法的唯物論派の科学者である。やがて「思想の科学」は鶴見俊輔の独特の編集思想と大衆芸術思想によって広がりをもっていく。鶴見の母は後藤新平の娘、鶴見の姉は鶴見和子である。

七月に入ると遠藤麒一郎を編集長とする「世代」が創刊された。学生の、学生による、学生のための総合誌というべきか。いいだもも（飯田桃）・矢牧一宏・中野徹雄を中核に、吉行淳之介が娼婦を綴り、小川徹が映像を論じ、栗田勇が美学美術をゆさぶり、村松剛が文学を動かした。

マチネ・ポエティクを形成した加藤周一・中村真一郎・福永武彦の有名な『一九四六・文学的考察』も「世代」を舞台にしての成果だった。三人ともまだ少壮の青年だ。

本書にはいいだももによる回顧をこえる〝現在的〟な回想クリティックが載っていて、これが読ませる。ぼくにはカミソリのような文芸的編集術の持ち主だった矢牧一宏の名も懐かしい。芳賀書店で原民喜全集や田中英光全集を手がけ、神彰《じんあきら》と天声出版をおこし、澁澤龍彥と「血と薔薇」を創刊し、都市出版社を設立して『家畜人ヤプー』を刊行したのが、矢牧一宏なのである。

十月、東宝争議がおこり、今井正や山本薩夫が改革の烽火《のろし》を上げた。十一月には大河内伝次郎・長谷川一夫・原節子・入江たか子・高峰秀子・山田五十鈴らが「十人の旗の会」を結成した。いまでは想像がつかない大スターたちの〝異議申し立て〟だった。争議は三次に及び、この動きに応じて一〇〇名近い俳優と四五〇名をこえる監督や技術スタッフが外に出て、これらを背景に新東宝が誕生した。

成瀬巳喜男《なるせみきお》《石中先生行状記》、稲垣浩《群盗南蛮船》、島耕二《銀座カンカン娘》、小津安二郎《宗方姉妹》、溝口健二《雪夫人絵図》、阿部豊《天の夕顔》などの名作は、こうした〝分離派〟から生まれたものだった。

しかし名作も大事だが、それ以上に、このときの技術スタッフが行動を共にして同じ釜の飯を食ったことが大きい。日本のヌーヴェル・ヴァーグは東宝争議と新東宝がなければ出てこなかったろう。

とりあえず戦後の第一年をスケッチしただけだが、ここからありとあらゆる前衛と教育活動とメディア文化が噴き出した。それを案内するのはあまりあることなので、ここからは、ぼくにとっていささか関係のある人物を、二、三とりあげたい。

最初は、かの伊達得夫《だてとくお》である。この人のことを知らない編集屋はいない。旧制福岡高校出身の伊達は「京大新聞」で編集イロハを心得て、途中満州で兵役を体験し、一九四七年に「書肆ユリイカ」を興した。最初は原口統三《とうぞう》の『二十歳のエチュード』である。のちに稲垣足穂を支援した。

数日して安部公房がふらりと訪ねてきた。安部はそのころ共産党文化部の闘士で、「世紀の会」を世話してくれないかと言った。安部や関根弘の前衛文芸グループのことである。矢牧・いいだの「世代」からも発行元の申し入れをうけていた伊達は、その両方を断るかわりに「現在」という同人誌を発行する。安部のほかに阿川弘之・島尾敏雄・三浦朱門・庄野潤三・安東次男らが同人になった。

しかしこの連中の〝政治〟とソリが合わない伊達は、結局は自分がいちばん好きな一冊を本にする。それが稲垣足穂の『ヰタ・マキニカリス』なのである。ところがこれがまったく売れない。牧野信一の作品集もさっぱりだった。それなのに伊達は、さらに売れそうもない出版だけを本職にした。

詩集だった。山本太郎『歩行者の祈りの唄』、堀内幸枝『紫の時間』、大岡信『現代詩試論』、中村稔『無言歌』、飯島耕一『他人の空』、関根弘『狼がきた』、岩田宏『独裁』、吉岡実『僧侶』などという、戦後現代詩を切り裂いた名詩集をはじめ、『戦後詩人全集』全五巻も、栗田勇が訳した『ロートレアモン全集』全三巻も、みんな伊達得夫の仕事であった。いまや伊達のような、無常のダンディズムと逆上のニヒリズムをかたちにしつづける編集者や出版人はほとんどいない。ときどきハッと思うのは、小さな画廊のギャラリストがつくる瀟洒《しょうしゃ》な図録やリーフレットばかり……。

伊達得夫を訪れた安部公房の「世紀の会」は、その後は戦後史に有名な「夜の会」に吸収されつつ、草月アートセンターの活動につながっていく。

嚆矢《こうし》は一九四七年に、古沢岩美・福沢一郎・岡本太郎・村井正誠《まさなり》らが「日本アヴァンギャルド美術家クラブ」をつくったことだ。翌年、「アヴァンギャルド芸術会」「夜の会」などがこれを拡張して（「夜の会」は花田清輝・岡本太郎らの主宰）、そこへ数寄屋橋画廊の山本孝とともに「東京画廊」を開設した志水楠男が登場して加わって、新たな美術紹介の前衛シーンを拓いていった。とりわけアンフォルメルの日本導入が目立った。この動きはやがて志水が独立して「南画廊」を開いて、フォートリエ展やティンゲリー展やジャスパー・ジョーンズ展を成功させてからは、さらに現代美術のギャラリー派の主流になっていく。

こうして現代美術とアヴァンギャルドと文芸とがしだいに混成されていくのだが、このアート・ムーブメントに加わったのがデザインと音楽とファッションだ。とくに桑沢デザイン研究所と草月会館の開設が大きい。少々覗《のぞ》いておく。

話がさかのぼるが、一九三三年に銀座に日本のデザイン教育の先駆となった「新建築工芸学院」が開校された。川喜田煉七郎の主宰によるもので、日本のモダンデザインの〝ノアの方舟〟となった。そこへ女子美の油絵科を卒業したばかりのオカッパが飛びこんだ。桑沢洋子だった。

桑沢はこのバウハウス流の教育と感覚にたちまち魅了され、川喜田の紹介で「住宅」「建築工芸アイシーオール」などの編集を引き受け、堀口捨己《すてみ》・谷口吉郎・吉田五十八《いそや》・前川国男を取材する。これでオカッパ洋子の前途は誰も止められなくなった。桑沢は写真家の田村茂と結婚すると、今度は名取洋之助や渡辺義雄を通して「日本工房」「中央工房」「国際報道工芸」にかかわり、河野鷹思《たかし》・山名《やまな》文夫《あやお》・亀倉雄策らのグラフィックデザイナーと初めて交わった。さらに婦人画報社の前身にあたる東京社で「生活の新様式」の編集に参加し、一九四二年には銀座に「桑沢服装工房」を設立した。

オカッパ洋子の勘はだんだん冴えてくる。まずデザインと写真とアートはつながるのだということ、ついでは「型」さえ押さえれば、デザインと服装と家具もつながるという勘だ。桑沢は豊口克平・蔵田周忠《ちかただ》・松本政雄の「型而《けいじ》工房」によって発表されたユニット家具にも目を向けた。

かくして戦後、土方梅子らと「服装文化クラブ」を、櫛田フキ・神近市子らと「婦人民主クラブ」を結成した桑沢は、服装を通して日本人のベーシックデザイン感覚を創成していく方法にめざめ、まずは「KD技術研究会」を開いてさまざまな方法の具体的な検討に入ると（KDは桑沢デザインの略）、一九五三年にはデザイン教室の必要性を感じ、翌年にいよいよ桑沢デザイン研究所を青山に開設するにおよんだのである。

このデザイン学校設立には勝見勝・剣持勇《けんもちいさむ》・朝倉摂《せつ》らが協力し、真鍋一男・石元泰博・清家清《せいけきよし》・金子至・浜口ミホ・林雅子・渡辺力・原弘《はらひろむ》らが教鞭をとった。勝見は「リビングデザイン科」という造語をつくり、亀倉は卒業証書をデザインし、山城隆一はニューズレターを担当した。

こうして渋谷のワシントンハイツの前に、増沢洵《ますざわまこと》設計の鉄筋コンクリートの三階建校舎が出現したのが、一九五八年のことだった。さぞかし威容であったことだろう。けれども、ぼくも写真科で教えたことがあるこの校舎は、今年五月から取り壊されて（二〇〇三年現在）、二年後には六階建に生まれ変わるという。

桑沢デザイン研究所が渋谷に竣工した二ヵ月後、丹下健三設計の草月会館が赤坂表町に落成した。いまの総ガラス張りの草月会館の前身にあたる。同時に草月ホールがオープンし、世界に三台しかないというノバート・シュレジンガーのデザインによる朱色のベーゼンドルファー・ピアノが舞台を飾った。園田高弘がシェーンベルクや諸井誠を弾いた。

この草月会館に伴って発足したのが、若き勅使河原宏《てしがわらひろし》の率いた草月アートセンターである。マネージャー格の井川宏三、のちにフィルムアート社をおこす奈良義巳、電子音楽機器のパイオニア奥山重之助の三人が勅使河原の懐刀となった。本書ではそのへんのことを、秋山邦晴がまことに詳細な資料付きのレポートでレリーフさせている。

　草月アートセンターが当時の前衛の牙城《がじょう》として八面六臂《ろっぴ》の活動を見せ、とくに大半の前衛音楽を日本のアートシーンに引きずりこんだ異様な功績には目を見張るものがあった。早々に三保敬太郎・八木正生・武満徹が「モダンジャズの会」を催したのを皮切りに、黛《まゆずみ》敏郎・諸井誠が「アルス・ノヴァの会」を発表し、芥川也寸志《あくたがわやすし》と秋山邦晴が林光・松平頼暁《よりあき》・間宮芳生《まみやみちお》・三善晃《みよしあきら》らの「作曲家集団」を引きこんで、草月ホールはあっというまに前衛音楽の殿堂となっていった。

　そこへもってきて安部公房が前衛劇を、観世寿夫が前衛能を、ヨネヤマママコがパントマイムを、高橋悠治がピアノパフォーマンスを、久里洋二・真鍋博・柳原良平がアニメーションを持ちこんで、ここは世界有数の実験劇場ともなったのだった。とくに一九六二年のジョン・ケージの演奏会はいまなお語り草になっていて、ジョン・ケージ・ショック以前と以降とに日本の前衛アートシーンを分けるほどである。

　実際にもその後の草月ホールでは、ジャン・ジュネの芝居などを見せた草月実験劇場、マース・カニングハム舞踊団の衝撃的な来日公演、一柳慧《いちやなぎとし》・高橋悠治・秋山邦晴の「ニューディレクション」、小杉武久の「オーガニック・ミュージック」、素っ裸になった小野洋子の作品発表会、具体詩展、「コレクティヴ・ミュージック」展、バウハウス東京展など、ここでは書ききれないほどの大胆な試みを惜し気もなく連打した。大学生になったばかりのぼくは、とくに高橋悠治と小野洋子の人を喰ったようなパフォーマンスに腰を抜かしたものだ。

草月アートセンターは「SACジャーナル」という小冊子を編集制作していた。これがまたとびきりのメディアで、デザインは杉浦康平・神田昭夫が、記事は植草甚一・東《とう》野《の》芳明・大岡信・中原佑介が手がけ、表紙裏には毎号、奈良原一高や和田誠たちがそれぞれ勝手なレコード・ジャケットを発表していた。溜息の出るほどの小冊子なのだ。武満徹の『吃音宣言』もここに連載されていた。

紹介はこのくらいで打ち切るが、このように書いていてやはり思うのは、一九六〇年代文化の大半が一九五〇年代の仕込みによっていたということ、すべての起爆は何度にもわたる下からの個々の連動によるモチベーションで動いていたということ、それに、ほとんどのアクティビティがコマーシャリズムや広告やその手の業界人を介入させていなかったということである。もうひとつ言うのなら、本書に登場する文化装置には消費者や消費文化を対象としたものがまったくなかったということだ。

これをいいかえれば、文化シミュレーションや境界侵犯などにとらわれていなかったということである。ということはそもそもが境界など意識してもいなかったのだし、したがって反シミュレーショニズムを標榜することもなかったのである。むろん、わざわざ「自然派」「もの派」「観念派」に分立する必要もなかった。とりわけ強調しておくべきは市場と縁がなかったということだ。しかし、日本のサブカルチャーのいっさいが、ここから派生していったのである。

第七六六夜　二〇〇三年五月二日

参照千夜

一二一一夜：三枝博音『日本の思想文化』　五五一夜：吉行淳之介『原色の街・驟雨』　五九〇夜：森繁久弥『品格と色気と哀愁と』　三三六夜：林達夫・久野収『思想のドラマトゥルギー』　五六四夜：丸山眞男『忠誠と反逆』　五二四夜：長田弘・高畠通敏・鶴見俊輔『日本人の世界地図』　一一二九夜：中村真一郎『木村蒹葭堂のサロン』　九六八夜：澁澤龍彦『うつろ舟』　三一五夜：高峰秀子『わたしの渡世日記』　八四夜：新藤兼人『ある映画監督の生涯』　五三四夜：安部公房『砂の女』　八七九夜：稲垣足穂『一千一秒物語』　一〇五六夜：牧野信一『ゼーロン・淡雪』　二一五夜：岡本太郎『日本の伝統』　四七二夜：花田清輝『もう一つの修羅』　三五六夜：堀口捨己『草庭』　一一七一夜：原弘『デザインの世紀』　一〇三三夜：武満徹『音、沈黙と測りあえるほどに』　一三〇六夜：観世寿夫『世阿弥を読む』　三四六夜：ジャン・ジュネ『泥棒日記』　九八一夜：杉浦康平『かたち誕生』　八一夜：植草甚一『ぼくは散歩と雑学がすき』　六九九夜：池波正太郎『私が生まれた日』

欧米サブカルチャーとまったく異なる日本のサブカルは、戦後表現史の割れ目から切り裂かれていった。

宮沢章夫・NHK制作班

ニッポン戦後サブカルチャー史 深掘り進化論

NHK出版　二〇一四・二〇一七

二〇一四年八月から全一〇回、NHKのEテレで「ニッポン戦後サブカルチャー史」が放映された。宮沢章夫がホストの語り部になって、五〇年代から一〇年ごとのディケード・トピックを独得のパフォーマティブな語り口で追っていた。

ざっとの構成は、（1）五〇年代アメリカにサブカルチャーの萌芽を見る（ギンズバーグ、ケルアックなど）、（2）六〇年代の表現者たちに注目する（大島渚・新宿・カムイ伝など）、（3）極私的に七〇年代の雑誌とポップスの変遷史をレビューする、（4）セゾンとYMOで八〇年代を語る、（5）「サブカル」の出現と岡崎京子が見せたことをつなぐ、（6）二一世紀に向けてのさまざまなサブカルチャー現象を摘む（Mac・ブログ・SNSなど）、というふうになっている。

翌年、同名の「DIG 深掘り進化論」が追い打ち放映された。こちらは「総論」「JK」「SF」「深夜テレビ」「ニューリズム」「ヘタうま」「ストリートカルチャー」などの章分けをして、宮沢だけでなく大森望、泉麻人、輪島裕介、さやわか、都築響一が深掘り語りを分担した。ぼくは番組の全部を観ていないのだが、いずれものちにNHK制作班の手が加わって書籍化されたので、今夜はこの二冊をとりあげる。便宜上、前者を本書A、後者を本書Bとする。

ちなみにこのシリーズは二〇一六年五月から短かめの第三弾も放映したようで、九〇年代サブカルの案内をしたらしい。ぼくは知らなかったのだが、ネットで見ると「渋谷系」「言葉のパラレルワールド」「映像のリアル」「サブカル世紀末」というふうになっていた。ただし本になっていないので、千夜千冊としては言及できない。

というわけでA・B二冊をとりあげるのだが、中身はベタな戦後サブカル・クロニクルのようになっているので、出てくる時代文化現象や各分野の表現者のアイテムがべらぼうに多く、ところどころをピックアップするしかない。Aにはそこそこ詳しい年表も併載されている。NHKの制作チームか編プロがつくったのだろうが、よくできていた。

それでも扱っているトピックの基調は宮沢好みのサブカル史だ。

宮沢は劇作家で、演出家である。一九八五年に大竹まこと・きたろう・いとうせいこう・竹中直人らと「ラジカル・ガジベリビンバ・システム」を、一九九〇年には作品ごとに役者を蒐《あつ》める「遊園地再生事業団」を興して、一九九二年には『ヒネミ』（白水社）で岸田國士戯曲賞をとった。サブカルの担い手と言えるかどうかは知らないが、『東京大学「80年代地下文化論」講義』『東京大学「ノイズ文化論」講義』（ともに白夜書房）などもあって、サブカル・ウオッチャーとしてのそれなりの偏見がおもしろい。

それなりの偏見というのは、宮沢のせいであるというより日本のサブカルチャーの特質でもあろう。

アメリカ起源やロンドン起源のサブカルチャーと日本の「サブカル」とは、かなり異なっている。これは彼此の戦後文化をくらべてみればそうなるのが当然で、一つには大戦の戦勝国（連合国側）と敗戦国（日本）の違いが大きく、二つにはゲイカルチャーの関与の違いが大きく、三つには言語感覚、都市文化、マスメディアの役割、教育の構造や習慣などが違う。

アメリカでは一九五六年のギンズバーグの詩集『吠える』やプレスリーの《ハートブレイク・ホテル》、翌年のケルアックの『オン・ザ・ロード』の発刊などに文化事件としての明確な起爆点があり、のっけからカール・ソロモンやウィリアム・バロウズの伝説も起動していたし（かれらはゲイだった）、カットアップといった手法も先行していた。

ロンドン起源のサブカルチャーは一七三五夜にも書いておいたが、五〇年代のテディ・ボーイズ、モッズ、ロッカーズの過激なスタイルに発していた。フランスでは一九五一年のアンドレ・バザンが創刊した「カイエ・デュ・シネマ」にゴダール、トリュフォー、シャブロルが集まっていた時や、遅くともゴダールの一九五九年の《勝手にしやがれ》の公開が起点になって、最初から文化事件としての相貌を帯びた。

これらに対して日本はどうかといえば、一九五〇年代といってもすべては敗戦直後のアメリカ占領社会と「ギブミー・チョコレート」と「バラック」と「ガード下の靴磨き」から始まったのだから、何もかもが焼け跡闇市めいてのスタートで、メインカルチャーあってのサブカルチャーなど、ありえなかった。そもそも戦前は「天皇と国体」がメインカルチャーだったのだとすれば、戦後日本はそれ自体が国ごとひっくりかえってしまったのである。

そのなかで、ひとつには砂川闘争や六〇年安保闘争などに向かった動向がカウンターカルチャー化していったのと、もうひとつには石原慎太郎の『太陽の季節』（一九五五）、中平康監督の《狂った果実》（一九五六）、大島渚の《青春残酷物語》（一九六〇）などの日本ヌーヴェル・ヴァーグ映画のヒリヒリした動向と、五八年からのロカビリー・ブームが、少し若い世代のスタイルを煽《あお》っていた。ぼくの中学時代前後にあたる。

いまでも、ありありと思い出せる。京都の中学から東京の高校に移ったぼくが口ずさんでいたのが、平尾昌晃の《星はなんでも知っている》とプレスリーをカバーした《監獄ロック》だった。平尾は小坂一也がボーカルをしていたチャック・ワゴン・ボーイズに入って、ナベプロの渡辺美佐に見いだされ、石原裕次郎の《嵐を呼ぶ男》に出演、《リトル・ダーリン》でソロデビューしたばかりだった。

ただし、これらは日本のサブカルの芽生えとはいえない。やっと大衆文化やユースカルチャーが「焼け跡闇市」に破れ目をつくって躍り出たという体《てい》のものだ。それも白黒テレビ、ナベプロ、クレージーキャッツの後押しによる。

むろん文化・思想面のむくむくとした胎動もあった。鶴見俊輔らによって「思想の科学」が創刊され、岡本太郎・安部公房・花田清輝らが「夜の会」で集っていた。詳しくは七六六夜に紹介した秋山邦晴らの共著『文化の仕掛人』を見られたい。

日本サブカル前史はさらに十年を要した。それもあくまで前史であって、サブカルというより前衛やアンダーグラウンドの台頭だ。

その十年というのは、ごくごくティピカルなことだけいえば、たとえば澁澤龍彥と現代思潮社を被告としたサド裁判が開かれ（吉本隆明らが特別弁護人）、勅使河原宏・武満徹らが草月ホールで実験的なプロデュースを始め（小野洋子・高橋悠治）、「ガロ」（カムイ伝・つげ義春）や「少年マガジン」（あしたのジョー）が登場し、大野一雄や土方巽が暗黒舞踏を見せ、唐十郎や寺山修司や鈴木忠志のアングラ演劇が名乗りをあげ（腰巻お仙・青森県のせむし男・劇的なるものをめぐって）、全共闘運動が大学を席巻し（山本義隆・秋田明大）、葛井欣士郎がアートシアター新宿文化の地下に小さな蝎座をオープンして（浅川マキ・石井満隆）、大島でいえば《新宿泥棒日記》（横尾忠則・田辺茂一）を制作したころの、つまりは一九六八年に向かってのカウンターカルチャーのうねりの十年を言う。

これらは前衛文化あるいは対抗文化やアングラ文化というもの、もしくは新左翼文化っぽいもので、サブカル特有の飛沫力や浸潤力をもっていなかった。テレビが取材することはなく、新聞や週刊誌が一度でも取り上げれば、それがニュースになって噂が広まるという時期だ。

それが変化してくるのは、ぼくの実感では、東京オリンピック（一九六四）が済んで、その翌年に矢崎泰久が「話の特集」を創刊させ、丸山明宏が《ヨイトマケの唄》を独唱し、べ平連が幅広デモをして、11PMが放映開始をしてからのことだ。メディア・トレンドでいえば一九六六年に「平凡パンチ」が一〇〇万部を突破してからが、やっとサブカル潮流が動き出したという印象だ。

この印象は、象徴的には六八年のうねりを受けた一九七〇年（昭和四五年）が集約していた。たった一年だが、この一年をよくよく見れば、のちの日本サブカルの色合いがどこの破れ目から噴き出たのかわかるだろう。大阪万博が開かれ、三島由紀夫が市ヶ谷自衛隊で割腹自殺した七〇年だ。こんな一年カレンダーになる。

一月＝《イージーライダー》封切り。二月＝沼正三『家畜人ヤプー』上梓《じょうし》。三月＝赤軍派による「よど号」ハイジャック、大阪万博開幕、RCサクセション（忌野清志郎）《宝くじは買わない》、「アンアン」創刊。四月＝アポロ13号打ち上げ、頭脳警察のステージデビュー。五月＝林美雄が「パックインミュージック」のパーソナリティになる、鈴木忠志が白石加代子による《劇的なるものをめぐってII》上演。

六月＝日米安保延長、阿部薫・高柳昌行の《解体的交感》。七月＝小川紳介《三里塚》上映、ぼくの構成編集による稲垣足穂・中村宏の『機械学宣言』。八月＝歩行者天国スタート、実相寺昭雄《無常》、はっぴいえんど、あがた森魚《もりお》のレコード発売。九月＝ソニーがNY市場で上場、マキノ雅弘の高倉健主演《昭和残俠伝・死んで貰います》、ジミ・ヘンドリックス没。十月＝広瀬正『マイナス・ゼロ』、植草甚一『ぼくは散歩と雑学がすき』、ジャニス・ジョプリン没。十一月＝三島由紀夫自害、天井棧敷《人力飛行機ソロモン》、クラフトワークのデビュー、アルバート・アイラー自殺。十二月＝沖縄でコザ騒動、黒木和雄《日本の悪霊》、「COM」で諸星大二郎デビュー。

本書Aの言う「戦後サブカルチャー」は、こうしたことを七五年に上京した宮沢がサブカル好きの目で振り返ったものである。テレビ番組のせいもあり、中身としてはサブカル分析というよりも、七〇年代と八〇年代のポップカルチャー現象とメディア文化の私的報告が中心になった。

七〇年代から八〇年代にかけてどんなことが目立っていたかというと、先進国がドルショックやオイルショックに見舞われ、「不確実性の時代」に突入していったのである。民族格差が急激に進行してもいた。そんななか日本では、老いも若きもが町中でスペースインベーダーのコトコト動きと電子音に興じ、鈴木清順の《ツィゴイネルワイゼン》、高橋留美子のマンガ『めぞん一刻』、テレビの「THE MANZAI」、無印良品に耳目を向けていった。これはようするに、世の中『なんとなく、クリスタル』(田中康夫・一九八一)めいていったということだ。

しかし、この程度ではまだサブカルらしい潮流とはいえない。そのかわりといってはなんだが、Aには亀渕昭信の「オールナイトニッポン」に始まった深夜放送文化の動向、藤田敏八の《八月の濡れた砂》(一九七一)に始まる日活ロマンポルノの広がり、フォークル(ザ・フォーク・クルセダーズ)やURCのフォークソング・ブームの影響、コミケ開催(一九七五）、堤清二・増田通二の西武・パルコのキャンペーンなどが熱く語られていて、なんとかあの当時の胸騒ぎを伝えていた。

話がやっとサブカルに突っ込んだのは、本書Bの「深掘り進化論」のほうだ。こちらは主に八〇年代に始まる動向である。八〇年代が七〇年代と何が大きく違うかといえば、わかりやすくいえば次の五点五段階になる。

①ラジオの深夜放送がテレビの「オールナイトフジ」（一九八三開始）になった。②左翼思想や自由主義思想に代わって中上健次や島田雅彦、ニューアカの浅田彰や中沢新一が登場した。③映画館の日活ポルノが自宅で見るアダルトビデオになった。これらとともに、④「新人類」や「おたく」が引きこもりつつも、こっそり「個人の趣向」を持ち寄ることが広がった。そこへ、⑤ファミコンが発売されて（一九八三）、各自の部屋がセカイの末端になりはじめ、つまり総じては「おたく文化」が誕生していったのだ。

このへんが七〇年代から八〇年代への著しい代替わりムーブメントの特徴だったろうと思う。サブカル潮流にはそもそも「代替わり」がつきものなのである。

本書Bは、こうした時代の特徴がミニマム化していった背景を追った。泉麻人が「深夜放送の背徳」の顚末《てんまつ》を追い、都築響一がヘタうまとパンク、とくに渡辺和博・根本敬・

湯村輝彦を追って「理解されないものがサブカルになった」と見た。宮沢はフェリックス・ガタリがコリーヌ・ブレ、浅田彰、平井玄、梶洋哉《ひろや》らと東京を歩きまわった一九八五年の意味を語っていた。このときはぼくもガタリからインタヴューを受けた。

いずれもサブカル深掘りのための地図の提供だろうが、それでもまだ八〇年代のサブカル全般にはとうてい及んでいない。とくにファッション、アート、ゲイカルチャー、商品動向、バズワード、文化病跡（パトグラフィ）などが補われていない。だからなのか、どこかマッチョな印象があるBだった。

田中美津や中ピ連あたりからとりあげたほうがいいとは言わないが、JK（女子高校生）についてはそれなりに番組の時間とページを割いたのに、一九八二年の上野千鶴子の『セクシィ・ギャルの大研究』（カッパブックス）や『女は世界を救えるか』（一九八六）の周辺、また萩尾望都・竹宮惠子・大島弓子らの「花の二四年組」の少女マンガにおけるボーイズ・ラブ感覚を、そこそこ扱ってもよかったはずだ。モードとスタイルを扱わないでは、せっかくの岡崎京子などをめぐる議論が大きな地図を失ってしまう。

私事ながらこういう流れのなか、ぼくは一九七一年に創刊した「遊」を、おたく元年一九八三年の手前の八二年に終刊させていた。桑原茂一が開いた原宿のクラブ「ピテカントロプス」に行ってイギー・ポップと話しているうちに、ああ、「遊」をやめようと思ったことをよく憶えている。ちなみにBの総論では宮沢は「遊」の特異な役割にもふれて、山崎春美のことにまで言及していた。十代後半からぼくのところに出入りしていた春美は、当時すでにしてサブカルのとび抜けた異才だった。

サブカル日本とは何なのか。わかるようで、わからない。本書ABでも見えてくるような、まだ肝心のところが見えないような、そんな「食いすぎ」や「食いちがい」をいくつも感じる。

おそらく本格的な取り組みができていないのだろう。もっとも、取り組みができていないのは、今日的なサブカルについてだけのことではなく、実は江戸のサブカルや明治のサブカルについても言えることなので、そもそも日本にはサブカルチャー史の遠近法がまったくできていないと言うべきなのである。

学者やジャーナリストも、部分的な取り組みはあるものの、全容解明にはいっこうに向かわない（向かえていない）。日本ではディック・ヘブディジの『サブカルチャー』（未來社）やジョン・リーランドの『ヒップ』（Pヴァイン）には、お目にかかれないままなのだ。

では、どうするといいのか。筆力のある大塚英志あたりが『「おたく」の精神史』（星海社）や『サブカルチャー文学論』（朝日新聞社）以降の見方を総合的に書きおろすか、新たな調査執筆チームを編成してくれれば、ひょっとすると骨格があらわれてくるかもしれないが、本人にそんな気があるかどうか。

それよりも、日本のサブカルは当事者の陳述によるのではなく、いったんは大学の研究者やミュージアムや文化ギャラリーのキュレイターらの手に委《ゆだ》ねられたほうがいいだろうと思われる。そのときは、江戸サブカルや大正サブカルを一緒に研究したほうがいい。蔦屋重三郎《つたやじゅうざぶろう》、平賀源内、川上音二郎、竹久夢二、添田唖蟬坊《そえだあぜんぼう》こそ、サブカルの源流なのである。

このようなことは、これまでもときどきNHKの浦達也やいとうせいこうや押井守と雑談してきた。文化の変転の核心にいた当事者たちは、そもそも「瀬戸際」で勝負をかけていたわけだから、その本人が同時代社会をトータルに俯瞰《ふかん》するわけにはいかない。そんな気もない。非トータルで、オフセンターでありつづけることがサブカルの真骨頂なのである。マーク・ボランやジョニー・ロットンが自分の時代の研究などするはずがない。

第一七四九夜　二〇二〇年八月十二日

参照千夜

三四〇夜：『ギンズバーグ詩集』　一五四九夜：岡崎京子『ヘルタースケルター』　一一五二夜：都築響一『賃貸宇宙』　一九八夜：いとうせいこう・みうらじゅん『見仏記』　八二二夜：ウィリアム・バロウズ

『裸のランチ』　一七三五夜：ディック・ヘブディジ『サブカルチャー』　五二四夜：長田弘・高畠通敏・鶴見俊輔『日本人の世界地図』　二一五夜：岡本太郎『日本の伝統』　五三四夜：安部公房『砂の女』　四七二夜：花田清輝『もう一つの修羅』　七六六夜：秋山邦晴・小野田勇・村上紀史郎『文化の仕掛人』　九六八夜：澁澤龍彥『うつろ舟』　八九夜：吉本隆明『藝術的抵抗と挫折』　一〇三三夜：武満徹『音、沈黙と測りあえるほどに』　九二一夜：つげ義春『ねじ式・紅い花』　九七六夜：土方巽『病める舞姫』　四一三夜：『寺山修司全歌集』　五三〇夜：美輪明宏『ああ正負の法則』　一〇二二夜：三島由紀夫『絹と明察』　八七九夜：稲垣足穂『一千一秒物語』　八一夜：植草甚一『ぼくは散歩と雑学がすき』　八〇四夜：辻井喬（堤清二）『伝統の創造力』　七五五夜：中上健次『枯木灘』　一三七六夜：島田雅彦『悪貨』　九七九夜：中沢新一『対称性人類学』　一〇八二夜：ドゥルーズ＆ガタリ『アンチ・オイディプス』　八七五夜：上野千鶴子『女は世界を救えるか』　六二一夜：萩尾望都『ポーの一族』　一三一六夜：大島弓子『毎日が夏休み』　一七五一夜：ジョン・リーランド『ヒップ』　第一七五二夜：大塚英志『「おたく」の精神史』

今日の現代アートの隙間には、
こんな泡沫サブカルズたちが蹲《うずくま》っていた。

泡沫桀人列伝

秋山祐徳太子

二玄社　二〇〇二

　こういう本がいつかは出てくると予感していた。ご同慶の至りだ。次から次へと泡沫アーティストを列挙しようというのだから、この審査委員長を誰がつとめるかが大問題になるのだが、秋山祐徳太子《ゆうとくたいし》なら誰もが顔を見合わせて納得をする。書かれたほうも、読まされたほうも。

　それより読んでいると、だんだん心が温まってくる。プッと吹き出しもし、唖然《あぜん》ともし、ちょっと集中ができなくて困ったものだと思いもしたが、それ以上に並々ならぬ人間美術の温泉に浸かった安心感のようなものに包まれ、ほわほわする。読む前はこんな温感気分になるとは予想もしなかった。これはいったいぜんたい泡沫アートのせいなのか、それとも海より深そうな著者の愛情のせいなのか。

この温かい気分を、さて、作品の図版を使わずに文章だけで紹介することで伝えられるかどうかはまったく自信がないが、ともかく登場する泡沫アーティストの顔触れを紹介しないでは温度も湯たんぽもないだろうから、多少は書いておくと、まあこんな感じだ。申し訳ないが一言ずつでしか紹介できない。

まず、こんなアーティストたちがいた。安いケント紙を道路に並べ、その上を自動車が走り去っていった跡のついたケント紙を展示するタイヤ・アートの石橋別人（痕跡走破する重力）。全国どこでも鐘のある寺の鐘をついている須田鐘太郎（ゴーンとgone）。やはり全国いろいろなところに行っては、そこから石ころを送ってくるストーンアートの岩倉創一（石の意思）。鐘をつくのも石を拾うのもアートなのである。

上演時間が近づくと劇場の観客にお茶やお煎餅が配られ、なかなか舞台が始まらずについに二時間ほどたったころ「本日は存在演劇にお運びいただきありがとうございました。これで存在演劇を終わらせていただきます」と本人が挨拶するアートもあった。蒲生和臣（無為の徹底）だ。美術集団クロハタを一人で結成して、必ず無届けデモをしていた松江カク（どこにも展示会場はある）はアナーキー・アートだった。

みんな断乎たる意志の持ち主なのである。誰にでも気合を入れて最敬礼をするのだが、その姿だけはみごとな永久敬礼美術の村山次郎（本当のコミュニケーション）、かつては先鋭的な批評で鳴らしてその後は京都九条山の自宅の前についに土方巽神社をつくったヨシダ・ミノル（黙礼）、自分では個展を開かないのに他人の個展に現れて美術している野田勝太郎（借り物芸術か主張芸術か）。死こそは最終美術だというので葬儀に駆けつける山形葬太郎（この人の本名はわからない）らの意志は屈強だった。他人の迷惑は考えない。自分の結婚式ですらウンコを三方に載せて神社の回廊を走ったゼロ次元の上條順次郎は有名だ（新婦は実は神主の娘だった）。世界中を旅行していて、そのときの自分の位置を世界白地図はがきに赤い点を打って送ってくる栗山豊もいた（ぼくもこのハガキを何枚も貰った。その後、「岡倉天心の逆襲」といって天心のコスチュームを着て上野を歩いていたが、先だって亡くなった）。

これはまだほんの一部分の泡沫である。ほかにもたとえば、何をもって、どこをもって美術というかは定かではないのだが、こんな顔触れが紹介されている。

永寿日《ひ》郎《ろう》はもともとは「血現」という劇団をつくって全国巡業していたのだが、あるとき新宿ゴールデン街に「発狂の夜」というたいへん怪しげな店を出した。著者が行ってみたところ、ちょうどカウンターで女性が放尿している最中だった。この店はあえなく潰れたが、さすがに（何がさすがかは明確ではないが）、同じ店名の店を青山に開き、騒然と賑わっていたことに、秋山は感動している。

風倉匠《かざくらしょう》は個展会場で著者にポツリと「君に万年筆を送る」と言った。約束通り送られてきた万年筆はなかなか立派なものだったが、ペン先が壊れていた。著者はこれに脱帽した。榎忠《えのきちゅう》は、銃弾の薬莢《やっきょう》を山のごとく積み上げたり、鋳物《いもの》で象《かたど》った自動小銃を二〇〇丁ほど整然と展示したりしている軍事芸術家である。宮本和雄はいっときは都内の久が原の遺跡の調査に乗り出して、そのまま痕跡のような克明なアートを作り出し、著者によって「かさぶた芸術の権威」とよばれた。

芸大出身でフランス語が堪能な真島直子は、腐敗したラーメンやソーメンを床にばらまいたり、ヒノ・ギャラリーの個展では内臓表現に挑んだりしていたのだが、そのうち鯉のオブジェで人気が上がり、ついにバングラデシュのビエンナーレで脈動する鉛筆画を描いてグランプリをとった。

そのほか、いったいぜんたい何を泡沫とするかがわからない人選ではあるが、行商美術の木村昭平、皿踊りの湯川保、飴細工《あめざいく》の坂入尚文、たんに都知事選に立候補したというだけの窪田志一・鈴木東四郎・吉田浩といった、一発芸というのか、瞬間と普遍を自身の生きざまをもってつなげたというのか、そういう忘れがたい泡沫芸術家も軒を並べている。

意外なのは、風倉匠や真島直子もそうなのだが、いっとき永井一正、片山利弘、田中一光と若手四天王と称されたグラフィックデザイナーの木村恒久、《おじゅね抄》で感服させられたダンサーの石井満隆、堂々たる画家で人格高潔であった平賀敬なども〝泡沫入選〟していることで、このあたり、しだいに泡沫とは仮の名で、実は唯一人の選者・秋山祐徳太子によって泡沫芸術に律せられることのほうが、うんとむずかしいことだということがだんだんわかってくる寸法だ。

最後の最後に、伝説の神々の中に君臨する〝ダダカン〟ことイトイ・カンジ、「ゼロ次元」総帥の加藤好弘、一九五八年にはジャズバンドをバックに過激なアクションペインティングを見せて、いままたボクシングペインティングを披露する篠原有司男《うしお》、アリと猪木の格闘技決戦をプロモートし、ネッシー探検隊を組織し、『家畜人ヤプー』の出版のために都市出版をおこした康芳夫の、この四人が並んでトリをとっているところを見ると、これはやっぱり泡沫入選は法外な栄誉だということがミエミエである。

ともかくもめでたい一冊だ。前衛美術の底辺がどのように形成されてきたかも、よくわかる。もっともサブタイトルは「知られざる超前衛」となっているが。

しかし、そんなことより、最初に書いたように、この一冊がもっている温感は何なのだろうということが、ぼくをウキウキと混乱させたのだった。それについては巻末に赤瀬川原平・山下裕二・秋山祐徳太子による泡沫研究座談会が組まれているのだが、ここでも無責任にも雪舟から岡本太郎までが、熊谷守一からオノ・ヨーコまでが泡沫議論の俎上（訴状？）にのぼっていて、ますます読者は用意周到な混乱に陥入させられるようになっている。

それではこんな奇天烈な泡沫アーティストを並べたててほくそ笑んでいる秋山祐徳太子は何者かというと、たいへん温厚なブリキ男なのである。一九三五年の生まれで、武蔵美の彫刻科で学んだあとはグリコのパッケージを自装して日の丸を背にランニングシャツで万歳をする《ダリコ》を発表し、一縷《いちる》に「ポップ・ハプニング」をめざした。七〇年代はブリキによる作品に転じたのだが、さっぱり売れず、ついに「政治のポップアート化」をめざして、二度の東京都知事選に立候補して供託金を没収された。

人望は篤《あつ》く、西部邁《すすむ》、赤瀬川原平、高梨豊、しりあがり寿などのコラボレーターに恵まれた。著書に『ブリキ男』（晶文社）、『天然老人』（アスキー）、『恥の美学』（芸術新聞社）といった堂々たるタイトルが並ぶ。サブカルズ芸術男列伝でした。

第八一八夜　二〇〇三年七月十六日

参照千夜

九七六夜：土方巽『病める舞姫』　七五夜：岡倉天心『茶の本』　二一五夜：岡本太郎『日本の伝統』

七〇年代サブカルズのカリスマになったJ・Jは、もっぱらミステリーとジャズに耽溺する。

ぼくは散歩と雑学がすき

植草甚一

晶文社　一九七〇

ボールドウィンのこと、アンフェタミンのこと、オフオフ・ブロードウェイのこと、ティモシー・リアリーのこと、黒人アナウンサーのこと、みんなJ・Jに教わった。なかでもノーマン・メイラーだ。

ノーマン・メイラーを天井が高い喫茶店で話題にできたのは、ほんの半年か一年くらいのものだった。早稲田時代に上野圭一のところに泊まりこんだとき、この『一分間に一万語』の作家について夜中に話しこんだ。ついで田中泯がニューヨークでのダンス・パフォーマンスをメイラーに見せたいと言ってきたので、そのためにまた読んだ。

メイラーは一九六〇年代のアメリカのシンボルだった。元気で喧《かまびす》しく、お節介なシンボルだ。その後も七〇年代のベトナム戦争終焉までは、一部のアメリカ主義者の神様だった。本書のもとになっているエッセイが巷に出回っているころも、邦高忠二が訳した『なぜぼくらはヴェトナムへ行くのか?』(早川書房)が話題になっていたように思う。ただし、ぼくは『鹿の園』や『アメリカの夢』、そして当時読んだばかりの『ぼく自身のための広告』のメイラーのほうがずっと好きだった。

J・Jこと植草甚一は、そういうメイラーばりのヒップ感覚をそのまま引っ張って歩いているような、ちょっとした喫茶店では必ず出会う変なおじさんだった。少なくともあの独得なJ・Jエッセイを、「話の特集」や「宝島」などの雑誌の片隅で読んだときは、「鉛筆で書くアメリカ」に仮住まいしているのかと思わせた。

本書は「ヒップって何だ、スクウェアって何だ」の感覚を遊ぶところから始まっている。「ヒップとスクウェア」は、メイラーが好んで言い分けてみせたアメリカン・テイストの代表的な感覚用語である。ここから「ヒッピー」という言葉もつくられた。もっと以前の五〇年代は「ホットとクール」などともいっていた。

そのうち話は「キャンプ」に移っていく。キャンプはスーザン・ソンタグが『反解釈』(ちくま学芸文庫)のなかでごくまじめな議論にとりあげて有名になった社会感覚用語だが、植草甚一にかかると、「スタイルがよいのに中身のないもののすべて」がキャンプということになっていく。このあたりの、ふーん、うーんというお洒落カジュアルな感覚談義のスピードが速い。そこがJ・Jエッセイの特徴で、しかもひとつのエッセイがけっして長くはならないところにスペアミント・リキュールのような持ち味がある。

本人がそう書いているように、植草甚一は雑学の大家である。やたらとペーパーバックを読みちらし、やたらとミステリーと文房具に詳しく、やたらとジャズと映画と海外雑誌記事のコンテンツを知っている。

エッセイは、どんなときもまるで喋るように書いてある。気になっているテーマや出来事を書く気になったきっかけを必ず洩《も》らしているので、入りやすく読みやすく、そして捨てやすい。まさに雑談文体なのだ。今日のどんな雑誌のコラムにもつかわれている「フツーの文体」「ジョーゼツ文体」の基本スタイルは、おそらく植草甚一がつくったのではないか、元祖なのではないか。

植草本で困るのは、そのピックアップする題材のほとんどがアメリカの話題か、アメリカ雑誌経由の話題だということにある。いまではまったくそういうことはなくなったけれど、ぼくはアメリカのポップカルチャーは好きなのだが、また科学者たちの書くものもけっこう感心するものが多いのだが、何でもアメリカンな「アメリカ・ヨイショ」には、ともかく虫酸《むしず》が走ったのだ。

それが植草甚一にも見られるのが、当時は困った。けれども、実際にはその逆のことがおこっていった。植草本がぼくのそのような虫酸をゆっくり溶かしていったのだ。これはディケンズを読んでいるとだんだんイギリスが好きになってしまうようなもの、あるいは岡本太郎を読んでいると縄文がだんだん好きになってしまうようなもので、J・Jマジックなのである。アメリカ漢方薬なのだ。

ともかくも、どうしてイタリアの若い女性記者オリアーナ・ファラーチがアメリカで有名なのか、クリーブランドのラルフ・ハーパー教授が好きなスリラーがかっこいいこと、フィリップ・ロスはなぜマスターベーション文学としかいいようがない『ホワッキング・オフ』を書いたのかというようなことは、植草甚一を雨の日の喫茶店で読まないかぎりは、わからなかったことなのだ。

まあ、こうやって七〇年代の植草本は、当時の日本人がなじんでいなかったアメリカ的発想をふんだんにもたらした。それは常盤新平《ときわしんぺい》や本間長世や斎藤真がもたらすものよりも、ずっと多かった。

ウンチクも多い。たとえば「ニューピープル」という言葉。この意味はdesexualization（無性化）をおこしつつあるアメリカの男女のことで、そのことについて当時はニューヨーク大学のチャールズ・ウィニックが大論文を書き、それを植草が紹介したのだが、そこにはアメリカのそういう〝人種〟がどのような下着をつけ、どんな香水を好み、ゴムバンドをどこにするか、そういうテイストをそれぞれどんなスラングでよぶのか、そういうことがしこたま書かれているわけである。これは社会学者が「ニューピープル」や「フリーク」や「トランスヴェスティズム」(異装趣味)や「ユニセックス」をくだらない学術用語で解説するよりも、ずっと粋であり、それに有用だった。

いま、そんなウンチクを洒落で書く〝平成の植草甚一〟がいないことが寂しいが、しょうがない。きっとそれは孫悟空の毛のようにたくさんの甚一分子として雑誌のコラムを今日も書いているのだろうと思いたい。ただし一言だけ加えるが、いまのぼくには、当時はちゃんと読まなかった片岡義男がおもしろい。とくに『日本語の外へ』(筑摩書房)には堪能させられた。

植草甚一は明治四一年の生まれだ。日本橋木綱町《こあみちょう》の木綿問屋の御曹司で、ぼくがうんとのちに入った東華小学校の頃から(したがって植草は小学校の大先輩なのである)、人形町水天宮近くの「水天館」で映画の釘づけになっていた。問屋のほうは関東大震災で没落したらしい。

一高受験に失敗すると、ついでは早稲田理工の建築学科に入り、左翼思想と新劇とデザインに熱中し、早稲田の数ある学生劇団のポスターやチラシやイラストを手がけた。ほとんど授業に出なかったので二度の落第のすえ除籍処分となり、池袋のジャージー工場「藤幸」に就職すると、「ヴォーグ」「ハーパース・バザー」の日本語訳で貢献しつつ、自身でもセーターや水着のデザインをした。

建築科といい、劇団ポスターといい、ジャージー屋といい、ヴォーグといい、デザイン青年だったのだ。しかし好きなのは小学校から溺《おぼ》れていた映画だったようで、昭和十年に東宝に入社し、映画紹介、脚本ゴーストライター、字幕スーパーなど担当するうちに戦後を迎えた。東宝争議で退社すると「キネマ旬報」同人としてペンネーム「J・J」で解釈・評論を書きまくり、その一方で英語力を買われて東京創元社のミステリーの選書と解説にかかわり、「クライム・クラブ」などの構成でファンを唸らせた。

そこに四十歳をすぎてからのジャズ溺が加わった。「スイング・ジャーナル」でチャーリー・ミンガス、セシル・テーラー、マイルス・デイヴィス、アルバート・アイラーに凝り、フランク・ザッパ、キャプテン・ビーフハート、ファグスらのニューロックを絶賛した。『ジャズの前衛と黒人たち』(晶文社)、『モダン・ジャズの発展』(スイング・ジャーナル社)という、当時としてはぶっとんだ二冊があって、ぼくは奥成達《おくなりたつ》やジョン・ソルトとキャーキャーやっていた。

こうした抜群のセンスが六〇年代の若い世代や日本のジャズファンにウケ始め、一九六六年「平凡パンチデラックス」が植草をフィーチャーすると、たちまち植草ブームがやってきた。六七年の最初の一冊目が『ジャズの前衛と黒人たち』なのだ。七〇年に本書『ぼくは散歩と雑学がすき』が発表されると、一挙に七〇年代サブカルチャーのカリスマに仕立て上げられた。もっとも本人は好きな恰好で（小柄だが、たいへんダンディだった）、好きなペーパーバックスを読み散らすことに、ひたすら徹したようだった。
経堂《きょうどう》の自宅には蔵書四万冊とジャズレコード四〇〇〇枚が遺された。高平哲郎《てつお》の義侠心にほだされ、レコードはタモリがすべて買い取った。

第八一夜　二〇〇〇年六月二九日

参照千夜

九三六夜：ティモシー・リアリー『神経政治学』　一七二五夜：ノーマン・メイラー『ぼく自身のための広告』　六九五夜：スーザン・ソンタグ『反解釈』　四〇七夜：ディケンズ『デイヴィッド・コパフィールド』　二一五夜：岡本太郎『日本の伝統』　四九夜：『マイルス・デイビス自叙伝』

借り暮らしのジューニンたちの部屋。
熱くてフェチでサブカルな日本の縮図。

賃貸宇宙（上・下）

都築響一
ちくま文庫　二〇〇五

この人の『TOKYO STYLE』を見たときは、やられた。湾岸戦争の余波がやまない一九九三年あたりだったか、分厚いカラー写真集で、京都書院が版元（のちに倒産した）、一二〇〇〇円だった。一〇〇空間くらいのアパートの部屋のカラー写真ばかりがぎっしり詰まっていた。ひとつとして整然とした部屋はない。

住居人はDJ見習い、サーファー、マンガ家、カメラマン、オーディオメーカーに勤める若めの夫婦、デパート店員、いろいろだ。部屋はすべて乱雑、雑然、混雑していて、壁にも机にもトイレにも窓際にも玄関にも、その住人のフェチな愛着が所狭しとこびりついている。

その部屋を三点から六点ほどのカットで撮影してある。すべての写真にキャプションがついていて、それが心やさしい応援歌か、弁護団の説明のようになっていた。そこには有機的混沌があった。超文脈的文物共鳴があった。これは、やられた。こういう写真集こそ、見たかった。

都築はそのときまではプロの写真家ではなかった。「ポパイ」や「ブルータス」の編集者で、そこを出てからは全一〇〇冊をこえる現代美術全集を編集したり執筆したりしていた。それが、ある日突然にカメラ屋に走ってカメラを入手すると、若い友人たちの部屋を撮りはじめた。だからうまいとかへたという写真ではない。ともかくアパートの部屋を何カットかでそのまま切り取っている。条件はただひとつ。東京の都心で暮らしている若い世代のアパートというだけ。それを撮りつづけた。

それなのに、できあがった写真集はとても美しい。いい写真だ。感心した。キャプションもいい。懇切丁寧。痒《かゆ》いところに孫の手のような言葉がとどく。これこれ、これでなくちゃ写真キャプションじゃないという出来だ。

それから七～八年たって、二〇〇一年にもっと分厚い『賃貸宇宙』が刊行された。さっそく入手してみると、写真はうまくなっているけれど、あいかわらず「いい写真」が多い。「うまい写真」と「いい写真」が交ざっている。

もうひとつ前著とちがうのは、ときどき住人が写っていることだ。住人というよりジューニンと綴ったほうがいい。顔がはっきりしないジューニン、体もぶれているジューニン、真っ裸のジューニンもいる。外人ジューニンもふえた。それから東京だけではなくなった。京都や阪神も入っている。ただし、中心街のアパートや下宿屋であることは変わらない。

ジューニンを撮ったから、それで「顔」が見えてきたのかというと、そういうことではない。前著でも十分に「顔」は見えていた。人情味はあったし、人っ気も感じた。『賃貸宇宙』はむしろ写真家都築響一の表現になったのである。

こういう写真集は、ぼくの説明よりも中身をヴィジュアルに見てもらうにしくはない。が、それでは少々無責任だろうから、若干の感想を添えておく。ぼくが本書や前著で「やられた」と感じたことを、きっとこうなのだろうという視点で、かいつまんでおく。

まず、この写真集は「日本」を撮っているということだ。アパートという狭い空間に圧縮付着された日本である。部屋にこびりついた日本だ。その部屋に雑誌が積まれ、ポスターが壁に貼られ、インスタント食品が散らばっている。とくにベッドや布団まわりに何かが集約されている。そういうことがあらわす日本だ。

取り澄ました日本はいない。ヤドカリ日本のようなものがある。六畳三畳やワンルーム・アパートや下宿部屋のヤドカリだ。だから、ここにあるのは柳田国男の常民の日々だ。定住者たちの日々だ。しかしながら他方では、部屋に運びこまれて堆《うずたか》く溜まっているものたちは南方熊楠の遊民の思想のあらわれなのである。それがみごとに交錯する。そうだとしたら、これはナム・ジュン・パイクの「遊牧的定住者」の日本的な風姿花伝だということになる。

注目すべきなのは、ここに撮られた部屋にはすべて奇妙な飾り付けがあるということだ。インテリア雑誌に載るような飾り付けではなく、過剰な生活用品と溢れる嗜《し》好《こう》用品を狭い部屋に組み合わせるためのきわどい飾り付けだ。そのためよく見ると、異様なカオス空間に必ず「憩い」の極小空間があらわれている。座布団一枚であっても、窓際の一隅であっても、そこが利休の「台目《だいめ》」になっているということだ。

この飾り付けは自分勝手なアソシエーション(組み合わせ＝連想)である。生活用品と嗜好用品が過飽和することによって生んだ夾雑《きょうざつ》レイアウトや重畳《ちょうじょう》フォーマットだ。

こういうことは大きい家や空間ではめったにおこらない。部屋やクローゼットやダイニングスペースが提供されていない「只の部屋」だからおこったことなのだ。「だってしょうがないじゃん」という夾雑と重畳の美意識だ。

もうひとつ、言っておく。ここに記録された部屋のすべてはマッチングの思想からもミスマッチングの思想からもできあがっていない。やむにやまれず〝作分〟され、〝作事〟されている。そこが絶妙で、とんでもなくフェティッシュなサブカル趣向になっている。

誰もが経験していることだろうが、ふつう、インテリア雑誌が紹介しているような整理された空間で、これはおもしろいというものなんてごく僅かしか見当たらない。たいていは気取っていて、ハイハイその程度かよというものだ。それが『TOKYO STYLE』や『賃貸宇宙』では、大半がおもしろい。かつ納得がいく。

高円寺で暮らしているデパートの売り子はマルタン・マルジェラの洋服と三〇〇円の古着で部屋を埋めつくす。壁には山海塾のポスターが貼ってある。某メーカーのプレスを担当している二十代の女性には、駒沢通りの六畳一間とユニットバスの部屋しかないが、床の大半にTシャツやセーターやカーディガンがきちんと畳まれて足の踏み場もなくなっている。それがカーペットなのだ。

マッチングでもミスマッチングでもない。必然の勝利。偶然を必然に転化したのっぴきならない自由の凱歌なのである。だからこそ語りかけてくるものがある。

西陣で家賃五万円の家に住むカップルは風呂がないので庭で水浴びをし、床を剝がしてコンクリを流してココヤシのカーペットを貼った。ワンルームを三人のデザイン事務所にした連中は、そのうちの一人が床で寝泊まりをする。そのために机の間がぴったり寝起きスペースになっている。六甲に住むレコード輸入屋の夫婦はティッシュペーパーの紙函《かみばこ》を本箱に仕立てて組み上げた。銀閣寺脇の木造アパートに住むガイジンは鴨居《かもい》の上にすべてCDラックを押し上げた。

こういうことは、よくある主婦の収納工夫合戦なのではない。収納できない景観がサブカルライフ・テイストそのものになった。すべてが露呈していること、それが装飾なのである。

どうもわれわれは忘れていたようだ。洗い晒《ざら》しのジーンズを襖《ふすま》や窓にきっちり三本吊るせば、それが襖紙のありきたりな文様よりも、カーテンのくだらない花模様よりも、ずっと気分がいいものになるということを。

都築響一が見せてくれたことは、ぼくの中に欠けていた「日本流」をおおいに補うものとなった。都会の安価な家賃のジューニンの混雑と夾雑のレイアウトこそが日本だったのである。思い出してみるとこれは、ぼくが幼年時代に日本橋芳町《よしちょう》や室町綾小路の露地に感じたものと同じものである。どんな隙間にもヤバイ情報が突き刺さっていたあの時代の記憶と似たものだ。それがレトロにならずに、今日なおジャパン・スタイルとして継承されていたことに、脱帽したい。

[追記] 二〇〇六年、「週刊朝日」で連載されていた『バブルの肖像』（アスペクト）がまと

まった。ここには狂い咲いたジャパン・サブカルが爆発していた。ジュリアナ東京、ボジョレ・ヌーヴォー、アッシーくん、ゴルフ会員権、ボディコン、地方博、地上げの光景、チバリーヒルズらが切り取られていた。これらは「徒花《あだばな》」だった。

二〇一三年、『ヒップホップの詩人たち』(新潮社)が刊行され、田我流、NORIKIYO、鬼、レイト、チプルソ、ERA、志人、RUMI、アナーキーたちが写真の中で詩《うた》っていた。こちらにはサブカルズの本音が見えてくる。都築はどこかで「ぼくが追ってきたのはマス(大衆)です」と言っていたが、そのカメラに映し出されたのはマスカルチャーとサブカルチャーの境い目だったように思う。

第一一五二夜　二〇〇六年八月二八日

参照千夜

一一四四夜：柳田国男『海上の道』　一六二四夜：『南方熊楠全集』　一一〇三夜：ナム・ジュン・パイク『バイ・バイ・キップリング』

負け犬にならない女子を、
ユーミンとオリーブがベストクッキングした。

酒井順子
ユーミンの罪／オリーブの罠

講談社現代新書　二〇一三・二〇一四

酒井順子を褒めたくて本書二冊を選んだ。千夜千冊で二冊を掲げて案内するのは初めてだが、そうしたくなる。

二冊は呼応しているが、もともとは『ユーミンの罪』が書かれ、一年後に『オリーブの罠』が上梓された。『ユーミンの罪』のとき、ふーん、やったな、酒井も担当編集者もうまいなと思ったが、これに続く『オリーブの罠』がまるで焼肉の網焼きの目のようにクロス模様となって交差したのには、腕ひしぎ十字固めにかけられたようで、うっうっと唸った。そんな関節技をすらりとこなす酒井はかなりの寝技師だ。

あらかじめ断っておくが、ぼくはユーミンにもオリーブ少女にもまったく無頓着で、彼女らが活躍した二十年ほどのあいだ、ずっと没頓着だった。けれども『ユーミンの

『罪』という現代新書の表紙の文字ヅラを見たとたん、これはぼくの同時代認識の欠如を補うものだ、これは刺されたいと思えた。それで二冊同時をあえて選んだ。酒井の著書からすればもっと出来のいいものがあるのだろうが。

酒井順子をキーワード的にいうと、立教大学、博報堂、泉麻人の助手、「オリーブ」専属ライター、鉄道女子（宮脇俊三ファン）、『負け犬の遠吠え』（講談社）大当たり、ほのエロ主義、日ハム・フリーク、結婚疲労宴ってどう？、ないものねだり、女も不況、地震でも独身……というふうになる。

ま、これだけ揃えば、そのエディターシップを応援したくなるのだが、とはいえ、いまさらぼくが肩入れしなくともこの人はリッパに書けている。それもたくさん書いている。売れっ子らしくほとんど文庫化されているが、タイトルを並べるだけでその虚を突いたセンスに、われわれオヤジ（オジン）は目が眩む。

たとえば、こうだ。『お年頃―乙女の開花前線』『丸の内の空腹』『テレビってやつは』『東京少女歳時記』『女の旅じまん』『入れたり出したり』『ほのエロ記』（以上が角川文庫）ときて、『自意識過剰！』『ギャルに小判』『世渡り作法術』『おばさん未満』（以上が集英社文庫）と続き、さらに『ニョタイミダス』『女流阿房列車』（以上が新潮文庫）、『その人、独身？』『いつから、中年？』『女も、不況？』『こんなの、はじめて？』『昔は、よかった？』『もう、忘れたの？』（以上が講談社文庫）などなどと、念を押す。

着眼も寝技も文才も自在だが、ことにタイトリングは達人級だ。みんなが知っているコトバを組み合わせているだけなのに、女ならではの魔法になっている。『丸の内の空腹』『おばさん未満』はなかでも極上だった。


酒井の本にはあきらかな特徴がある。「女」を「女の耳目」が綴っている。女性エッセイストなら桐島洋子から中野香織まで、読ませるものを書く〝つわもの〟はいくらでも登場していた。香山リカの刊行量など、群を抜いている。「女」を相手にしているエッセイストだって、林真理子・光野桃から辛酸なめ子・蝶々まで、それなりの激戦区だ。けれども酒井はそんな女々《じょじょ》めく洪水の中で、みごとに「本の女舟」を次々に漕ぎ出した。それでいて、酒井の属する時代社会の観察に徹して、どの本もぶれなかった。よほど〝勘察力〟がいいのだろう。

そういう酒井の、この二冊なのだ。ユーミン音痴でオリーブ無知には有難い。一読、世の中、そんなにユーミンとオリーブだったのかということに、あらためて驚いた。そもそもユーミンが「欲しいものは奪い取れ」と言っているとか、ユーミンの歌は当時の女の子たちの「進軍ラッパ」だったということを、知らなかった。こんなメッセージを歌い続けていたのだとしたら、これはたいへんなプロパガンディストだが、ユーミンはそんな気もなく女たちに女々《じょじょ》メッセージを送り続けたのだろう。だからユーミンは罪なのだ。

一方、一九八二年創刊の「オリーブ」が最初はLA感覚のシティ派女子大生向けだったのが、途中からフランス風の「リセエンヌ」を狙いにした女子高生向けになっていたということも、まったく知らなかった。まして「ワードローブの中に、ひとめ見て大きいとわかるシャツやジャケットなど、男物の服がさりげなくまじっていたら、あなたはもう立派なオリーブ少女」というような触れ込みに、そのころの少女たちが背伸びしながらどぎまぎ胸をときめかせていたなんて、そんな少女が学園内外で進捗《しんちょく》していたなんて、もっと知らなかった。

そういう時代を、今日のぼくのまわりのオトナ女子たちも、大小多寡はあるだろうもののそれなりに通過していたことを、酒井は初めて教えてくれたのだ。きっとユーミンはオイルショックやドルショック後の日本の、オリーブはバブルに向かう地上げ日本の、最もポピュラーな感受性の担い手だったのだろう。ぼくは彼女らのプチロマンチックな冒険と、香ばしい失望をすっかり見逃していたということなのである。

八王子の荒井呉服店に生まれ育ったユーミンこと荒井由美が、レコードデビューしたのは一九七二年である。田中角栄が首相になった年で、山本リンダの《どうにもとまらない》、小柳ルミ子の《瀬戸の花嫁》、森昌子の《せんせい》、郷ひろみの《男の子女の子》がヒットして、まだ一部のファンしか知らなかったはずだが、池田理代子の『ベルばら』(週刊マーガレット)と萩尾望都の『ポーの一族』(別冊少女コミック)の連載が開始していた。ついでにいえばこれは「遊」創刊の翌年のことだ。

こういうときユーミンの《ひこうき雲》や《ベルベット・イースター》が登場した。ニューミュージックなどと呼ばれもしたはずだ。少々我田に水を引いていえば、この七二年前後には角栄やリンダやユーミンや郷ひろみだけではなく、名付けようのないものが次々に誕生していた。たとえば石牟礼道子は『苦海浄土』を発表し、川久保玲はコム・デ・ギャルソンを、山本耀司はワイズを始めたのだが、その狙いなど誰にもわからなかったのだ。加うるに田中泯も踊りだしていた。ユーミンも「遊《ゆう》」も泯《みん》も、名付けようがない現象だったのだ。

ユーミンは一九五四年生まれだからぼくより十歳年下である。最近になっても見かけはたいへん若いようだが、檀ふみ・林真理子・大友克洋・安倍晋三と同い歳である。ちなみに中島みゆきはユーミンの二歳年上、山本リンダと五輪真弓は三歳年上、石川さゆりと岩崎宏美が四歳年下、山口百恵が五歳年下だ。もっとも中島みゆきが《アザミ嬢のララバイ》や《時代》などでデビューしたのは七〇年代後半で、五輪真弓の《少女》は早くにリリースされていたが、世間が聴き始めたのはずっとあとだった。ちなみにユーミンとは一度だけだが、対談をした。若かった。

というわけで、ユーミンのデビューアルバム「ひこうき雲」はニュージャンルの歌をもって七〇年代をリードした。

六〇年代後半に身近な仲間たちがフォークに熱中し、七〇年代はほとんどブリティッシュロックかジャーマンロック、あるいは森進一とちあきなおみにはまっていたぼくにとっては、残念ながらユーミンの歌は鮮烈ではなかったが、本書が証したように、それはぼくのような男たちのためではなかったのである。それでも四番目のアルバム「14番目の月」（一九七六）までの、《海を見ていた午後》《ルージュの伝言》《中央フリーウェイ》などは、ユーミン音痴のぼくの耳にも付きまとっていた。

「小さいころは神さまがいて／不思議に夢をかなえてくれた」「たまにはひとり　どこかへ行きたかった／たまには少し　心配させたかった」「二人して流星になったみたい」「つぎの夜から欠ける満月より／14番目の月がいちばん好き」といった歌詞とメロディのくっつきかたも、ほうほう、この手があったのかと思ったおぼえがある。

言葉が板チョコのカット割りのようになっている。歌詞がソーシャルセンスでつくったおいしいキャンディや綺麗なケーキなのである。口に入れるとすぐほろ苦く溶ける。それでいて「14番目の月」というような言葉のオシャレも随処に盛ってある。ふんふん、新世代のシンガーソングライターとはこういうものか。

こんな言い方はぼくの無骨が適当に反応したもので、酒井はこうしたユーミンの感覚に「泡沫感」「助手席感」「湿度を抜いている」といった抜群の形容をもって当てていた。「助手席感」というのはイイ男の助手席にいる女子のイメージというものらしい。なるほど、そういうことか。まだ女たちが車をぶっ飛ばすには早かった時期だったのだ。女たちがぶっ飛ばすには、山口百恵が真っ赤なポルシェに乗って「馬鹿にしないでよ」と啖呵《たんか》を切ったときまでかかるのだ。それはユーミンではない阿木燿子の詞だ。

酒井の指摘でさらに感心したのは、七番目のアルバム「悲しいほどお天気」（一九七九）あたりから、ユーミンは「外は革新、中は保守」をやってのけたというふうに見ていることだった。その意図が「どうしてなの　今日にかぎって／安いサンダルをはいてた」という歌詞にあらわれているとも見た。

エレガントでカッコいいそぶりはする。一応はお嬢さまっぽくもする。できればカルヴィン・トムキンズの『優雅な生活が最高の復讐である』（新潮文庫）のようにする。そうでないなら茶髪にも金髪にもしてみせる。ところがついつい今日にかぎっては、うっかり安物のサンダルだったのだ。《気ままな朝帰り》の「北風のベンチでキスしながら　心では門限を気にしていた」も「中は保守」っぽい。

女子の諸君がこれほど表面の完璧を装いつつも、それが綻《ほころ》びることを怖れているとは思わなかった。男はユーミンにくらべれば矛盾まるだしの、綻びばかりのドーブツなのである。

ユーミンの「外は革新、中は保守」はさまざまな方面に影響を与えた。「外は革新」をもっと進めたものも「中は保守」をチューンアップしたものも出た。一九七五年に創刊された光文社の女子大生雑誌「ＪＪ」は「中は保守」の刷新をめざしていた。

米澤泉の『私に萌える女たち』(講談社)などによると、「ＪＪ」はフランス仕込みの「アンアン」、自立女性路線の「ノンノ」という二人の姉に対して、お嬢さま志向の妹雑誌としてスタートした。それとともに「女性自身」の妹分でもあったので「ＪＪ」なのである。むろん本物のお嬢さまではない。ママ譲りのブランド志向やニュートラやハマトラが遊べればよかった。

この「ＪＪ」に対して「アンアン」の卒業先になったのが「クロワッサン」(一九七七)で、「アンアン」の妹分になったのが「オリーブ」(一九八二創刊)だった。酒井は『オリーブの罠』でその変遷を追った。

ちなみに「ＪＪ」を追った対抗雑誌「ＣａｎＣａｍ」(小学館)や「ＶｉＶｉ」(講談社)などを、雑誌ギョーカイでは「赤文字系」という。いずれも赤い題字だったからだ。ところが「オリーブ」はそこを白ヌキにした。マガジンハウスの多くの雑誌をデザインした堀内誠一の図抜けたセンスだった。堀内は早逝したが、「ａｎａｎ」も「ＢＲＵＴＵＳ」も「ＰＯＰＥＹＥ」も「Ｏｌｉｖｅ」もみんな自分で手描《レタリング》きしてみせたのだ。

さて、『ユーミンの罪』にはアルバムごとにチャプターが割ってあって、ひとつずつに時代社会のコンセプチュアル・コピーが付けてある。ユーミンの歌とともに時代社会が手短かにミラーリングされ、巧みにヘッドライン化されているので、ユーミン音痴でも十分に読める。

八〇年代のヘッドラインなら、こんなふうだ。サーフィンとスキーが急激なブームになっていた8「ＳＵＲＦ＆ＳＮＯＷ」(一九八〇)は「〝つれてって文化〟隆盛へ」、10「ＰＥＡＲＬ　ＰＩＥＲＣＥ」(一九八二)は「ブスと嫉妬の調理法」、12「ＶＯＹＡＧＥＲ」(一九八三)は「女に好かれる女」、ラグビーな男の子の肉体を意識した13「ＮＯ　ＳＩＤＥ」(一九八四)は「恋愛格差と上から目線」というふうに。「ブス・嫉妬・恋愛格差・上から目線」といったキーワードを強めに前面に出し、女ならではのユーミンの〝女に好かれる芸風〟を、酒井は時代社会を剝《は》ぎ取って解釈してみせたのだ。

ユーミンが一〇枚目のアルバム「ＰＥＡＲＬ　ＰＩＥＲＣＥ」をリリースした八二年、平凡出版(のちのマガジンハウス)が「オリーブ」を創刊した。その六年前に創刊していた男子大学生向けマガジン「ポパイ」の女子大生版で、はじめは田中康夫の『なんとなく、クリスタル』を受けた“savvy”な感覚を謳った。“savvy”は「〜に精通した」という意味で、これを「オリーブ」は「もののわかった子」というふうに設定した。まあまあいい訳だ。ところがサヴィな子というのは何かというと、バレイガールだというのである。ロスの谷間のサンフェルナンド・バレイに住んでいるような子で、日本でいうなら青学・学習院・慶応・上智・成城・立教にいるような女の子、それが「サヴィでバレイな子」だというのだ。いったい何のこと？

こんなマーケティングでは狙いがさっぱりわからない。そこで創刊一年後、泉麻人のオリーブ・コラムに酒井順子が〝助手のアシカガ〟として起用され、東京の女子学生を「アオガク系（青学）・セイシン系（聖心）・ケーオー系（慶応）・オーツマ系（大妻）・トキワマツ系（常盤松）」というふうにマッピングしてみせた。酒井も勘でマッピングしたと告白しているが、この程度で「なんクリ・サヴィ」ができあがるとは思えない。それに東京の女子大や女子高だけでは全国区にならない。

結局、この女子大生シティ感覚路線は当たらなかった。それで方針を転向することになったのが、その後の「オリーブ」の定番となったリセエンヌ女子高生路線だったようだ。フランスのリセにいるような女の子を、ニッポン女子も真似っ子しようという路線だ。リセは後期中等教育機関のことで、日本の高校にあたる。三年制の学業コースと二年制の職能コースになっている。

こんな歯が浮くようなことが「オリーブ」の誌面で進行しているとは想像だにしなかったけれど、もともとがおフランスな「アンアン」の妹なら、むしろこちらのほうがぴったりだったのだろう。爆発的に当たったのである。しかしその「オリーブ」も、バブルの渦中になるとまたまた転換し、ナチュラル&カルチャー志向になっていった。

一九八五年にコキン法が制定された。男女雇用機会均等法だ。そのころ上野千鶴子から、「まあセイゴオさんに言う必要はないかもしれないけれど、念のために言っておくと、このコキンの年のことを忘れないでね。女を見る目も変えなさいよ」と言われた。はいはい、むろん従いました。

当時、酒井順子は大学一年で、漠然と「これからやっと男女が平等なのか。いままで何だったのかな」と思ったらしい。コキン法のせいではないだろうけれど、ユーミンもアルバム「DA・DI・DA」(一九八五)で「待つ女」を歌った《シンデレラ・エクスプレス》を最後に、だんだん「自立な女」のほうに舵《かじ》を切っていったようだった。《たとえあなたが去って行っても》では、「捨てられなかった最後の手紙　四月の空に窓を開いて吹雪にした」となり、「自分から溢れるものを生きてみるわ」になっていく。

一九八七年のアルバム「ダイアモンドダストが消えぬまに」では、OLたちにも引導を突きつけたのだそうだ。《月曜日のロボット》は「パスを見せて　ブザー鳴って　階段おりて／わからないのよ　どこに向かってるのか」「カード押して　おじぎをして　ファクスを受けて／いつか愛するあなたとめぐり逢うまで」と迫ったのでありました。うん、これでよくわかった。まさしく、いよいよもっての「女の軍歌」なのである。そのくせ本人自身は結婚して、荒井由美からさっさと松任谷由美になっていった。

こうして世相はあのバブルの狂騒曲に向かっていく。お金や土地のバブルだけではない。感覚や恋愛もバブル化していった。「ワンレン・ボディコン・ジュリ扇《せん》」は女たちの〝地上げ〟でもあったわけである。酒井はユーミンの歌も「恋愛のゲーム性」のアヤに向かったと見た。たしかに当時の女子たちは、合コンをやるごとにアッシー、メッシーたちを従えて、みんながみんな中森明菜チックになっていったのだ。そんななか、ユーミンは勝負に負けた女性の心の傷を絶妙にカバーした。

バブル日本に何がおこったかといえば、勝ち組・負け組がはっきりしてきた。九〇年、ユーミンは三六歳になっていた。伊丹十三は《あげまん》を映画化し、二谷友里恵は郷ひろみと派手な結婚式を挙げて『愛される理由』（朝日新聞社）をベストセラーにした。ドリカムだって《決戦は金曜日》（一九九二）なのである。女たちの鼻息が荒くなっていた。

しかしかんたんに勝ち組になれるわけはない。そもそも日本中がバブルだったのである。まことにバカバカしい「浮かれ世」だった。トレンディドラマのようなヒロインが次々に生まれるわけがないし、負け組がダメであるはずもない。それなのに日本中が勝ち組幻想をもち、何がなんでも負け組になりたくないなどという最悪のポピュラー選択に陥ったのだ。谷村志穂はさっそく『結婚しないかもしれない症候群』（主婦の友社→角川文庫）を書いた。案の定、バブルはあっけなく潰れ、銀行は一斉に「貸し渋り」になった。それなら恋愛だって「貸し渋り」なのだ。

その後、日本は新格差社会に突入し、小泉劇場が新保守主義や新自由主義を煽れば煽るほど、少数の勝ち組と大多数の負け組の分層がおこっていった。

山田昌弘はそれを「希望格差社会」と名付け、負け組の居直りが事態を歪めていると見た。鈴木謙介はそれを「カーニヴァル化する社会」と名付け、大量の分衆が短時間のカーニヴァルを日々消費しつづけていると指摘した。三浦展《あつし》はこれらをまとめて「下流社会」の進行と見て、その第二章に「なぜ男は女に〝負けた〟のか」とタイトリングした。男たちがニート、フリーター、ヤンキーに後ずさりしていったのだ。

ユーミンはどうしたか。初めてユーチューブでこの時期のアルバム「天国のドア」「DAWN PURPLE」を聴いてみたが、なんとも中途半端だった。何かに向かっての「脱出」を暗示したいようなのだが、ぼくが聴くかぎりは、どうにも志操がはっきりしない。《SAVE OUR SHIP》では「永遠に漂流する魂だから　せめて今は強く抱いて　見えぬ未来を乗り越える／SAVE OUR SHIP／それぞれの光めざし」と歌っているのだが、「それぞれの光をめざす」と言っても「見えぬ未来」では迷うしかないだろう。いや、ユーミンだけではない。かくして日本の船の全体が「失われた十年」後に沈んでいった。

話を佳《よ》き日々の女たちに戻すと、「ユーミンの罪」と「オリーブの罠」とは、さて、いったい何だったのか。わかるようで、わからない。わかるのは女子高校生や短大生や女子大生たちが、この罪と罠とを存分におもしろがり、平気で駆け抜けていったということだ。

わからないのは、これほどの綿密でロマンチックな仕掛けも、二一世紀に入るとすべてが「ガーリー」で「かわいい」に席巻され、総じてはユーミンもオリーブも、モーニング娘やAKBらの「成長しない少女」の軍門に降《くだ》ってしまったことだ。なぜ、こんな体たらくになったのか。その理由がどこにあるのかということが、わからない。

酒井は、大意、こう書いている。ひょっとしたらユーミンは「救ってくれすぎた」のである、と。また、どんなときも「自分だけではない」と思わせてくれすぎたのである、と。なるほど、これがユーミンの罪だったのだ。実際にはユーミンはけっこう「無常」を歌っていたはずなのだが、そのユーミンを受け取る女たちのほうに「熟聴」する力がなかったのだろう。一方、また、こうも書いている。オリーブ・エディトリアルに通底していたのは「異性のために装わない」ということではなかったのか、と。
けれども「オリーブ」終刊後、少女たちは出会い系に走り、ヴァーチャルキャラのコスプレにはまり、結局は大人たちのビジネスに奉仕してしまったようだ。ようするにみんなでモー娘したりAKBすることになったのだ。日本全国津々浦々、あざとい「かわいい」を争う日本少女時代になってしまったのだ。それにしても、これがオリーブの「罠」だったとは。ならばぼくとしては、何をか言わんやだ。せめて本格的なオトナ女向けの雑誌が登場してほしいと思うばかりだ。嗚呼、「マリ・クレール」はどこへ行ったのか。

第一五八三夜　二〇一五年六月二日

参照千夜

八七五夜：上野千鶴子『女は世界を救えるか』　六二一夜：萩尾望都『ポーの一族』　九八五夜：石牟礼道子『はにかみの国』　八〇〇夜：大友克洋『AKIRA』　一三二九夜：米澤泉『コスメの時代』　一〇二夜：堀内誠一『父の時代・私の時代』　六八二夜：伊丹十三『女たちよ！』

コギャル、プリクラ、ガングロ、シリコン整形、オリーブ少女、リセ少女、キャラ萌え……この「私遊び」。

米澤泉

コスメの時代

「私遊び」の現代文化論

勁草書房　二〇〇八

★乙女の姿しばし眺めん。

これまで、この手の本をほとんどとりあげてこなかった。ファッションならばデザイナーぐるみで見てきたが、それはモードとしての作品を見るということで、そうではなくて、何というのかトレンディな「オシャレ」の中に介入するなんてことは、しなかったのだ。

ぼくは世の中の流行はトレンドとしてではなくてスタイルとして大好きだから、どんなことがブレイクしていてもほとんど目くじらを立てるほうじゃない。かつて鈴木その子が美白を大流行させても、叶《かのう》姉妹が「私たちは全身が顔なのです」と言っても、オーケーだった。フューシャピンクが「丸の内ピンク」の異名をとっても、アムラーが巷《ちまた》に溢れても、「ヴァンサンカン」が「一生、二五歳でありたい」と無理なキャッチフレーズを打っても、まだオーケー。中森明夫が『オシャレ泥棒』（マガジンハウス）を書き、林真理子が『美女入門』（マガジンハウス）を書いても、宮台真司が『制服少女たちの選択』（講談社→朝日文庫）を、中村うさぎが『美人になりたい』（小学館）を書いても、まあそれなりにケッコーでした。

流行は模倣であり、模倣は流行を生む。それはどこにでもおこるのだ。それでいい。おおいにケッコーだ。なにしろぼくは、ガブリエル・タルドの『模倣の法則』（河出書房新社）の信奉者で、「万人の万人による万人のための模倣！」の賛同者であるからだ。それでもオシャレの本を覗くなんてことは、してこなかった。それがこのところ少し変わってきたのだ。

もともとのきっかけはジョン・ガリアーノがコレクションにガングロメークのモデルを起用し、ヘレナ・ルビンスタインADのカルロス・ヴィラロンが「シブヤ・カラーズ」という化粧品を発表したあたりだったろうか。それとも大塚英志の『少女民俗学』（光文社）や高橋源一郎の『文学じゃないかもしれない症候群』（朝日新聞社）の切り口を読んだのち、東浩紀の『動物化するポストモダン』（講談社現代新書）などに、半ばふむふむと感じたからだろうか。

そんなところへ中村うさぎ、光野桃、小泉恭子、齋藤薫、酒井順子、三田村蕗子、本書の米澤泉といった、女性ならではの書き手がどしどし登場してきて、書店を賑わすようになった。ふと見れば、そこでは嶋田ちあきや藤原美智子らのカリスマ美容師が跳梁《ちようりよう》跋扈《ばつこ》していた。いやいや決定打は写真家で日本の伝統文化に詳しいエバレット・ブラウンから、「コスメチック・ジャパン」の異様と愉快を問われたことが大きかった。エバレットはガングロを撮りつづけたのだ。

ただぼくは、これらの多くをサブカルと捉えすぎていた。ところが、どうも、そうではなかったようだ。昨今ニッポンのメインカルチャーのようなのだ。これはちょっとは覗かなくてはいけません。

▲かえりみすれば、DCかたぶきぬ。

想えば、八〇年代は差異化と記号化の時代だった。コム・デ・ギャルソン、ワイズ（山本耀司）などのデザイナーズブランドががんばっていた。黒い服が目立ったのでカラス族とも言われた。パリコレでさえこのモノトーンなカラスたちによる「東方からの衝撃」が話題になった。

そこへコムサ・デ・モード、ピンクハウス、ビギなどのキャラクターズ・ブランドが加わって、つまりはD（デザイナー）とC（キャラクター）とを合わせたDCブランドが急激に広まっていった。田中康夫の『なんとなく、クリスタル』（河出書房新社）が刊行された一九八一年あたりの話題だ。

このうちDブランドはけっこうメッセージ性をもっていた。知的ですらあった。川久保玲は「トランセンディング・ジェンダー」で、山本耀司は「本が好きでごはんを食べない感じの服をつくりたい」であり、吉田ヒロミのクローブ・クローブスは「童謡から文学少女へ」だったっけ。しかしそのうち、DよりもCブランドが過剰になって、これに対する抵抗が沸き上がってきたわけだ。その抵抗勢力を巷ファッションでシンボライズしていたのは、アズディン・アライアに引率されたボディコンと、アニエスbに代表される渋カジだった。

なぜそんなふうになったのか。「服よりも体」が選ばれたからだ。もう少し正確にいえば「体という服」が選ばれたからだ。著者はこれを「着る物」よりも「着る者」が選ばれたと見る。

こうして一九九一年、宮沢りえが「好きな私」を表現するためにヌード写真集を出版した。脱がされたのではなく、脱いだ。一九九四年のロバート・アルトマンの映画《プレタポルテ》では、ラストシーンでモデルたちがランウェイを裸のまま歩いてみせた。スーパーモデル時代が到来した。クラウディア・シーファー、ナオミ・キャンベル、リンダ・エヴァンジェリスタは日本の若い女性たちのカリスマになった。

そのスーパーモデルたちが一斉に示したのは、セレブになるということなんぞではなくて、リアルクローズ（日常服）にブランドもの（とくにブランドバッグ）をくっつけるという合わせ技だった。ただし、「顔」については徹底的にモードメークする。この感覚をこそ日本が輸入した。

◆花の色はうつりにけりなデルカジに。

日本の女子たちがスーパーモデルになりたがったのではない。安室奈美恵がナオミ・キャンベルを意識して「小顔」をはやらせ、これを「コギャル」たちが真似をした。雑誌「JJ」もそういう現役女子大生たちを読者モデルに使いはじめた。つまり日本は「デルカジ」（モデル・カジュアル）に走ったのである。

デルカジはのしていく。本書に教えてもらったのだけれど、「JJ」は梅宮アンナ、「VERY」は三浦りさ子、「STORY」は黒田知永子、「CanCam」は蛯原友里や山田優、「AneCan《アネキャン》」は押切もえ、「Marisol《マリソル》」は川原亜矢子、「Precious《プレシャス》」は小雪を、それぞれ毎号売り出したそうだ。

かくて茶髪、細眉、褐色肌、そして目力《めぢから》、マスカラが、あっというまに広がった。ぼくにはさっぱりわからなかったけれど、当時の女性誌は「深田恭子の目力がすごい」と褒《ほ》めそやしていたらしい。何、フカキョンのどこが？　そういうオヤジっぽい疑問には振り向きもせず、デルカジは驀進《ばくしん》しつづけた。

それが突如として年齢低下をおこしていった。そしてここからは細眉や目力はルーズソックスとともに女子高校生の必須アイテムになり、それでもこの勢いはとまらず、一部はエンコー（援助交際）を辞さず、一部はガングロに流れ、さらに一部はゴングロ、ヤマンバにまで行きついた。

さあ、いったい何がおこったのかといえば、これはようするに「少女」が消滅したのだ。「あしながおじさん」に憧《あこが》れるジュディ・アボットはとっくにいなくなったのだ。大塚英志が指摘していたように、それまで少女は「使用禁止の身体の持ち主」だった。安売りなんてしないものだった。かつて山口小夜子と木村久美子が口を揃えて言っていたことがある、「昔の少女はゼッタイに笑わなかったわよね」「そう、笑ったら少女は負けなのね」。けれどもいまや少女はゲラゲラと笑い、大きく手を打ち、のけぞっている。使用禁止ではなくなった。少女は解禁された。そして、何かが変わったのだ。

●朝ぼらけコスメの月とみるまでに。
本書は前半部まで、たいへんよくできている。さがしてみたらこの手の本はけっこうあったけれど、類書を寄せ付けないちょっとしたスピード感がある。存分なオシャレ観察が蓄えられているせいなのか、好きで書いているのかはわからないが、思想コトバも巧みに使いこなす。

　著者の米澤は京都生まれの、同志社・阪大を出て、化粧文化論・ファッション文化論を専門にしているアラフォーの学者サンである。いまは甲南女子大のセンセーだ。れっきとした学者サンなのだが、中学高校はオリーブ少女で、大学院時代はヴァンサンカン派の叶《かのう》姉妹フリークだった。その後も化粧にはまりつづけているようだが、そういう状態にいることを隠さない。

　二〇〇六年には誇りをこめて『電車の中で化粧する女たち』（KKベストセラーズ）という新書を書いた。本書の下敷きになっている。いささか書きこみが足りなかったけれど、美容セレブやコスメフリークがニッポンに激増していった謎を解くために、叶姉妹や君島十和子や中村うさぎを正面から扱っていた。だから米澤が書く「コスメ感覚」はぴったり著者自身の同時代史にもなっている。そもそも米澤自身がそういうオシャレに没入したコスメ女子なのである。だから説得力がある。

　その彼女が言うには、いまや日本女性の化粧熱はそうとうに過熱して、海外メーカーぐるみになっているらしい。ディオールの口紅もランコムのマスカラもエスティ・ローダーのクリームも、すべて日本女性向けに開発されていると見ていいらしい。けっして毛穴が見えず、つるつるした陶器のような肌をつくるのは、日本女性と化粧品会社の悲願にさえなっているそうだ。

これをいいかえれば、どうなるか。つまりは「化粧偏差値」の時代なのだ、と米澤は言う。なるほど化粧偏差値か。うまいことを言う。かつての女性誌が持ち出したコンセプトでいうのなら、「ビューテリジェンス」(日本版「コスモポリタン」のコンセプト)の時代になったということらしい。

★乱れそめにし写メならなくに。

ざっとした背景があるようだ。むろん、そうだろう。米澤は、プリクラとカメラ付きケータイと女性向けウェブサイトの普及が大きかったと踏んでいる。

プリクラ(プリント倶楽部)の登場は一九九五年のことである。それ以前から駅の構内などに証明写真用のセルフポートレートが数分で現像できる自動撮影装置は置かれていたが、これは見るからにチープで、写りはまるで犯人写真のようだった。プリクラはそうではない。のっけからゲームセンターに登場した。プリクラは自動写真ではなくて、ゲームだったのだ。おまけに、自分の顔や友達の顔がすぐにシールとなって、「プリ帳」(プリクラ手帳)にどんどん貼れる。これまでにないゲーム感覚とでもいうもので、これが女学生に作用すると、そこに「顔つながり」を重視するプチ文化が広がった。「写像コミケ」ともいうべきだ。

かくいうぼくも、このプチ進軍に巻きこまれたことがあって、帝塚山学院大学で教えていたときのことだが、彼女らはしきりにぼくとプリクラを撮りたがる。「カラオケにしない?」と行く先をずらしてみると、「えーっ、チョー古い」なのである。ゼミ生たちに「自分のことを説明しなさい」というセルフ・プロフィール課題を出してみると、レポートなどそこそこに何人もの学生がプリ帳を添えてきた。彼女らにとってはプロフィールは「顔」か、「顔つながり」のことだった。

時代はさまざまな暗合の輪を重ねていくものだ。プリクラに暗合の輪を加えたのはいまや一億人が持っているだろうカメラ付きケータイである。そして、この写メールで一番撮りやすいのは、またしても「顔」だった。かくして一挙に「写交性」が文化になった。「顔つながり」はプチからメジャーに転じていった。

ついではここに、女性による女性向けウェブサイトが加わったというのが米澤の観察である。自分のビューテリジェンスを語るサイトの登場によって、女性たちの化粧は「語れる化粧」になっていったのである。

◆濡れにぞ濡れし色はモー娘。

コスメの年代低下は九〇年代からの大きな徴候だったようだ。すでに一九九三年、タカラ(現在はタカラトミー)が子供用化粧品「ピンキッシュ」を発売していた。初めて化粧に興味をもった小学校低学年の女の子が使えるというふれこみの、肌にやさしい化粧品であるそうだ。その後、二〇〇一年にはそのお姉さんブランドにあたる「スイートバンビーニ」が登場、二〇〇四年にはナルミヤ・インターナショナルがバンダイと組んで「メゾピアノコスメ」を売り出した。

いずれもキッズコスメではあるが、このお化粧低年齢化を煽ったのがスピード（一九九六デビュー）やモー娘（一九九八デビュー）などのアイドルタレントによるメディア席巻だ。たちまち雑誌「小学六年生」が毎号詳しいメーク記事を特集するようになった。通称「はじ天」（はじめてなのにメークの天才）では、「コンシーラーで頬の赤みを消そう」といった〝ママさえ知らない上級テクニック〟が紹介された。

いったいぜんたい、何が広がっているのか。強引にまとめれば、次のようなことだ。第一には、大人と子供の境界がどんどん曖昧になっていった。第二には、親たちが子供をペット化しつつあった。そして第三には、誰もが「好きなキャラクター」になれることを告げていた。

かくて「過去の少女」（昭和少女）はもはやどこにもいなくなったのである。そのぶん新たなキャラ少女やコスメ女性が登場してきた。リンゴの頬っぺ、生まれもっての顔、毛深い眉、そのままの体なんてものは、なくなったのだ。それどころかシリコン美女さえ出まわった。

一九八八年発刊の角川スニーカー文庫や富士見ファンタジア文庫が牽引したライトノ

ベルの大流行も、そのことを助長した。ラノベは「キャラ」の可視化が大前提なのである。高橋源一郎は、『モード』という小説の作者は主人公の顔を書き入れない。それを書き入れるのは読者の仕事であるからだ」と言って、あらかた「半小説」になっていることを指摘した。

★人をも身をもコギャルざらまし。

こういう事態になったについては、むろん前哨《ぜんしょう》がある。前史がある。本書はそれを八〇年代にオリーブ少女をつくりだした雑誌「オリーブ」があらかた用意したものだとみなしている。

男性誌「ポパイ」の妹として「オリーブ」が創刊されたのは一九八二年のことだ。当初は“magazine for city girls”とキャッチフレーズされていたように、この雑誌はシティボーイ「ポパイ」に対するシティガールの登場を謳っていた。サーファーガールを読者とした「アメカジ」(アメリカン・カジュアル)だったのである。

ところが翌年からは“magazine for romantic girls”と改称して、「リセエンヌ」をロマンティック・コンセプトにするようになった。リセエンヌとはフランスの高校の女学生のことだ。たちまち「リセ少女」(ニセ少女?)たちがニッポン中に次々に擬装された。洋服はむろん、食べるおやつ、飼う犬たち、歯ブラシの一本まで、リセ感覚に徹底された。

になっていた。

「オリーブ」はそれまでの少女王道を誇っていた「ｍｃシスター」や「セブンティーン」とは袂《たもと》を分かったのである。年に二度のリセエンヌ特集はすべて、パリでの撮影と取材になっていた。

その「オリーブ」が次に力を入れたのがＤＣブランドを煽動することだった。彼女たちが大人になってコム・デ・ギャルソン、ワイズ、ビギ、ピンクハウスを着るためには、それを予告する〝妹ファッション〟を喧伝《けんでん》しておく必要があったというのだ。

アツキ・オオニシ、ビバユー、ミルク、ジャスト・ビギ、ニコルクラブ、パーソンズがこうして紹介され、子供服でも大人服でもないオリーブ服が罷《まか》り出た。大西厚樹がイメージしたのは、不思議の国のアリス、赤ずきん、メアリー・ポピンズなどのモチーフをピンク基調のプリント柄にすることだった。

これはもはや、童話や小説を読んでアリスやドロシーにどきどきすることではありません。地味な下着と目立たない服で人知れずファンタジーノベルを読み耽ることではありません。アリスもドロシーも赤毛のアンも、セーラームーンも浅香唯も、好き勝手に自分のものにしてしまえることを意味していた。だから大西は積極的に少女のためのフェイクファーまで提供してみせた。

◆名にしおはば大阪女のＳＫⅡ。

が、オリーブ少女、リセ少女はそこで息切れしたらしい。なぜなのか。理由はすぐわかる。すべてが九〇年代のコギャルに持っていかれてしまったのである。

コギャルは童話を読むかわりに髪を染め、日記を書くかわりにピアスをするようになった。オリーブ少女はコギャルに負けたのだ。それからのコギャルの広域化と王道化は知られるとおりの現象だ。メディアにも巷にも〝メークする少女〟が溢れ、そこから「萌え」や「メイド少女」が出現し、それをフランスの大人少女たちが真似することになっていった。

しかし、世の中、コギャルばかりが動かしているわけではなかった。お姉さんたちやお母さんたちも黙っていない。「年をとったらＳＫⅡ」と言われてきたマックスファクターのスキンケアＳＫⅡシリーズは、ラインアップで揃えて一〇万円。コギャルたちにはとても手が出ない。一九九六年にそのころ四四歳だった桃井かおりをＣＦに起用して、「年上」をかっさらった。そこでマックスファクターは、これを若い世代にも伸ばそうと緒川たまきを起用したのだが、これは大失敗したらしい。またまた桃井を再登場させ、二〇〇五年からは小雪をダブルで使うようにした。

どうでもいいようだが、話はけっこうややこしい。コスメブームはアンチエイジングブームと重なって、いよいよ「年下」から「年上」まで巻き込んだのだ。つまりは万事も万端もコスメ時代なのである。

●めぐり逢ひてみしやイシスのわかぬまに。

ここで、ぼくの身近でもそれらしく目立っていたことがあったことを、二、三、挟んでおく。イシス編集学校にまつわることだ。次のたいそう風変わりなネーミングを見てほしい。サロン・ヴァン・ルージュ、コスメぴゅんぴゅん、花色カメレオン、桃栗美人、虹色意伝子、葉隠おんな、銀線おもかげ、ことほぎ紬、開転乙女、コスプレ兵法、感伝虹色、丹田シャネル、マジョ・デ・ギャルソン、ときじく少女、発熱ポンパドゥール、あろまあんのん、帯留風姿……。

まるでフレグランスのネーミングか、女性誌の特集タイトルのようだが、れっきとした編集学校の教室名である。今夜のコスメな色合いにつながっている。これらの教室の師範代たちはいずれ菖蒲《あやめ》か杜若《かきつばた》、たとえばなかで、小清水美恵が「葉隠おんな教室」の師範代になったのが第九期「守」の二〇〇四年三月のこと、男よりも男前の切ッ先お茶目な指南ぶりで、話題を攫《さら》った。オーガニック・レストランを経営するマダムであって、小笠原流礼法の名人でもある。ぼくが多大の信頼を寄せている才能の持ち主だ。

森山智子が「コスプレ兵法教室」の師範代になったのは二〇〇七年の三月のこと、こちらもキュートな奥様で、美しいお母さん。旦那は資生堂のトップビジネスマンで、彼女もかつては資生堂のソフトウェア設計をこなすＳＥだった。その後、以前から関心のあった着物のコーディネートにとりくんで、着物コスメのウェブサイトを書き、自分でも好きなコスプレをするようになった。そこから一転、編集学校の師範代となったのだが、その教室は大評判で、編集をまさにコスメチックに操った。

では、もう一人。深谷かしこが「マジョ・デ・ギャルソン教室」の師範代になったのは二〇〇八年四月だった。彼女はトヨタのビジネスウーマンで、新規開発案件にかかわっている。編集術を身につけたいと言って学衆となり、「守」と「破」を了《お》えてＩＳＩＳ花伝所でトレーニングして、そして花の師範代としてデビューした。そのとき、「身につけたいものは編集術とコム・デ・ギャルソン」と言いきった。

ちなみに編集学校では「守」の卒門式、「破」の突破式、「花伝所」の放伝式、「離」の退院式をそれぞれ祝う「感門之盟」という合同修了式のようなものが年に二、三度あるのだが、彼女らはいつも颯爽と着物で遊んだり、コム・デやイッセイを身に纏《まと》う。

こんな話を挟んだのは、編集術もまたお姉さんやお母さんたちのコスメチック・エディティングに支えられていたということを、感謝をこめていまさらながら付け加えたかったからだ。

◆心にもあらでユニクロながらへば。

さて、ところで、いまや経済市場でもファッション市場でも、ユニクロの一人勝ちになっているようだ。ぼくが選考委員をしている地方都市の某ブンカ賞では、柳井正の「服は服装の部分品である」が受賞候補になったほどだった。ユニクロというネーミングの正式名称は「ユニーク・クロージング・ウェアハウス」というものだ。ついに低価格のリアルクローズがDCの堂々たる対抗馬になったのだ。

かくてコスメな女たちはユニクロとエルメスを、またGAPとルイ・ヴィトンを、バナナ・リパブリックとシャネルを組み合わせ、そしてすべてを「ユビキタスなモード」に対応させていった。これは米澤の巧みな表現によれば、「物語のない服」「ブログ化するモード」の時代の到来なのである。

しかし、これだけでコスメな女たちが満足するわけがない。もはやオリーブ少女でもコギャルでもない女たちは、ここで自分を取り戻し、そして「化粧」に走ることになっていく。これが本書が後半で謳う〝コスメな時代〟の幕開けになる。

驚いたのは、コスメフリークには三つの基本化粧行為があるらしく、それは「読む」「書く」「語る」というものであるということだ。えっ、化粧品のリテラシー？　そうなのだ。膨大な化粧品のなかから自分にあったものを読む。その化粧品を自分の顔に書く。そしてその使用感を語りあう。これが化粧の「読み・書き・語り」のリテラシーであるらしい。とくにコスメフリークは化粧行為を語りたくなるようで、ネットにはそういう書きこみがずいぶんあるらしい。

メークアップ・メーカーのほうも最初のうちは「読み・書き・語り」の材料を提供していた。ルナソルは「輝々浄化」、ランコムは「オリエンタル急行とそれを包みこむミステリーの闇」というふうに。しかしこの流れはフレグランスのほうへ飛び火するとともに、リアル・フレグランスの連打となって、主張と個性を薄くしていった。

香水もリアルクローズに対応していったのである。シャネルの「チャンス」、ディオールの「アディクト」、グッチの「ラッシュ2」、アナ・スイの「ドーリーガール」、グランの「チェリーブロッサム」、ランコムの「ミラク」、サンローランの「ヤングセクシーラブリー」。つまらないネーミングばかりだが、これはこれでいいらしい。これらはリアル・フレグランスの代表商品なのである。

なぜ、そうなっていったのか。フレグランス商品には「顔」がなく、だからこそコスメフリークたちはそれらを自在に操って、自分の「香りの顔」をキャラすればいいわけで、メーカーもまたそこを読み取ってリアル・フレグランスに切り替えていったということだったようだ。

●夏の夜はまだ宵ながらコスメぬる。

化粧品は化粧品メーカーだけが用意するわけではない。二〇〇〇年夏に資生堂が、唇になじみやすい高分子樹脂を使ってシービングオイルを入れた口紅を発売して以来、口紅の保湿感を提供するのは寒天メーカーの伊那食品工業になっているのだし、落ちない口紅の多くは日本色材工業研究所がＯＥＭをする。ペンシルタイプの研究所は三菱鉛筆やトキワのＯＥＭの牙城なのである。

　こうなると、もはや時代は〝自分ＯＥＭ〟に向かっているというべきなのだろう。ぼくもセルフエディティングをどかすか奨めてきたが、〝自分ＯＥＭ〟の顕彰にまでは至らない。そこで、そんなものかと思って本書を千夜千冊するにあたり、こっそりルカ・トゥリンとタニア・サンチェスの『世界香水ガイド１４３７』（原書房）や登《と》石《いし》麻《あ》恭《き》子《こ》の『魔女の手作り化粧品』（ワニブックス）を手にとってみた。驚いた。実に徹底したガイドになっていて、コスメなコスモスが細部にわたるまで説明されている。

　ルカ・トゥリンの本のほうは、さすがにチャンドラー・バールの『匂いの帝王』（早川書房）で紹介されただけあって（その後はＢＢＣのドキュメンタリーにもなった）、堂々として凛然《りんぜん》としたものがあり、辛口でもあって、かつ全体に言葉の香りが漂っている。辛口はたとえば、こんなふうだ。

　カルバン・クラインの「エタニティ」はキーキーという石鹸っぽいところが不快だね。イヴ・サンローランの「ベビードール・パリス」は硫黄《いおう》のようなグレープフルーツに、きついアンモニアが感じられる。まるでつけている人におむつ交換が必要だというように。ケンゾーの「ローパ」は気持ちのいいグリーンだし、うまく配合されているけれど、とんでもなく退屈……。

登石麻恭子の本はまさにマジョ・デ・ギャルソンである。保湿クリーム、リップの香り、バスソルトから、むくみの解消、くすみをとるパック、スカルプケア、怒りを静める香水にいたるまで、すべて手作りの魔法が微に入り細を穿《うが》って解説されている。星座占いがミキシングされているところはよくわからないが、写真もコピーもレイアウトもけっこううまい。

そこで、さらに蛮勇を決して、叶恭子の『知のジュエリー』（理論社）や佐伯チズの『キレイの躾』（世界文化社）を買ってきた。叶恭子サンの本はなんと「全人類の姉」という帯である（!）。おそるおそるページを繰ってみると、いやいや、凄い。「水中から陸へと生きていく場所を変えるなど、生物は太古の昔から想像を絶する進化と変化をその身に課して、厳しい環境をサバイバルしてきました」とあり、「変化し、進化することは、わたくしにとって、とても楽しみに満ちあふれたことなのです」とある。おい、おい、おい。「容貌や身体など、持って生まれた造形は一ミリも変えることができないと思いこむのは罪悪です」とも宣言をする。おう、おう、おう。

とても反論など思いつけない論旨だ。そのほか、「真の問いをつくる」「お店が学校になる」「失敗をする生き物」「あてにならない大人」「自分という未知なるもの」といった、それこそ編集学校でぼくが言っているようなことが書いてある。

ぼくより一歳年上の佐伯チズの本は思いのほか官能的だった。叶恭子が論理的で、四五歳で外資系化粧品会社のトレーニングマネージャーとなった佐伯チズが官能的であるということがわかっただけでも、ぼくには収穫だ。いちいち紹介しないけれど、「透けるうなじ」と「ピンクの耳」という御指南に、その柔らかさがあらわれていた。

★世をキャラ萌えと人は言ふなり。

いまや「キャラする」といったって、たんにキャラクタリゼーションということではないわけなのである。いまではキャラ化は、「キャラ萌え」したり「萌えキャラ」になったりすることをいうだけでもないらしい。どうも事態は進化論にさえ拮抗しようとしているようなのだ。

だからキャラ化がコスメと結びつき、コスプレはコスチューム・プレーからコスメチック・プレーに移っていき、コスメはキャラをとりこみ、キャラは世の中のすべての思いをそこに付着させ、そのキャラを「かわいい」が食べ尽くし、それが海外を沸かせ、また日本に戻ってくるようになる。ざっというならそういうような、もはや文化環境循環の時代になっているようなのだ。でも、ホントにそうなのか。ガブリエル・タルドやロラン・バルトや鷲田清一をちゃんと読んだのか。

がっかりするほど内容がチープな本だが、相原博之の『キャラ化するニッポン』（講談社現代新書）には、自分が自分をキャラクター化する利点として、次の八点があげられている。①やすらぎ、②庇護、③現実逃避、④幼年回帰、⑤存在確認、⑥変身願望、⑦元気・活力、⑧気分転換。

これって、なんでもアリではないか。これって、かつてのオタクが拡散して巷に広がってしまっただけではないのか。それとも「自分さがし」がキャラさがしになり、それがいつしか環境と合体しているとでもいうのだろうか。そうなのである。これではキャラ化もコスメ化もすべてを取り込んだとおぼしいけれど、ホントにそうなのかは、ついにわからないところまで進んでしまったようだ。はたして女性誌「ＶｏＣＥ」は「脳内美人」や「脳内恋愛」さえ持ち出した。

どうやら〝自分ＯＥＭ〟はついに脳にまで浸透したようだ。よせばいいのに茂木健一郎は『化粧する脳』（集英社新書）とまで言い出した。茂木クンは、化粧というものを「鏡を見る脳」に見立てたようだったが、しかし、これはあまりにも狭かった。茂木クンは「顔を化粧することは脳を化粧することである」と書いているけれど、これでは叶恭子サンがおっしゃっていることにとうてい届かない。彼女はこう言ったのだ、「美とは、本来、曖昧にしか定義できないものです。そして定義が曖昧であるがゆえに、美とはかくも豊かであるのです」。

いささか深入りしすぎてきてしまったようだが、深入りするにはもう遅すぎる。また気分がのれば、この手の本を多少は覗いてみるが、いまはただ思ひたえなむばかりということで、あとは米澤さんの活躍に期待しておくことにする。ながらへばまたこのごろやしのばれむ、うしとみし世ぞいまは恋しき。

［追記］その後の米澤泉は『私に萌える女たち』（講談社）、『「女子」の誕生』『女子のチカラ』（ともに勁草書房）、『おしゃれ嫌い』（幻冬舎新書）などを連打している。

第一三一九夜　二〇〇九年九月十一日

参照千夜

一三一八夜：ガブリエル・タルド『模倣の法則』　一七五二夜：大塚英志『「おたく」の精神史』　一七五五夜：東浩紀『動物化するポストモダン／ゲーム的リアリズムの誕生』　一三〇八夜：ウェブスター『あしながおじさん』　一五九八夜：ルイス・キャロル『不思議の国のアリス／鏡の国のアリス』　七一四夜：ロラン・バルト『テクストの快楽』　七一三夜：茂木健一郎『脳とクオリア』

美少年たちが睦みあう「BL」と「やおい」。
こんな美意識をつくりだした女子たちの極限想像力。

榊原史保美

やおい幻論

夏目書房　一九九八

その美しい外見が、その美しさに感じいった者の精神に似つかわしい扱いをうけるべき美少年というものがいる。オスカー・ワイルドのドリアン・グレイがそうだし、トーマス・マンの『ヴェニスに死す』のタジオがそうだ。

しかし、そんな美少年はジャニーズ事務所のスカウト・リストの中ならともかく、めったにいない。現実社会にそんなにいるわけがない。仮にいたとして、その美少年に手をくだすことなど、たいていは不可能だ。けれども、そのような美少年をマンガや小説のなかに描くのなら、これはいくらも可能になってくる。では、その美少年たちが同性愛にしか関心がないとしたら、どうか。そんな例は実際にはきわめて少ないだろうが、それを描きたいと思うことは許される。

一九八〇年代に、少女たちが集うグループの一隅から登場したきわめて妖しい小説群があった。その名を「やおい」という。「やおいのヒト」が書き、「やおいのヒト」が読む。これほど無視され、これほど批判され、これほど無名に、これほど寡黙に、静かに底辺を広げていった〝文学〟もかなりめずらしい。

主題があるとしたら、ただひとつ、美少年どうしの、麗しい青年どうしの理想に満ちた恋愛感情を書くことだけなのだ。表向きはあくまでホモセクシャルな青少年ポルノ小説なのに、ポルノには見えにくい。ジャンルからいえばゲイ文学なのだが、数あるゲイ文学とはあきらかに一線をひいている。いや、一線とさえ袂別《べいべつ》している。作者の大半がアマチュアの女性ばかりで（のちに「やおいのプロ」になっていくのだが）、かつ読者の大半、九五パーセント以上が「やおい少女」とよばれる女性ばかりなのだ。それが「やおい小説」なのである。

初期の「やおい」は雑誌「ＪＵＮＥ」（ジュネ）や「ＡＬＬＡＮ」（アラン）を舞台に誕生し、急速に成長していった。「やおい」は少女マンガを含む巨大な自主漫画市場となったコミケ（コミックマーケット）に出現した同人誌を舞台に、アマチュアのやむにやまれぬ表現衝動が、いわばオタク的に派生していった。いや、オタク的にというのは当たらない。秘密の花園のように、と言ったほうがいい。

けれどもこれは、同性愛を描いた少女マンガではなかった。言葉だけで綴られた純愛小説なのである。そのレベルはどうであれ、〝文学〟への参入だったのだ。

佐川俊彦の企画で「小説JUNE」が一九八二年にサン出版から創刊されると、「やおい」ブームに火がついた。本書はその「やおいのヒト」の第一人者となって『イヴの鎖』(アドレナライズ)、『螢ケ池』や『カインの月』で一世風靡をおこし、さらに『龍神沼綺譚』『魔性の封印』(廣済堂出版)、『鬼神の血脈』(角川文庫)などを問うた著者が、いっさいの作例の紹介をせずに、この不思議な「やおい」現象とは何かをひたすら制作意図にそくして内部解説してみせたものだ。

読んでみると「やおい」の弁解にも「やおい」に浴びせられた非難への反撃にも見えないのに、たいそう、せつない。〝幻論〟の響き通りのものになっている。

ヤマがない、オチがない、イミもない。そのヤ・オ・イを象徴した言葉が「やおい」であるらしい。そういう小説が「やおい小説」である。劇的な山(や)もなく、構造化された落着(お)もなく、しかもそれが〝文学〟であろうとする意図(い)がない。

それでどこがおもしろいかと思うのは「やおい」の禁断の味を知らないからで、そこには美の禁忌を犯し、性の聖域を触背する慄《おのの》きが震えている。いっとき「耽美《たんび》派」ともよばれたように、そこには文学や大衆小説がもってきた数多くの多様性をあえて捨てた

「限界の表象」のようなものがある。

純化したり、哲学化したりなど、しない。ブンガクを名乗りもしない。ただひたすらに、美少年たちの同性愛の機微が交わる日々を描く。そのうえで事件が絡み、歴史が浮上し、忌まわしい血が伝えられる。けれどもそこに絶世の美少年がいないかぎり、読者はそっぽを向いていく。

読者も「やおい少女」以上にけっして広まることがない。彼女らはいくぶんトランスセクシャルで、自分が「女」であることを恥じているのだが、だからといってその想像力を閉じてはいない。どこにもありえない想像力が駆使されている。

だから「やおい」は自嘲であって、被虐でもある。ヤマもオチもイミもないということは、創作作品としての欠くべからざる文学的要素を欠いたということであって、「やおい」はまさに自らその要素の欠落をもって誕生した。作者も読者も「やおい」を任ずることを恥ずかしげに隠している。作者も自分の正体がタカラヅカよりもさらに耽美的なペンネームで隠れることを望み、読者も自分の正体が「やおい」であることをひたすら隠す。そこにはまるで「退避」や「逃避」だけがあるかのようなのだ。いや、そのように書き、そのように読むことを「恥ずかしさ」とすることが「やおい」の比類ない本質なのである。

著者はそうした「やおいのヒト」の傾向は、「自分のなすべき義務は、女性たる自分を参入させないということ」にあるのと感じていることからきているのではないかと説明している。存在の拒否かというと、そうではないらしい。性の拒絶かというと、そうでもない。ありえない存在の関係とありえない性の行為を作者と読者は密かに授受しあっているのだから、拒否でも拒絶でもなく、そのような「やおい」というコミュニケーションが創発されつつあるというべきなのである。

ひるがえってポルノグラフィというものは、それはそれで存分な吐露や主張であって、かつ攻撃や防御なのである。ところが「やおい」にはそんな気負いがない。

ポルノグラフィの多くは、それが現実におこりうる可能性を暴露しつづける。サドあるいはマゾッホの性文学というものは、そういうものであるし、巷のビニール本ですらそのような現実にコミットする要素をもっている。ところが「やおい」はまったくそんなことを考えない。それらは正真正銘の想像力の中だけで授受される。

あたりまえである。美少年が美少年を愛する世界を、少女たちが現実化できるわけがない。サドやマゾッホの思想にとどくわけがない。そこではどんなコミットも最初から奪われているし、穿《うが》たれている。すなわち「やおい」は最初から不可能性のうえに成り立った砂上の楼閣なのである。

こうして「やおい」はもともと孤独であって疎外されている想像現象だということに

なる。ふつうなら（社会学的には）、このような孤立や疎外は救いの対象とみなされる。しかし、「やおい」においてはこうした孤立と疎外こそが、まさに救いなのだ。だからこそマイノリティとしての「やおい」は維持されてきた。

七〇年代、花の二四年組が『風と木の詩』（竹宮惠子）、『トーマの心臓』（萩尾望都）、『日出《ひいずる》処《ところ》の天子』（山岸凉子）などをもって惑わせてくれた。のちにボーイズラブ（BL）とも呼ばれた少女マンガの登場だったが、これらが「やおい」の先導者だとしたら、ぼくはこのような「やおい」の断乎たる支持者でありたい。本人たちの気分の微妙がわかっているわけではないが、このような「やおい」を支持しなくて、何が性の文明論なのか、何が少年犯罪か、何が学校かという気分だ。

だいたい「やおい」の前歴は、かつてはヘルマン・ヘッセやE・M・フォースターなどにあったはずである。それらはやがてゲイ文学になっていった。第一三七夜に紹介したようにレズビアン文学というものもないではないが、日本ではほとんど膨らんではいない。しかも、ここにはトランスセクシャルがない。ゲイ文学は少女を誘惑はしているものの、少女が減退したいものを大幅に破っていく。

それでは、困る。もっと現実にありえなくともいいから、もっともっと美しいものだけであってほしいと思うようになった。だから「やおい少女」はトランスセクシャルに向かっていった。トランスの組み替えや入れ替わりが、すでにして少女期にはやくも見えていた者たちなのだ。だからゲイ文学に満足はしきれない。

こうして、ひとつには森茉莉の『枯葉の寝床』（講談社学芸文庫）や『日曜日には僕は行かない』（上記の講談社学芸文庫に所収）が、栗本薫の『真夜中の天使』や『翼あるもの』（ともに文春文庫）などの先駆的作品が登場し、もうひとつには萩尾望都・竹宮惠子・山岸凉子などの少年愛・同性愛を全面に打ち出した少女コミックが次々に登場した。

これらは「やおい」を揺さぶった。揺さぶったのではあるが、そこにはまた美少女も美しいお母さんも登場していた。

かくて「やおい」はしばらくして、そのような美少女にもお母さんにもなろうとしない自分を見て、あえて美少年と美少年の「あいだ」にひそむ美意識に自分をトランスすることになっていく。「やおい小説」は、その渇望を癒したものだった。

おそらくは、もうすこし時間がたち、もうすこし社会が成熟すると、その間隙《かんげき》の意識の時空も広がって「やおい」は新たな〝文学〟にもなっていくだろうと思う。すでに著者の『ペルソナ』（双葉社）などは、そのような第一歩を示しているし、本書もそのような方向を、あえて主張はしていないものの、いくぶん暗示している内容になっていた。

以上の話が「やおい」にとって好ましいかどうかは、わからない。また、このまま「やおい」という言葉がのこるかどうかは、どうでもよい。ただ、いっさいを穿たれた転倒の奥から開始するという文学が、文学の領域でもう少しは議論されていってもよいはずなのだ。たとえばジョアナ・ラス（日本語訳は『フィーメール・マン』など）のように、たとえばアリス・ジャーディン（「ガイネーシス」概念の提起者）のように、たとえば小谷真理（『女性状無意識』の著者）のように。

第六六一夜　二〇〇二年十一月十八日

参照千夜

四〇夜：オスカー・ワイルド『ドリアン・グレイの肖像』　三一六夜：トーマス・マン『魔の山』　一一三六夜：サド『悪徳の栄え』　五八六夜：マゾッホ『毛皮を着たヴィーナス』　四七九夜：ヘッセ『デミアン』　一二六八夜：フォースター『インドへの道』　一三七夜：柿沼瑛子・栗原知代 編著『耽美小説・ゲイ文学ブックガイド』　一五四夜：森茉莉『父の帽子』　六二一夜：萩尾望都『ポーの一族』　七八三夜：小谷真理『女性状無意識』

大女優とAV女優とその監督。
「フォーカス」や「文春砲」は何を暴くのか。

フォーカスな人たち

井田真木子

新潮文庫　二〇〇一

ここでトレースされるのは五人のフォーカスな日本人である。黒木香、村西とおる、太地喜和子《たいちきわこ》、尾上縫《おのうえぬい》、細川護熙《もりひろ》。いずれも八〇年代半ばから九〇年代はじめをスキャンダラスに賑わせ、そして何事もなかったかのように去っていった男と女だ。

黒木香は一九八六年に登場して、腋毛《わきげ》を見せるアダルトビデオのスターとして一世風靡すると、六年ほどで失踪し、いったん再登場した直後に宿泊中のホテルのベランダから転落した。

AVの全裸監督、ハメ撮り監督として名を馳せた村西とおるは、その黒木を売り出し、黒木と前後して行方をくらました。その後は三〇〇〇本近いAVを制作し、さらに衛星放送に投資して五〇億円の負債をかかえたりしたものの、不死鳥のように復活した。

尾上縫は八五年の大蔵省による金融緩和政策（別名バブル経済）の申し子として「北浜の天才相場師」と呼ばれ、大阪ミナミの料亭「恵川」の女将として名を馳せ、その後は巨額の債務で破産した。清風学園を創設した平岡静人《しずと》との関係も深く、大師信仰に傾倒してもいた。

この人選だけでフツーな人々を存分に落ち着かなくさせるものがあるが、ここにどのようなドラマを読むかは、誰がどんなドラマをどのようにリプリゼンテーションするかにかかっている。

井田の手法は、これらの人物の背景のリソースを「フォーカス」と「フライデー」の記事のなかだけに絞り、そこに滲《にじ》み出た〝かれらに似たものたち〟を嗅ぎわけ、それらの情報をひとつひとつ編んでいくというものだった。だからこの五人にはひとつずつ独立した章が与えられてはいるのだが、どこかでつながっていく。加えてこの五人のあいだにはおそろしく多数の関係者が出入りする。それでいてフォーカスな五人には大きな焦点《フォーカス》があたっている。

凝った手法である。何気なく綴りはじめながら、しだいに奈落を辞さないという独得の構成手法だし、クライマックスに近づいては意表を衝いている。演出家あるいは映像作家ともいうべきものがある。井田は、おそらくはどんな取材対象にも素手で立ち向かい、そこからそのつど、それにふさわしい演出方法を案出するという手順をとってきたのであろう。それもそのはずで、ノンフィクション・ライターとして井田真木子の名を知らしめたデビュー作『プロレス少女伝説』（大宅壮一ノンフィクション賞受賞）にして、何か新たな手法をつかわないかぎりは一冊に組み立てることすらとうてい不可能な取材対象だったのである。女子プロレスは複数の少女たちを同時に扱わなければ話にならない世界なのだ。

本書はもともとは『旬の自画像』というタイトルで文藝春秋から刊行された。それが六年後に『フォーカスな人たち』に変貌成長した。随所に加筆訂正があり、短いプロローグと長いエピローグがついた。その変貌成長ぶりからも感じるのだが、井田の手法にはやっぱりビデオカメラの目が動いている。

誰かをカメラが追いかける。カメラはその人物だけを写しはしない。その男が家から出てきたのであれば家ごとを、友人と会ったのなら友人も写す。二人が喫茶店で何を食べたのかも撮っていく。ついでにそこでカメラが二台に分かれて、友人のほうの行く先まで撮ることもある。井田のカメラは中心をもたないのである。

こうしてたくさんのビデオテープが残る。これを編集し、流れをつけ、ナレーションで際立たせる。テレビ・ドキュメンタリーに似ている。しかし、ノンフィクション・ライターには実はビデオカメラはない。その代わりに、その男や女に関する他人の言葉があり、またその男や女の〝あることないこと〟を報じてきたメディアというものがある。いわば「すでに撮られていた情報」というものだ。ノンフィクション・ライターはこれをつぶさに読む。

そのうえで井田は取材対象を綴るにあたっては、中心をもたないカメラのような動きを再生した。そこが本書の特徴で、井田の手法なのである。カメラは主人公の横や脇を通りすぎていった男女をも写し出していく。これがどういうことかという例を、本書では比較的ラフにまとめられている太地喜和子の章から少しばかり引き出してみる。

井田の〝言葉のカメラ〟は、十三歳の少女が千代田女学園のクラブ活動をしていたころの一場面を写し出している。太地喜和子はキュリー夫人についての発表をしていた。そこに中谷啓子がいた。

松蔭高校に移った太地は一年生のときに東映のニューフェイスに応募して合格した。志村妙子という芸名だった。四年間で四本の映画に出て、何もおきずに終わった。そこで太地は文学座の演劇研究所に入る。そこにはいまは樹木希林《ききりん》と名を変えた悠木千帆《ゆうきちほ》がすでに入っていた。これが中谷啓子だ。さらに中島葵も入ってきた。

ここで井田は、役者志望だった太地喜和子と、三五年後に伊東の埠頭で自動車に乗ったまま溺死《できし》した太地喜和子とを比較する。悠木は太地が死ぬ前に渋谷の呑み屋で一緒だった。悠木は言った、「あなた、なんて醜くなったの」。酔っていた太地は怒る、「あたしを誰だと思ってるの。あたしは、天下の太地喜和子よ」。その言葉に別のシーンの太地の言葉がかぶさる。「あたしをだれだと思ってるの。あたしの母親は本当は山田五十鈴なのよ」。

文学座に入った太地喜和子は変身しなければならなかったのである。井田のフォーカスはその変身の「わざ」にあてられる。変身には相手が必要だった。最初は三國連太郎である。太地は三國と激しい恋をして同棲し、そのことを六年後の一九七〇年に「週刊プレイボーイ」で告白した。カメラが男たちのほうへ回っていく。三國は戦争期に国内外を流転して、木下恵介の《善魔》でデビューしてからは役者に徹していたが、デビュー時のプロフィールのすべては詐称だった。だが、その反骨が受け、三國はしだいにのしていく。三國は《飢餓海峡》撮影中に、そのとき津坂匡章《まさあき》（秋野太作）と結婚していた太地を捨てた。

太地は三國や津坂と別れたあとは男を次々に替えていくしかなくなったらしい。峰岸徹、田辺昭知《しょうち》、伊丹十三、石坂浩二、津川雅彦、そして死ぬ少し前までが中村勘九郎だった。しかし、これらの色恋沙汰では変身はおこらない。そこで太地がもちだしたのが「私は山田五十鈴の隠し子なのだ」という虚偽だった。驚くべき虚偽である。

女優としては、もとより師匠の杉村春子にはかなわない。木村光一・宮本研のコンビの舞台に必ず抜擢されて頭角をあらわし、しだいに押しも押されもせぬスターの座につきかけている太地ではあったのに、彼女はそれだけでは満足できなかったようなのだ。自分の生い立ちを変えてまで、何かを変身させたかったのだ。それが、なんということか、山田五十鈴が実の母であるという伝説づくりとなっていった。

なんだかこんなことばかりを書いていると、ぼく自身がトップ屋になっているような錯覚をするほどなので、このあたりで太地喜和子の周辺を暴くことをやめておくが、むろん井田の狙いもそういう暴露にあるわけではない。

すでに指摘しておいたように、ここにはカメラによる構成法に似たブリコラージュが生きている。この手法は歴史研究にも一般的な人物評伝にもつかわれてきた。けれども芸能ネタに適用されてみると、より手法が際立ってくる。ぼくはこのことに驚いた。

一方、本書からはまったく異なるメッセージも伝わってきた。フォーカスな人物たちは、つねに「ノンフィクションされるフィクション」なのであるということだ。本書にとりあげられた五人のなかでは、ぼくが多少とも交流があったのは細川護熙だけであるが、その細川さんは首相在任中、自分があきらかに「ノンフィクションされるフィクション」であることを知っていた。言わずもがなだろうが、書名の「フォーカスな」は、一九八一年に新潮社が創刊した写真週刊誌「フォーカス」に由来する。名物編集者の齋藤十一が企画した。齋藤は「新潮」「週刊新潮」「小説新潮」を牛耳って、冷笑的編集長として有名だった。「フォーカス」は当初は藤原新也の『東京漂流』などの連載があるような硬派写真報道誌だったが、途中からゴシップ・スクープ誌に変じ、世に「フォーカスする」を撒きちらした。いっとき毎週二〇〇万部を売ったが、日本社会の全体が「フォーカスする」の状態になるにつれ人気を失い、二〇〇一年八月に休刊した。

第三九六夜　二〇〇一年十月十一日

参照千夜

六八二夜：伊丹十三『女たちよ！』　一六〇夜：藤原新也『印度放浪』　一一五夜：永沢光雄『風俗の人たち』　一六五一夜：谷口功一ほか『日本の夜の公共圏』

第三章　「おたく」と「萌え」

フレデリック・L・ショット『ニッポンマンガ論』
スーザン・J・ネイピア『現代日本のアニメ』
平林久和・赤尾晃一『ゲームの大學』
ポケモンビジネス研究会『ポケモンの秘密』
アン・アリスン『菊とポケモン』
大塚英志『「おたく」の精神史』
東浩紀『動物化するポストモダン／ゲーム的リアリズムの誕生』
森川嘉一郎『趣都の誕生』
大泉実成『萌えの研究』
乙一『夏と花火と私の死体』
住野よる『君の膵臓をたべたい』

手塚・つげ・水木・花輪・蛭子・藤子・かわぐち・大友・士郎……。

フレデリック・L・ショット
ニッポンマンガ論

樋口あやこ訳　マール社　一九九八
Frederik L. Schodt: Dreamland Japan—writings on modern manga 1996

七〇年代半ば、渋谷の東急本店裏通りの借家、通称ブロックハウスに七〜九人の男女と暮らしていたことがある。みんなが持ち寄ったもので日々を凌ごうという最低限共用ライフスタイルを試したのだが、一番集まったのが本とレコードだった。本ではマンガが圧倒的に多かった。

子供のころに買ってもらったマンガも次々に持ちこまれたので、手塚も杉浦茂も『サザエさん』も水木しげるも『あしたのジョー』もあった。なかで女たちは山岸凉子、萩尾望都、土田よしこの『つる姫じゃ〜っ!』、大島弓子、大和和紀《わき》『はいからさんが通る』などにご執心で、男たちは諸星大二郎の古代中国もの、つげ義春、本宮ひろ志の

『男一匹ガキ大将』、雁屋哲・由起賢二の『野望の王国』、花輪和一、丸尾末広などを固唾《かたず》をのんで読んでいた。

ブロックハウスには当時のパンクアーティストがのべつ訪ねてきていたが、かれらも深夜までマンガに熱中していた。そんなふうだったので、この時期はぼくもマンガ漬けになっていた。

八〇年代になると、「少年ジャンプ」が三〇〇万部に達し、『キャプテン翼』『キン肉マン』『北斗の拳』『ドラゴンボール』の連載が当たりに当たる一方、大友克洋の『AKIRA』、高橋留美子の『めぞん一刻』、吉田秋生《あきみ》の『BANANA　FISH』、さらには高野文子、三浦建太郎、井上雄彦《たけひこ》が気を吐いた。「ジャンプ」は四〇〇〇万部を超えた。一方では、日本の大学から文学部が消えはじめていた。

日本はマンガ大国である。一九九五年のデータだが、日本の雑誌の総売上の四〇パーセントがマンガ雑誌で、マンガ本とマンガ雑誌の一年間の総販売部数は二三億冊で、日本人一人あたり一年に平均一五冊のマンガを読んでいる。まったくくべらぼうだ。ブロックハウスにいたころは、こんなになるとは予想していなかった。

というわけで、ぼくはマンガが大好きなわりにはマンガに忠誠を誓っていない不埒《ふらち》な読者ということになるのだが、これがアメリカ人となると、そこそこの格闘技的な挑戦意志が必要らしい。本書の著者はそれをほぼ貫徹し、日本マンガに対する欲望をあらかた満願成就《まんがんじょうじゅ》した。

　著者のフレデリック・L・ショットは、手塚治虫の『火の鳥』『鉄腕アトム』や士郎正宗《しろうまさむね》の『攻殻機動隊』を英語に翻訳し、日本のマンガをコミックでもカートゥーンでもないMANGAとして広めた立役者である。一九六五年に両親とともに横浜に着き、どんよりした「灰色の国」で光芒を放っていたマンガに惹かれ、ICU（国際基督教大学）で日本語を磨いてマンガの魅力の解明にとりくむようになった。

　その著者がどのように日本のマンガを見ているかということをかいつまんで紹介する前に、アメリカのマンガと日本のマンガの最大のちがいを一つあげておく。それは「長さ」というものだ。だいたいアメリカのマンガ雑誌は三〇ページから五〇ページ程度、そのなかにせいぜい一つの連載ストーリーしかない。しかもその雑誌は月刊で二ドル以上する。これに対して日本は四〇〇ページ級が週刊で出る。しかも連載だらけなのだ。日米ではマンガ・メディア事情がまったくちがうのだ。乗り物がこれほどちがうのだから、中身はもっとちがう。日本のマンガは文学であり、映画であり、浄瑠璃であり、ジャンクフードであって、吉本興業なのである。

　本書はこの手の本にしては大著だ。のちに国際交流基金賞をとった。いろいろな指摘・分析・推理・紹介がつまっている。多くのマンガ情報はこの本で初めて知った。ぼくのマンガ無知をいやというほど知らされた。

それはそうだろうと思う。フレデリックが手塚を英語に訳したときは、右開きか左開きか、コマおくりをどうするか、オノマトペを訳すかどうか、すべてが暗中模索で、結局はアメリカの版元から「アメコミ調」にすることを求められたのだが、それではまったく理解されなかったのだ。それを手塚マンガを徹底的に〝移行〟するように試みてやってのけたのだから、さらにはその試みを赤塚不二夫から池田理代子にまで広げていったのだから、日本マンガに詳しくなるのは当然だったろう。ぼくが知らない業界事情や制作事情もいろいろ書いてある。

たとえば六〇〇ページ一三〇万部の「コロコロコミック」のスローガンは「勇気・友情・闘志」と決まっていたらしい。五〇〇〇万部の「少年ジャンプ」の読者アンケートによる三大キーワードは何か。「友情・努力・勝利」らしい。なんと、ほとんど同じなのである。同性愛で押す「Ｊｕｎｅ」（ジュネ）はその成功を次々に分岐させて、「小説Ｊｕｎｅ」「ロマンＪｕｎｅ」「コミックＪｕｎｅ」に分化した。なぜ同性愛マンガが当たるかは、この路線をつくってきたサン出版の佐川俊彦がその秘密を明かしているらしい。

「男同士の恋愛ものはキャラクターが女性が望む男性像と女性をミックスしてある。このようなキャラクターには、女性が女の欠点だとおもっている嫉妬深さなどを取り除いてあるんです」。ふーむ、なるほど。かくして少女マンガ誌は一九九五年時点で四五誌、レディスコミック誌は五二誌におよんだのである。

本書には当然ながらマンガ家もぞろぞろ出てくる。著者がとくに注目しているのは次のマンガ家である。その選び方がおもしろい。あれこれ解説されてはいるが、一言批評を超要約しておいた。マンガ家に付いているフレデリック流の吹き出しのようなものだと思ってもらえばいい。本書に登場する順にしておいた。

☆杉浦日向子（日本絵画の伝統的継承者）
☆湯村輝彦（アメリカもどきを成功させたヘタウマ・アーティスト）
☆井口真吾（陰影のない無の庭に住むZ—CHANで無機的な小宇宙をつくった男）
☆蛭子《えびす》能収《よしかず》（本当に常識を知らないマンガ家の皮肉な力）
☆花輪和一（不気味なシュルレアリストの日本回帰の怪奇）
☆やまだ紫（マンガをフェミニンな詩文学にしてしまった才能）
☆丸尾末広（無残絵の伝統をうけつぐ悪夢を描くレトロアート）
☆かわぐちかいじ（歴史的必然を追求する物語作家がつくる緊張）
☆成田アキラ（テレクラ専門マンガから超愛哲学を生むセックス魔）
☆内田春菊（自分の人生を隠しだてせずに日本社会の弱点をえぐる柔らかい感性）

☆水木しげる（婆やと戦争からすべてを学んだ妖怪戦記作家）
☆山岸凉子（同性愛を謎の関数にしてすべて歴史を描けてしまえるストーリーテラー）
☆岡野玲子（仏教も陰陽道もこの人によって陽性文化に変貌した）
☆秋里和国（感動作『ＴＯＭＯＩ』でゲイとエイズを先駆した）
☆青木雄二（欠点だらけの主人公を成功させた『ナニワ金融道』）
☆つげ義春（不条理なカルト・マンガを描きつづける日本のウィリアム・バロウズ）
☆吉田秋生（ベトナム戦争をアクション・ミステリーの大長編にした麻薬のような力）
☆森園みるく（自分では絶対にストーリーをつくらないエッチマンガの谷崎潤一郎）
☆藤子不二雄（オバＱとドラえもんだけでアメリカのマンガ量を抜く二人怪物）
☆土田世紀（マンガ編集の舞台裏にメロドラマを加えた禁じ手の人）
☆小林よしのり（『東大一直線』と『おぼっちゃまくん』を捨てて作者の演説台をマンガに取り入れた「あぶない男」）
☆手塚治虫（他者に対するコミュニケーションの秘密を掌握する限りなく偉大なクリエーター）
☆宮崎駿（原作『風の谷のナウシカ』のラストこそこの作家の思想である）
☆石井隆（女の秘密をハードボイルドに実写する天才）
☆大友克洋（ついにアメリカを制圧した「未来不能哲学」の王）
☆士郎正宗（アメリカ映画とＳＦＸの業界が最も影響をうけた作家）

つげ義春を日本のウィリアム・バロウズに比肩させるなど、片寄りかげんに唸《うな》らせるところも多々あるが、総じて本書の議論はゆるやかなものが多い。ここまでガイジンがカバーしていることには驚くけれど、それがそんなに偏執的ではないことも、すぐわかる。あまりに日本マンガを愛しすぎたためだろう。

これは何かに似ている。どこかわれわれの近くにある感覚に似ている。何だろう、何だろうと左見右見《とみこうみ》しているうちに少し気がついた。これは、日本人がセザンヌやシャガールやミロを見る目に、またはゴダールやジム・ジャームッシュやタランティーノを見る目に近いものなのだ。著者はその該博な知識をもって、次の著作では日本人が見るバスキアやハンス・ベルメールの目付きになってもらいたい。

第一八四夜　二〇〇〇年十二月五日

参照千夜

一一二二夜：杉浦日向子『百物語』　一四八五夜：かわぐちかいじ『沈黙の艦隊』　九二一夜：つげ義春『ねじ式・紅い花』　八二二夜：ウィリアム・バロウズ『裸のランチ』　六〇夜：谷崎潤一郎『陰翳礼讃』　九七一夜：手塚治虫『火の鳥』　八〇〇夜：大友克洋『ＡＫＩＲＡ』

日本アニメに何度も蟠《わだかま》る、「終末」と「祝祭」と「挽歌」の謎について。

現代日本のアニメ

スーザン・J・ネイピア

神山京子訳　中公叢書　二〇〇二

Susan J. Napier: ANIME from Akira to Princess Mononoke—Experiencing Contemporary Japanese Animation 2001

本書はタイトルそのままの現代日本のアニメを分析したもので、《AKIRA》《らんま1/2》《妖獣都市》《キューティハニー》の分析から始まって、いったん庵野《あんの》秀明《ひであき》の《新世紀エヴァンゲリオン》と押井守の《攻殻機動隊》に移り、ついで宮崎駿の《風の谷のナウシカ》《となりのトトロ》から《もののけ姫》《千と千尋の神隠し》までを論じたうえで、さらに《うる星やつら》《超神伝説うろつき童子》《電影少女》《おもひでぽろぽろ》などを縦横に俎上《そじょう》にのせている。

その手際から論点にいたるまで、多くの論者の視点をとりこみつつ、わかりやすく論旨を筋立てた。そこそこ知的な刺激も入れこんでいる。

著者は高校時代の一年を日本に学び、その後はハーバード大学を出て近代日本文学を修めて、テキサス大やプリンストン大で大江や三島や泉鏡花や倉橋由美子を教えてきた俊英ジャパノロジストだ。いまはテキサス大で日本学を教えている（二〇〇八年現在）。小松左京や筒井康隆などの日本SFにも詳しいし、月岡芳年の浮世絵のちょっとしたコレクターでもあるらしい。

そんなふうだから、本書は日本のアニメを論ずるにふさわしい知性と才能と背景に恵まれたガイジンによるもので、贔屓《ひいき》の引き倒しを含めて触発されることも少なくないのだが、いま思い出すと、その内容を追い抜いて読んだような気がする。そこで今夜は、そういう「追い抜き読書」がもたらす感想を、日米にまたがるアニメ観を通して綴《つづ》っておく。

すべての触発は本書のなかでおこっていたことである。それはご承知いただきたい。本書が取り扱っているアニメ作品は、巻末に付された《千と千尋の神隠し》をのぞいて、本書が書かれた二〇〇一年までのものになる。それもご承知いただきたい。

欧米で初めて日本のポップカルチャーをめぐる学会が開催されたのは、一九八九年にニューヨークで開かれた大友克洋の《AKIRA》の試写会で、みんながみんな度肝を抜かれた直後のことだった。ベス・ベリーとジョン・トリートの主宰である。

そのあと《AKIRA》はすぐにビデオとなり、イギリスではビデオリリースされた翌年から売上トップに躍り出た。さらには押井守の《攻殻機動隊》にハリウッドの猛者《もさ》たちが心底、敬服しきった。たとえばクエンティン・タランティーノだ。

日本のマンガやアニメは、日本では長らくマスカルチャー（大衆文化）に属するとみなされ、アメリカではサブカルチャー（従属文化）に属するとみなされてきた。

しかしそのうちの注目すべき日本アニメ作品は、著者が見るに日本伝統のハイカルチャー（たとえば日本禅・能・武道）を基盤にしたポップカルチャー（たとえば歌舞伎・浮世絵）の甚《はなは》だしい変容なのである。アメリカで、このように日本のマンガやアニメをあえてハイカルチャーとみなすようになったのは、一九九九年十一月に「タイム」がポケモン特集を組んでからのことらしい。

この遅きに失する応対は、アメリカ人がマンガやアニメを「日本のカートゥーン」と捉えすぎていたからだった。つまりディズニーと較べすぎていたのだ。あとでアメリカ人も愕然とすることになるのだが、日本のアニメはむしろ実写映画がもつ水準とまったく同等の価値観によって見なければならないものだったのである。

おおざっぱにいうと、アメリカ人は、日本の社会文化に対して共通した見方をしてきた。それは、日本人が全般的に現世逃避型のモラルパニックに陥っていて、そこからなかなか脱しきれないのではないかというものだ。とくに一九九五年のオウム真理教事件で、その本質が露呈したと見えた。

　実際にもオウムに所属する「ベスト・アンド・ブライテスト」（エリート信者）たちは、現世の終末を描いたマンガやアニメのファンばかりだった。こういうことがあったため、オタク現象とともに、日本のサブカルの多くが「モラルパニックの産物」だと見えたのだった。セックスやバイオレンスが子供向けのマンガやアニメに氾濫《はんらん》しているのも、アメリカ人には理解しがたい。ふつうの日本人なら、そんなもの、アメリカの娯楽文化こそがさんざん撒《ま》き散らしたではないかと言いたくなるだろうけれど、アメリカ側からするとそういうものはあくまで成熟社会向けのものであって、子供社会とは画然とした一線を引いているつもりなのである。

　ところが日本はそうじゃない。フレデリック・ショットの『ニッポンマンガ論』の千夜千冊のときにも紹介したが、成田アキラは「テレクラ専門のセックス魔」で、丸尾末広は「無残絵の悪夢」ばかり、蛭子《えびす》能収《よしかず》ときたら「本当に常識を知らない」し、石井隆は「女の秘密」しか描こうとしない。ロリコンと少年愛が子供向けのマンガにやたらに溢《あふ》れているのも、アメリカ人にとっては異常なのである。

　アニメもそうだ。作品としてはよくできてはいるものの、川尻善昭の《妖獣都市》はサディスティックな拷問がえんえん続くし、柳風臨応の《淫獣学園》は地獄からきた強姦魔に支配され、ふくもとかんの《聖獣伝ツインドールズ》には男根信仰にもとづいたようなオカルトとセックスが乱舞する。もっとも、これだってアメリカのスプラッターと変わりないとも言えるのだが、当時はそうは見えなかったのだ。

しかししばらくたってくると、アメリカも大友や押井や、さらには宮崎駿の作品に出会ったせいだろうが、しだいに別の見方をする必要を感じるようになった。「これは、日本の独自の文化なのではないか」「ひょっとすると、われわれは日本についての見方を変えなくてはいけないのではないか」。

映画研究者のスーザン・ポイントンは、「日本のアニメの驚くべきところは、物語がアメリカ人受けになるようにはまったく折衷されていない点である」と書いた。なんだ、アメリカ人はそんなところしか評価しないのかと言いたくなるが、そうなのだ。

では、折衷しないでどのようになっているとかれらが見たかというと、いかに妖獣や淫獣や聖獣が禍々《まがまが》しく出てこようと、そこには日本の伝統との関係があって、仏画や神道や阿弥陀感覚が活用されているのではないか。そう、みなしたのだ。《淫獣学園》の女は日本の田園風景が好きな民宿好きのくの一で、《聖獣伝》のツインドールズが着ているのは羽衣で、《妖獣都市》は日本のアマテラス的な母性の裏返しなのではないか。そんなふうな解釈を始めたのだ。

こういう見方は日本人が面食らうだけではなく、制作者たちも面映《おもは》ゆい。けれども、かれらはそのように「ジャパン」を捉えることにした。そして大友・押井・宮崎の分析に向かったのだった。そして、考えこんだ。「これは未来に対する日本独自のメッセージの表現だ」。

いやいや、ありがたい見方である。しかしこれもいいかえれば、ハリウッド映画とディズニーアニメに慣れたアメリカ人にとっては、日本のアニメの物語が複雑すぎるか、あまりに形而上学《けいじじょう》めいていたということだった。

少々ふりかえっておいたほうがいいかもしれない。もともと日本では、一九六三年に手塚治虫による国産初の連続テレビアニメ《鉄腕アトム》が放映されたときをもって、アニメ元年とした。数年にわたって一九三話が放映された。続いて六五年から、手塚は《ジャングル大帝》全五二話を放映することにも成功し、こうして日本におけるシリアル・アニメ（続きものアニメ）の幕が切って落とされた。

一九七七年、松本零士の《宇宙戦艦ヤマト》がシリアル・アニメから映画として切り出された。このあたりからアニメ映画（劇場版アニメ）ブームが始まった。テレビと映画のタイ・イン（抱き合わせ）でもあった。音楽も当たり、キャラクター商品もバカ当たりし、フィギュアもこれを追っかけた。ここから「アニメは儲かる」というはっきりした風潮が産業界にも定着しはじめ、一九八八年には日本の制作スタジオでリリースされた映画作品の四〇パーセントをアニメが占めた。

そうしたなか、一九八四年に発表された宮崎駿の《風の谷のナウシカ》は、その表現力・ドラマ性・キャラクター性・訴求力・文明観いずれをとっても抜群だった。ファンも少年少女から団塊の世代に及んだ。かわいいナウシカの勇気は女性ファンの心もとらえた。ところがアメリカの反応は、ちがっていた。著者が言うには、少女ナウシカが見せたのは、慈しみや思いやりといった女性性とともに、同時に科学やメカに精通し、武勇に長《た》けるという男性性をそなえた両性具有的な魅力であった。

ナウシカはラストシーンでは自身の生命を投げうって、救世主としての再生をとげる。そこには自己犠牲の美しさが謳われていた。ハリウッド映画では、こんなことはない。どんな困難に遭遇して自己犠牲をいったん強いられたかに見えた主人公も、ついにはインフェルノの向こうに活路を開き、最後は必ずやもとのカジュアルな生活に戻っていく。

日本のアニメはそうはならない。ビデオから誕生したビデオガールというニューヒロインを描いた後藤隆幸と黄瀬和哉《かずちか》の《電影少女》では、途中はたしかにアメリカ人にもよろこばれそうないくつものファンタジックな話が展開するのだが、最後に少年に恋をしたとたん、ビデオガールは苦しみもがき、凌辱され、ビデオ社会に連れ戻されてしまうのだ。

これはいったい何だ？　これこそ日本人なのか？　アメリカはそう思ったのである。ナウシカは世界の破壊が悲しみの源泉で自己犠牲に向かい、《ＡＫＩＲＡ》の暴走少年の鉄雄は新世界の出現のためにこそ自身の爆発が必要だったのか。

アニメ映画の隆盛と軌を一にして、日本はバブル崩壊に向かっていった。その前には手ひどいジャパン・バッシングがおこり、レーガノミックスによるアメリカの再生を見せつけられ、そのうち日本の銀行も企業も組織の延命と海外との競争のためには、なりふりかまわずマージ（企業合同）するしかなくなっていった。それでも日本は成長神話に縋《すが》っていた。

アニメはそういう日本を黙殺する。一九八八年には《ＡＫＩＲＡ》が登場して、「変身」（メタモルフォシス）と「棄却」（アブジェクション）をもって、未来日本の崩落を描き、徹底したアンチヒーローを見せつけた。闇の力との戦いも入れこんだ。ハリウッド映画も権力と管理に挑戦はするが、そのあとは新たな安定と生活が訪れる。《ＡＫＩＲＡ》には凄まじいばかりの狂乱があるばかりなのだ。アメリカは度肝を抜かれた。

九三年の高山秀樹監督の《超神伝説うろつき童子》は、その放浪篇で超神によって廃墟と化した二一世紀都市を描き、そのなかで生き延びようとする武獣と念力少女ヒミの宿命を映し出した。そこでは子供たちが武獣とヒミを拷問し、凌辱し、制裁を行う。あきらかになってくるのは、大人の成熟社会は子供の未熟社会の支配のもとにあるということだった。

日本のアニメは単調な成長を決して許さなかったのだ。まさにネオテニーなのである。幼形成熟でよかったのだ。おためごかしの低成長経済も、新自由主義による福祉政策も、金融工学を張りめぐらしたグローバリズムとのめでたい協調も、アニメにとってはどうでもよかったのだ（興業側はそれで儲かればよかった）。

こうしてついに、九五年には押井守の《攻殻機動隊》が日本流サイバーパンクの乾坤《けんこん》一擲《いってき》を放ち、同じ年のテレビ東京からは庵野秀明の《新世紀エヴァンゲリオン》が放映されはじめ、すこぶる日本的な精神分析的ミッションの根本が問われることになったのである。

押井の《攻殻機動隊》は、しばしばリドリー・スコットの《ブレードランナー》とくらべられる。たしかに酸性雨の降りしきる未来都市の異次元めいた雑踏感や、デッカード刑事がレプリカントたちを捜し出して抹殺するという筋書きや、ともにサイボーグ的人形性を前面に出しているところなどは、似ていないくもない。

しかしデッカード刑事が結局はプライベートな現世自己に戻るのに対して、《攻殻機動隊》の草薙素子《くさなぎもとこ》は人形遣いを追跡しながらもその一方で、自分自身のゴーストを探求する。主題はむしろ「自己からの離脱」なのである。その離脱の先は、ハリウッドが建前としての技術批判ばかりに走るのに対して、押井は「技術との融合」さえ待ちかまえさせていた。

このような発想は当時までのアメリカにはない。やはりここには「ジャパン」があるとしか思えない。ジャパノロジストたちは考えこんだ。二年後の九七年、スタジオジブリが総力を挙げた宮崎駿の《もののけ姫》が大ヒットすると、もっと考えこむことになった。

物語は難解だ。ぼくは日本の観客の多くも、ほとんど正確な理解はできなかったのではないかと思っている。かつて学生をふくむ何人もの連中にストーリーを訊《き》いたことがあるのだが、大半がストーリーをおぼえていなかったか、混乱しているだけだった。それも見終わってすぐのことだ。そういう難解な物語なのに、日本中の観客が見た。いったい日本人は何を考えているのか。日本アニメはどこへ向かっているのか。かくて日米のアニメ事態の解釈の差異は決定的になっていく。

《もののけ姫》の舞台は十四世紀である。物語は一匹の巨大なイノシシが森の木々をなぎ倒していくところから始まる。

イノシシにはタタリ神という凶暴な神が憑《つ》いている。凶暴なのはイノシシに鉄の弾丸が撃ちこまれていたからだ。暴れまくるイノシシはエミシという部族集団を襲う。これを仕留めたのがこの集団の若きリーダーのアシタカである。イノシシは今際《いまわ》のきわにアシタカに呪いをかけた。そのためアシタカの右腕には呪いの痕跡が刻印された。スティグマ（聖痕）だ。呪いを解くにはどうするか。アシタカは旅に出る。

二つの象徴的なトポスに出会った。ひとつは大鹿のようなシシ神が司《つかさど》る森。ひとつはエボシ御前が治める鉄火器製作のためのタタラ場。森には山犬モロに育てられた「もののけ姫」サンがいた。サンは森に生きて、自然の怨霊《おんりょう》に憑かれていた。人間を憎むサンは、エボシがタタラ場によって人間文明を強化しようとしているとみなす。一方のエボシはのけ者扱いの女や「業病」を負った連中をかかえ、理想郷づくりをめざしている。

森とタタラ場は、十四世紀の日本のメイン・トポスではない。実際の日本社会は天皇家と貴族と武家軍団が中央を争っていて、網野善彦らがあきらかにしたように、そこにいよいよ山の民や海の民たちが新たなネットワークをつくりつつあったという情況だ。それにくらべれば、森は縄文以来のトポスであって、のちに宮崎自身や小松和彦が指摘したように、中尾佐助が熱心に説いた古代照葉樹林帯の原郷を引きずっている。もし、そういう言い方でよいのなら、森は原日本人の魂の原郷だった。

宮崎は長らく藤森栄一に敬意をはらっていた。藤森は信州にいて銅鐸や鉄鐸の研究をしつづけていた考古学者である。ぼくも何度かお目にかかった（いずれ千夜千冊したい）。その藤森は「日本は森だ」と言い続けていた。もとより南方熊楠の思想でもある。

タタラ場のほうは、鉄を溶鉱して武器や農機具をつくる技術のトポスをあらわしている。だから、こちらは十四世紀であっても、どこかで文明の進歩と直結する。まだ鉄砲づくりなどはしていないが（映画はそこをずらしているが）、その技術において国家とも民衆とも商工業とも結びつく。

宮崎は森とタタラ場の宿命的対立を描いた。サンは二匹の山犬とともにタタラ場を縦横無尽に襲い、タタラ場のエボシも退却はしない。彼女は病者や敗北者たちを庇護しつつ、森の破壊を思念して譲らない。フラジャイルな者たちが森に制圧されるという捩《ねじ》れた現象がおこっていく。中央から派遣された武士や僧侶たちとエボシの一団が組んで、森のすべての生きものたちとの戦闘が激しく展開する。

エボシたちはついにシシ神の頭部を奪い、勝利をおさめかけたかに見えるのだが、その瞬間に、森の全体の崩壊が始まった。大地は茶色になり、ばりばりと裂け、森の精霊たちは次々に萎《な》えていく。巨大なシシ神は奪われた頭部を捜そうとむなしくうごめく。エボシがシシ神の頭部を取ったのは、これを天皇に献上するためだった。中央からの使者にエボシはそのことを約束し、かわりにタタラ場の安定を約束させる。

ところが物語はここでふたたび急展開し、サンとアシタカが協力してシシ神の頭部を奪い返すというふうになって、シシ神にひそんでいた原初的な象徴の蘇生をもたらすことになる。森は緑を回復し、世界はみるみるよみがえっていく。

が、これでよかったのか。アシタカは万事が納得できずにタタラ場にとどまることを決意する。サンを誘ってみたが、サンにはそんなことは許せない。サンは人間を許すことはできないと言い張った。かくて物語はアシタカが「会いにいくよ」と言ってプツンと終わるのだが、さて、日本人はどうしてこんなに難解で複雑なアニメ映画を家族そろって見に行ったのか。アメリカ側には、この筋立てだけではいまひとつ理解ができないということになる。

アニメ評論家のヘレン・マッカーシーの解釈は、こうだ。《もののけ姫》はさまざまな愛を描き、そしてさまざまな愛に付随する「喪失」を描いたのだ、と。まあ、そうだろう。宣伝文句もそうなっている。糸井重里のコピーも「生きろ。」だった。

が、ここまではこのアニメを見に行くためのロジックだ。見終わった者たちが語っていく解釈にはなりえていない。少なくとも日本アニメの真髄の解釈にはなりえない。愛の多様性とその喪失など、ハリウッドもフランス映画も韓国映画も、どんな映画もテーマにしてきたものだ。

さあこうなると、日本アニメに「ジャパン」の、それがハイカルチャーでもあるのかもしれないという根拠を発見したくなる。なぜ宮崎は十四世紀の日本に森とタタラ場の対決を描こうとしたのか、なぜ精霊の力を描いたのか。アシタカもサンも苦悩したのはなぜなのか。そういうことが気になる。

本書の論点も、だいたいは以上の認識から先のことを議論しようとした。ただ著者はそこで、たとえば《攻殻機動隊》には神道と仏教があり、草薙素子が人形遣いと結ばれるのはアマテラスの天の岩戸の幻影を暗示するのであって、そのテーマ音楽には祝詞《のりと》からのインスピレーションと涅槃《ねはん》のイメージが付与されているだろうというような、そういう記号的な推測をせざるをえなくなってしまうのだ。

気持ちはわかる。けれども、はたしてそういう推測でいいのか。それでもスーザン・ネイピアは突進する。そして、注目すべき日本アニメの本質をまとめれば、「終末モード」「祝祭モード」「挽歌モード」の三つに大別できると考えたのだ。

ネイピアがあげた終末・祝祭・挽歌とは、原著の英語では「アポカリプス、フェスティバル、エレジー」である。当たっていなくはない。エレジーというのは、押井守の《うる星やつら2　ビューティフル・ドリーマー》(一九八四)、高畑勲の《火垂《ほた》るの墓》(一九八八)や《おもひでぽろぽろ》(一九九一)、森本晃司の《彼女の想いで》(一九九五)などを想定している。

が、「アポカリプス、フェスティバル」はいかにもアメリカ的だ。案の上、アポカリプスではコッポラの《地獄の黙示録》になっていく。日本にもベトナム戦争を扱った作品なら吉田秋生の『BANANA　FISH』という傑作マンガなどがあるけれど、それはアポカリプスではない。

だからそういう英語を使うなら、たとえば「ディストピア、カーニバル、ノスタルジア」などと名付けたほうが英語的日本の実情に合う。さらに勝手なことをいえば、日本の注目アニメのほとんどはその大半が「ゾーンもの」で、そこに「インターセクションもの」と「ファンタジーもの」と「ナンセンスもの」が競いあい、結局はそれらの混合が日本アニメの全容に流れ出していると思っていいのではあるまいか。

日本のアニメにおいて、とりわけディストピア性とゾーン性が格別な意味をもってきたことは強調しておいていいことだろう。実は、すでに《ゴジラ》がそうだったのだ。また《大魔神》がそうだった。

これは日本が世界で唯一の被爆国であること、つまりはつい先だって国土を破壊されたばかりだという、生々しい喪失記憶を引きずっているせいでもあった。だから《ゴジラ》や《大魔神》までは、言ってみれば、そうした近過去の破壊や喪失に対する制作者や表現者たちの逆襲だったのである。

ところが、日本列島は再生し、新幹線は走り、経済は高度成長して自動車が溢れ、消費文化はアメリカを真似したそっくりさんになっていった。ぼくはとくに「女性自身」などの女性週刊誌の表紙がのきなみ金髪のアメリカ人ばかりを登場させていることに、どうにも理解しがたいものを感じていたものだ。つまりはゴジラでは日本の近過去も近未来も描ききれないことになったのだ。日本人は、そこでいったんディストピアを捨てて、金髪でポップで、コカコーラでハンバーグな安易に変身できるアメリカン・ユートピアの使い手に転向してしまったのだ。

転向はみかけほど愉快なものではなかった。あまりに急激な変調と歪みは、バブル崩壊がその最もわかりやすい例ではあるが、すでに七〇年代後半から八〇年代にかけて、さまざまなかたちで噴き出していた。

それでどうなったかというと、マンガやアニメやゲームが、そしてアキハバラが、これらの変調と歪みを引き取っていったのである。高度成長とその停止とアメリカ偏重の日々のなか、ここに新たな鋭い表現者たちが輩出して、独自のスタイルとテイストを、つまりは独自の「趣向」と「崇高」を問い始めたのだ。

その方向を一言でいうことはできないが、あえていうのなら、ひとつには日本の近未来に対してディストピア性を付与し、そのトポスはあくまで海外や宇宙ではなくて日本列島のどこかのゾーン性に依拠するのだという発想をもたらし、もうひとつには、そこに異様なほどのナンセンス性を加えることになったのだ。これが《美少女戦士セーラームーン》と《もののけ姫》の両方がともに迎えられる日本のポップカルチャー（ハイ＆ロー・カルチャー？）というものになった。

もちろん、すでにそのようになるかもしれないというアウトノミア（自律主義）な系譜は準備されていた。それは文学では安部公房、大江健三郎、村上龍、島田雅彦、村上春樹などの「近傍の崩壊」と「世界の終わりの光景」を歌う作品にあらわれ、映画では今村昌平《ええじゃないか》、森田芳光《家族ゲーム》、伊丹十三《タンポポ》、若松孝二《寝盗られ宗介》などの、アナーキー・ナンセンスな作品にあらわれていた。これらはミハイル・バフチンやノースロップ・フライが注目したカーニバル色が濃い「メニッポス・ジャンル」でもあった。

メニッポスは古代ギリシアの犬儒派の哲学者で、漠たる快楽に浸る連中を鋭いシニカルな快楽で突き刺してみせた作風で知られる。快楽主義を刺す快楽を見せつけるというのがメニッポス主義である。ルキアノスが継承した。そのメニピアン・サタイア（メニッポス的風刺）に似たものが日本の文芸やマンガやアニメに浮上しているという見方があるのだが、ここはよほどに議論を深めないと、説得力のある説明には届かない。

それなら、以上のように見れば日本の注目アニメの特色があらかた説明できるかというと、そうは問屋が卸さない。まだまだいくつもの説明が必要だ。今夜はそこまで踏みこむつもりはないけれど、たとえばそのひとつに、日本の注目アニメには「ステートレス」(無国籍)という著しい特徴があることを指摘すべきなのだろう。

これは海外からはエキゾチックやテクノアニミズムに見えるか、上野俊哉のいうテクノ・オリエンタリズムに見える。またジャパン・クールにも見える。うんとわかりやすくいえば、バービー人形ではなくてリカちゃん人形なのだ。押井はもっと端的に踏みこんで、「日本人にとっては、アニメだったらなんでも異世界なのだ」と言ってのけたものだった。

日本人には一方に〝兎追いしふるさと〟の「原郷」があって、他方には縄文の森やタタラ場のような「異世界」がある。島田雅彦は多摩川べり郊外住宅で、向こう側に読売ランドという異様な明るい世界があることを見て育ったのだが、それもまた「異世界」なのだ。それは滝田ゆうの「ぬけられます」であり、つげ義春のねじ式で、また新宿ゴールデン街なのだ。つまりは荒木経惟《のぶよし》の、あの写真なのだ。

ここには「原郷」と「異世界」の歪んだ関係こそが昨今の日本なのだろうという判断が出てくる。斎藤環ふうにいえば「解離」がある。しかしこの歪曲《わいきょく》や解離はアタマで判断しているだけではカタチにはならない。それを言葉や映像に表現してみるしかない。

そして、それをしてみると、それをすればするほど、この「原郷」と「異世界」という二つの歪曲的解離的関係が同時にあらわされるということになってくるのだった。こうした同時性をとことん描く気になったのが、日本映画界のニューウェーブ派であり、アニメ演出家たちだったのである。

歪曲と解離はそれをちょっと未来にもっていけばネクストTOKYOのディストピアになった。それを近傍のゾーンにもってくれば、《うる星やつら》のラムちゃんの学園や《めぞん一刻》の下宿なのである。問題はそのゾーンをどこまで細部にわたって描き抜くかということだ。都市かキッチンかの二択ではない。この細部の手法において、文学は一歩も二歩も立ち遅れた。その間隙《かんげき》をすかさず埋めたのがライトノベルやおたく文学だった。

いま、日本社会はますますジグムント・バウマンのいう「リキッド・ソサエティ」(液状化する社会)に向かっている。そのことと、今夜とりあげた本書の注目したアニメ作品が根底で表現しようとしていることとは、必ずしも重ならない。

日本アニメは現実の液状化よりずっと早くに境界線の侵犯をおこしていたし、半ば日本回帰をしつつ、半ば未来回帰をおこしていったのだ(決して未来志向なのではない)。それらは、ステートレスのように見えていて、やはり「日本」なのである。いまや「J」という名の日本だ。

今夜は、とりあえずここまでにしておこう。いずれにせよ、本書は日本アニメ論としては、アメリカからの見方の動揺と努力と変遷をもたらしていて、いろいろ参考になった。ぼくは今夜は本書を「追い抜き読書」のサンプルにしてしまったが、他意はない。また、本書にはここにとりあげたもの以外の作品についての言及も多々あって、そこには日本人は『源氏物語』の時代も浮世絵の枕絵でもまったくハダカに関心がなかったのに、なぜハダカを表現したがるメディア的国民性をもったのかといったコメントも随所に挟まれている。関心のある読者は覗《のぞ》かれたい。

日本側のアニメ論については、まったくふれられなかった。すでに東浩紀が『郵便的不安たち』(朝日新聞社)に「庵野秀明はいかにして八〇年代アニメを終わらせたか」を書いているほか、上野俊哉や大塚英志の議論から北野太乙《たいいつ》の『日本アニメ史学研究序説』(八幡書店)にいたるまで、当然ながら日本側の反応もそうとうに出ている。なかで上野の『紅のメタルスーツ』(紀伊國屋書店)はお勧めだ。また、小谷真理の『聖母エヴァンゲリオン』(マガジンハウス)のようなアブジェクション(おぞましいもの)を背景としたぶっとんだものもあるし、セカイ系の切通理作《きりどおしりさく》の『宮崎駿の〈世界〉』(ちくま新書)もある。そのうちとりあげてみたい。その一部については明日の「連塾」(OAGホール)で、押井守本人と話してみることになるかもしれない。

最後に、著者が《千と千尋の神隠し》を論じたうえで、宮崎駿の言葉で最も印象深いものとして示している一節を紹介しておく。それは、こういうものだった。

「ボーダーレスの時代、よって立つ場所をもたない人間は最も軽んぜられるだろう。場所は過去であり、歴史なのである。歴史をもたない人間や過去を忘れた民族は、カゲロウのように消えるか、ニワトリになって食らわれるまで、卵を生みつづけるしかないだろう」。

［追記］この千夜千冊を書いた翌年、ミネソタ大学出版からトーマス・ラマールの大著『アニメ・マシーン』が刊行された。藤木秀朗《ひであき》の監修で二〇一三年に名古屋大学出版会が日本語版にした。ラマールは生物学・海洋学・アジア言語文化学の研究者で、日本のアニメの仕掛けのいっさいをシネマティズムとアニメティズムの連続性と飛躍性を通して解明しようと試みた。『アニメ・マシーン』のタイトルにあらわれているように、分析と推理の目が格別にマシーナリーなのである。たいへん、おもしろかった。とくにCLAMPの《ちょびっツ》と庵野秀明の《ふしぎの海のナディア》をつかった解明は群を抜いていて、全篇に出入りするシヴェルブシュ、ドゥルーズ、ジジェク、東浩紀、ヴィリリオらの思想をアニメ的に読み込んでみせる手立てとともに、感心させた。

第一二五一夜　二〇〇八年七月四日

参照千夜

一〇二二夜：三島由紀夫『絹と明察』　九一七夜：泉鏡花『日本橋』　一〇四〇夜：倉橋由美子『聖少女』　一七一三夜：小松左京『日本アパッチ族』　八〇〇夜：大友克洋『AKIRA』　一八四夜：フレデリック・L・ショット『ニッポンマンガ論』　九七一夜：手塚治虫『火の鳥』　八七夜：網野善彦『日本の歴史をよみなおす』　八四三夜：小松和彦・栗本慎一郎『経済の誕生』　一六二四夜：『南方熊楠全集』　五三四夜：安部公房『砂の女』　一三七六夜：島田雅彦『悪貨』　九二一夜：つげ義春『ねじ式・紅い花』　一一〇五夜：荒木経惟『写真ノ話』　一二三七夜：ジグムント・バウマン『コミュニティ』　一五六九夜：紫式部『源氏物語』　七八三夜：小谷真理『女性状無意識』　一七五五夜：東浩紀『動物化するポストモダン／ゲーム的リアリズムの誕生』　一七五二夜：大塚英志『「おたく」の精神史』　一〇八二夜：ドゥルーズ＆ガタリ『アンチ・オイディプス』　六五四夜：スラヴォイ・ジジェク『幻想の感染』　一〇六四夜：ポール・ヴィリリオ『情報化爆弾』　一六八四夜：大泉実成『萌えの研究』

電子ゲームを開発すること、没頭することは、
セカイのどんな変容と付きあっていることなのだろうか。

ゲームの大學

平林久和・赤尾晃一

メディアファクトリー　一九九六

本書はこの手のギョーカイの古典だ。著者はゲーム誌編集者からベンチャー企業「インターラクト」の社長になった男と「日経コミュニケーション」「日経ニューメディア」編集者から静岡大学の先生になった男だが、二人とも当時の先頭を切るゲーム・フリークで、ゲーム・アナリストだった。

ここでいうゲームとはテレビゲーム（コンピュータゲーム、ビデオゲーム、電子ゲーム）のことをさす。この本以前は、『テレビゲーム 電視遊戯大全』（UPU）という、のちにポケモンで百万長者になった石原恒和君をはじめ、ぼくの若い友人たちが心血を注いだ大冊があったのだが、これはいつしか幻のバイブルになってしまった。もっともこのバイブルはカタログ型のもの、本書のような解説解読解明型ではなかった。

本書が出た一九九六年の時点はウィンドウズ95が出たばかりで、まだＭａｃユーザーが幅をきかせていたし、セガサターンの敗北やプレステの一人勝ちはおこっていなかったし、ポケモンも登場していなかった。だからこの本の売上数字や市場規模などのデータはいまはほとんど使えない。それでも本書が古典でありうるのは、当時のデータを記録に残したということもあるけれど、テレビゲームというものを本格的に多様な角度で議論した最初の大冊であったからである。

構成は『ゲームの大學』と銘打っただけあって、ですます調の〃やさしい講義調〃になっている。

最初の第一講が「産業学概論」で、ゲーム・ビジネスとしてゲームをつかむことから解読した。ゲーム業界はどんなときでも構造不況を本質として引っぱられていくものだという解読だ。すなわちゲームの世界はゲーム「業界」を構成できても、ついにゲーム「産業」にはならないという特徴をもっているのではないか、そういう指摘だ。

その理由は、ゲーム商品がもっている特徴から帰納する。曰《いわ》く、①インタラクティビティがある、②高い利益率がおこる、③大量販売によってのみ楽勝、④商品開発の自由度がめちゃくちゃ高い、⑤パッケージ性と技術性が一体になっている。では、そもそもどのようにゲームはビジネス・モデルをつくってきたのかというのが第二講になる。

ぼくも知らなかったのだが、ゲームを儲かるビジネス領域にしたのはマンハッタン計画に参加していたウィリー・ビギンボーサムという工学者だったらしい。一九五八年のことで、この先生はブルックヘイブン国立研究所において、科学の平和利用としてテレビゲームの開発を選んだ。しかもこの先生は開発の権利を取得せず、すべてを未来のために開放したという。

つづいてMITで一九六二年に学生たち、とりわけスティーブ・ラッセルが作った「スペースウォー！」が学内流行し、PDP1というミニコン上で動きはじめた。これを横目で見ていたのがユタ州立大学電子工学科のノーラン・ブッシュネルである。卒業後のブッシュネルはハイテク電機メーカーに勤めたのち、ナッチング・アソシエイツ社で「コンピュータスペース」を制作、さらに一九七二年にアタリ社を設立して業務用テレビゲーム「ポン」（アラン・アルコーン開発）を発売した。これが歴史上最初のテレビゲームのビジネス化であった。

ブッシュネルはさらに「ブロック崩し」などで当てたあと、アタリ社をワーナー・コミュニケーションズに売っ払ってしまう。最初のテレビゲームが業務用だったことといい、会社をまるごと売却することといい、ここにテレビゲーム・ビジネスの基本モデルが刻印された。ブッシュネルは「ビデオゲームの父」と呼ばれる。そのブッシュネルが「おかしな奴」として新規採用したのが、若きスティーブ・ジョブズだ。

ワーナー資本を得たアタリはやがてアタリＶＣＳで大当てをし、一九八三年のアタリ・ショックまで牙城《がじょう》を守る。この一九八三年に、日本では任天堂がファミコンを発売した。ファミコンの勝利は、①家庭用ゲーム機でアーケード・ゲームができるとした点（「ドンキーコング」がその最初のキラーソフトとなった）、②ソフト制作会社とライセンシー契約をした点、③商標とノウハウ両方の許諾料を任天堂に払わせた点、の三点に尽きる。

講義は第三講で「流通論」に、第四講で「ゲームデザイン論」になっていく。いずれもいまでも参考になりそうな内容になっているが、著者たちの慧眼《けいがん》が光っているのは、つづく第五講「ゲームの未来学・ソフト編」と第六講「ゲームの未来学・産業編」だ。ソフト編では「宇宙」や「ファンタジー」と訣別したほうがいいという方針とともに、コンストラクションと文法の改革にむかうべきであることが熱っぽく語られる。

もうひとつ、「ゲームとよべないゲーム」が登場するべきだという予測もよかった。ようするに「遊び」の本質に向かってどんどんゲームは逆進化するといいという主張なのだが、こういう提案はこのギョーカイではなかなか見られない。さすがに「通信との融合」についてはまだ濃い未来像が描けなかったようだが、それはまあ、あの時点ではしようがないだろう。

産業編では、「ゲームとマルチメディアはちがうんだ」という強調をする。たしかに二つは別物である。マルチメディアにはカイヨワの遊びの四元素は必ずしも必要ないかもしれないが、ゲームにはどうしてもこれが要る。ただし本書が執筆された時点では、ウェブ社会の全貌がほとんど見えていなかった。そのためマルチメディアというよりも、ウェブ・インタラクティビティとゲームとの相違が今日的には問題になる。これは誰かが来たるべき『ゲームの大学院』という本で語っていくべきことになるだろう。

また「ゲームに文庫本の発想を」という提案もした。これはヒット・ゲームが次々に市場から姿を消して、つねに新しいゲーム開発合戦がくりひろげられるのでは、当然に限界が出てくるという危惧から生じたアイディアで、いわば文庫本のごとく「かつての名作」が復活されるといいのではないかというものだ。

ぼくはまったく電子ゲームにはまらなかった種族であった。タイトーの「スペース・インベーダー」やナムコの「ゼビウス」に時間を費やしたことはあるが、それでも一人でやったことはなかった。誰かがいた。にもかかわらず、ぼくはファミコンやプレステやパソコンゲームに熱中する種族が大好きなのである。つまりは「おたく」が好きなのだ。どうしてそういう連中が好きなのか、応援したいのか、理由をちょっと考えてみた。こういうことに思い当たった。

ひとつ、テレビゲームに最初に食いついた連中は、かつてロックやサイバーパンクやイルカの生態に最初に飛びついた連中と同じ感性をもっている。ひとつ、一人用マシンに齧《かじ》りつく姿は自動車族より危険がいっぱいのオートバイ族に似ているのがいい。「攻略」というスタンスにはまれるのがいいのだろう。ひとつ、都市や価値観や人生の変貌を恐れなくなるのではないかという期待をもって見ていた。ゲームの画面にはとんでもない未来的光景とバトルと交換が提示されているからだ。ひとつ、なにより加速する自己と対象の関係を愛するのはいいに決まっている。これは「パイディア」(夢中になる教養)の本質だ。ひとつ、自分の成長と同じテンポで進化するシステムにくっついていくのは、リスクも多いがそこから学ぶこともきっと多いにちがいない。いずれ、そういうことに気づくはずである。

こんなところだろうか。むろんゲーム・フリークが罹《かか》るビョーキを心配する向きもあるだろうから、もう一言、加えておく。ゲーム熱中症と「引きこもり」、これはほとんど関連がない。すでに第五七六夜『引きこもり』(塩倉裕)に綴ったように、「引きこもり」はは別の要因からおこるものだし、それにテレビゲームがなければ、かつてはテレビに、そのあとはビデオに、結局ははまる者ははまるものなのだ。続刊『ゲームの大学院』『ゲームの小学校』『ゲームの養老院』を期待しておくことにする。

ところで、長きにわたる人間文化の歴史のなかで、ゲームが占めてきたものは厖大《ぼうだい》で、きわめて多様だった。まとめて盤上遊戯とよばれる双六《すごろく》、将棋、チェス、トランプ（カード）、ダイスの歴史は長い。競馬、犬ぞり、自動車レースを含むいわゆるアスリートのスポーツゲームも、それに劣らない。これらは巨大な娯楽とも産業とも民族や部族や国家の威信を賭けるビッグゲームともなってきた。

ほかに数々のギャンブルがある。麻雀、花札、チンチロリンなどもあれば、バックギャモン、ルーレット、スロットマシンなどもあいかわらずで、ラスベガスのような賭博都市もつくりだした。ゲームは当初よりセカイそのものの演出場であり、演戯場だったのだ。今後もいっこうに廃れまい。

では、これらに対して電子ゲームがいったいどんな変更や訂正や新領域をもたらしたのか。電子ゲームの大流行は、これまでのサブカルチャーとはかなり違っているはずなのだが、それは何が出現したということなのか。ところが、これがけっこうな難問なのである。「電子ゲームは仮想現実に遊ぶ」と言っても、もともと歴史の中のゲームはたいてい仮想現実的だった。競馬場も賭博場もサッカースタジアムも、この世のものとは思えない。いやいや、ゲームマシンという超高精度のマシンを相手にしているところが他のゲームと極端に異なるところだと見たとしても、それなら自動車レースはどうなのか、クルージングはどうなのか、SFXはどうなのか。その特徴はそもそもコンピュータを操作していることとどこが違うのかということになる。

けれどもこういう反論が今日の電子ゲームの異様な特色や熱中を帳消しにできているかといえば、そうとは思えない。電子ゲームやそのネットワーク性には、やっぱり何か特別な機能や興奮や、もっというなら説明しがたいハイパーシステムというべきものが出現しているはずなのだ。

第五八七夜　二〇〇二年七月二四日

［追記］　ゲーム攻略本はゴマンと出ているが、電子ゲームの正体や展望に迫った本は少ない。山崎功の『懐かしの電子ゲーム大博覧会』（主婦の友社）や川島明『ぼくをつくった50のゲームたち』（文藝春秋）はレトロファン向けで、あとはゲーム制作実用書が目立つ程度だ。なかで三本のNHK番組を再構成した『世界ゲーム革命』（NHK出版）が参考になる。ナビに水口哲也を起用して、日野晃博、ニール・ヤング、リチャード・ギャリオット、吉田修平らを取材した。

参照千夜

一五四七夜：ノーラン・ブッシュネル&ジーン・ストーン『ぼくがジョブズに教えたこと』　八九九夜：カイヨワ『斜線』　五七六夜：塩倉裕『引きこもり』

ピカチュウと一五一匹目のミュウ。
異才・石原恒和君はサブカル・ゲームのカリスマだった。

ポケモンの秘密

ポケモンビジネス研究会

小学館文庫　一九九八

ぼくの仕事場に知らないうちにピカチュウをもちこむ奴がいる。何人かのスタッフがあやしいが、何人かの客もあやしい。小さいピカチュウだ。そいつがふと気がつくと本棚の一隅に坐っている。一九九五年から始めたパーソナル・メディア「一到半巡通信」にピカチュウの愛らしさに負けたというようなことを書いたせいだった。

ピカチュウは福岡から羽田に帰ってきたとき、空港ビルを出る手前でなんとなく振り向いたら、そこにいた。ぬいぐるみなど一度も買ったことがないのに(まったく一度もない)、無性にそれを持ち帰りたくなった。家に子供はいないので、仕事場に置いた。ちらちら見ているうちに、その〝密かな関係〟がおかしくて、そのことを「一到半巡通信」に書いた。すべてはぼくが蒔《ま》いた種である。

それにしても、なぜ羽田でちびのピカチュウを連れて帰る気になったのか。魔が差したのか。胡乱《うろん》なことだ。だいたいぼくには玩物趣味はない。グリコのおまけは好きだったが、それをコレクションして並べる趣味はなかった。ゴジラや怪物のゴム人形もまったく集めなかったし、江戸川乱歩やブラッドベリの小説なら、あるいはハンス・ベルメールや四谷シモンの作品ならともかくも、かつて人形を部屋の中に置こうとしたこともなかった。

ようするに「フィギュア」には縁がない男なのである。ぬいぐるみを貰《もら》ってもその置き場に困っていたのだ。それが一匹のピカチュウにやられるなんて――。

ピカチュウの種は任天堂が全世界に撒きちらしたものだった。一九九六年二月、ゲームボーイの専用RPGソフトとして「ポケットモンスター」が売り出された。いわゆるポケモンである。初回出荷は二三万本だったらしいが、二年で一〇〇〇万本を超えた。お化けである。

このお化けのRPGはそれぞれのフィールドで出現するポケットモンスターを捕まえて、最終的には一五一匹の「ポケモン図鑑」を完成させるという長丁場のしくみになっている。これだけでもメンコ集め以来の遊びの本質を突いているが、ゲットしたポケモンを育てて強さのレベルを上げられるようにもなっているし、さらに決定的なのは、集めたポケモンを通信ケーブルをつかって他のプレイヤーのポケモンと対戦させたり、交換したりできるようになっている。対戦はともかくとして、ネットワーク上で交換できるところに念が入れてある。通信機能をつかわないと〝進化〟しないモンスターもいるので、図鑑完成のためにはモンスター交換は不可欠なのである。

ポケモンの背後では「コロコロコミック」という月刊マンガ誌でコミックの連載が開始され、次々にオフラインのイベントや各種プレミアムの発売が始まっていったばかりか、ポケモンのカードゲームまで考案されて（ポケモンカード）、これがまた爆発的にヒットした。これで市場規模がたった三年で四〇〇〇億円を突破した。

このしくみには、兜《かぶと》を脱ぐ。だから本棚で微笑するピカチュウくらいでおやじが頬を染めていてはいけないのである。ポケモンの秘密に到達しなければいけない。だいたい子供たちの人気はサンダースやエレブーやフリーザーやイーブイなのである。だからといって、小学一年生が全員買っている「コロコロコミック」（二〇〇万部）を毎月とるわけにもいかない。そこでぼくは本書を読むことになったのだ。

ポケモンのアイディアはゲームフリーク社の田尻智《さとし》が出した。東京郊外の町田の生まれ。インベーダーでめざめた世代である。二三歳で「クインティ」というゲームソフトをつくり、ナムコがこれを二〇万本売った。それで会社をつくった。

ポケモンには六年がかかっている。通信で交換するというアイディアは、田尻が少年時代に夢中だった昆虫採集から来ている。最初は「カプセルモンスター」という名前で（だからカプモンと言っていた）、カプセルの中にモノを入れて自分のところからケーブルを通して、相手のゲームボーイにぽとんと落とすところを見せれば、あたかもケーブルの中を通ってモノが移動するのが実感できるだろうという、そういう計画だった。

これにプロデューサー役の石原恒和が加わった。石原君はぼくが十年以上も前から遊んでもらっている若き友人である。一種の天才型のおたくで、いつもその時期の最前線の話題と機械と計画にしか関心をもたない青年だった。そのころは西武系のI&Sやセディックという会社にいたが、会うたびにいろいろの新品やら試作品を見せてくれた。Macも「アミーガ」も電子カメラ「マビカ」も、最初のものはたいてい石原君が見せてくれた。そのころぼくは〝Msパーティ〟という年に一度のパーティを催していたのだが、そこへ石原君は必ずやってきて、新品兵器を披露して人気を集めていた。とても優しい。

いまはクリーチャーズ社の代表で、ポケモン一千億市場の押しも押されもせぬボスである。「コロコロコミック」にポケモンを連載させたのも、ポケモンカードをメディアファクトリー（リクルート子会社）の香山哲に勧めたのも、石原君の手腕だった。ポケモンが石原君と田尻智によって生まれたことが聞こえてきたとき、ああ、これで石原時代がしばらく続くなと思ったものである。

ポケモンが大爆発したきっかけはいろいろあるだろうが、本書を読んであらためてわかったのは、「ポケモンは閉じていない」という神話がつくれたことが大きかった。

これは偶発的な動向から生まれた神話だったようだ。実はポケモンは一五〇匹だったのである。ところが、プログラマーが検品後にプログラムを消去したスペースに、もう一匹のデータを書きこんでいた。ふつう、ゲームには発売前にゲームが正確に作動するかどうかをチェックするための専用プログラムが入っている。これで最後まで作動させられることが確認できれば、そのプログラムは消去するか作動禁止のロックをかける。どうやらその検査の終了後に、プログラマーが遊んだのだ。関係者のだれもこの遊び心を知らなかったのだが、ある日、ユーザーから「もう一匹、モンスターを発見したんです」という連絡が入った。これが一五一匹目のミュウである。

かくして、ポケモンに何かを入れると新しいモンスターが出現するという神話ができた。外から何か新しいデータを入れると、そのゲームが拡張していくということが、これで広まった。そこで「コロコロコミック」誌上でミュウの存在を知らせるとともに、読者にミュウのプレゼントをすることにした。ミュウを二〇匹用意して、それぞれのカートリッジにIDをつけ、読者が送ってくるゲームカセットのロムに番号を書きこんで、送り返してあげるという企画だった。

そのプレゼントに八万通の応募があった。このときポケモンの大化けを石原君や任天堂は確信した。そして、ミュウを集めたユーザーたちは、世界でたったひとつの自分だけのIDをもったモンスターの所有者になれることになったのである。ぼくはピカチュウではなくて、ミュウを入手するべきだった。

第一一二七夜　二〇〇〇年九月十一日

参照千夜

五九九夜：江戸川乱歩『パノラマ島奇談』　一一〇夜：レイ・ブラッドベリ『華氏451度』

鉄腕アトムとゴジラ、リカちゃん人形とセーラームーン、鉄人28号とマジンガーZ、マリオとポケモン、宮崎駿と押井守。どう比較する？

アン・アリスン

菊とポケモン

グローバル化する日本の文化力

実川元子訳　新潮社　二〇一〇

Anne Allison: Millennial Monsters—Japanese Toys and the Global Imagination 2006

人種差別の匂いがぷんぷんするアラバマ・クーン・ジガーで有名なルイス・マークス&カンパニーが、日本の玩具工場にゼンマイ仕掛けのポパイ人形を注文したのが一九三〇年代半ばのことだ。昭和日本は満州事変をへて戦時産業に向かっていた。

フラッシュ・ゴードンやスペース・カデットなどの人気キャラクターの版権をもらえなかった日本の玩具屋は、やむなくそれらに似せた人形を作り、ハンドプレス機を巧みに操作してブリキの宇宙船やギョロ目のロボット人形などを輸出した。アメリカ人たちはこうした日本製玩具をわざとらしく「メイド・イン・ジャパン」と呼んであからさまに嗤《わら》っていた。敗戦後もその嗤いがしばらく続いた。

新憲法によって天皇は象徴天皇になったが、そのエンブレムである「菊」は象徴にすらならなくなった。代わってアメリカ主導の連合軍GHQによる日本占領のもと、大津の小菅松蔵は「小菅のジープ」をつくり、日光玩具はセルロイドの頭とブリキの胴体に英字新聞をあしらった「ニュースボーイ」を製作した。

一九五三年、富山《とみやま》栄市郎が戦前に起業した富山玩具製作所は樹脂玩具製作部門を起こし、鉄道玩具「プラレール」シリーズを発売して好成績を収めた。富山は十年後に社名をトミー（富山の愛称）に変更すると、メイド・イン・ジャパンの玩具をリードし、やがて月刊「コロコロコミック」連載中の「ポケットモンスター」の商品化権を取得、世界に打って出た。本書の著者のアン・アリスンは、アメリカ人から見た国民シンボル文化としての話だが、このとき「菊がポケモンに変わった」とみなしている。

そのトミーを合併して二〇〇六年にタカラトミーとなったタカラは、一九五五年に佐藤ビニール工業所を前身として設立された。「ダッコちゃん」「仮面ライダー」などで一気に急成長した玩具メーカーになった。一九六七年の着せ替え人形「リカちゃん」によって日本の女の子の魂を鷲摑《わしづか》みにした。

タカラのリカちゃん人形はあきらかに米マテル社（元は額縁メーカー）のバービー人形やア

イデアル社のタミー人形を念頭においたファッションドールだったのだが、タカラはここで欧米主義と日本趣向をハイブリッドに混交するほうに舵《かじ》を切った。

バービーが十七歳の八頭身であるのに対して、リカちゃんは小学生でフツーの体つきで、あくまで三歳児から六歳児あたりの日本の女の子に好かれるための人形になったのである。発売当時はマンガ家の牧美也子が広告のイラストを描いた。

かくて年齢十一歳、おうし座五月三日生まれで、身長一四二センチ、趣味がお菓子づくり、好きな色が白とピンクで、「ママみたいなデザイナー」に憧《あこが》れているというリカちゃんが、アメリカン・バービーに屈服することなく自立した。

そんなふうに、アン・アリスンは褒めたいようなのだが、これはやや褒めすぎだ。リカちゃんはパパがフランス人という設定で、むしろハーフっぽいのは当然だったし、当時の実際の日本人は五〇年代から六〇年代には欧米をまねたエンジンをふかしっぱなしで、折からの女性週刊誌ブームでは「女性自身」も「週刊女性」も「女性セブン」も金髪ガイジンばかりを表紙にしていたのである。

日本人が玩具キャラクターの選択で自立したというなら、ぼくはバンダイが鉄腕アトムやゴジラやマジンガーZや機動戦士ガンダムに手を染めたあたり、七〇年代になってからの勝負のほうに重点があったと見たほうがいいと思っている。

バンダイは山科直治の萬代屋《ばんだいや》から発展していったメーカーで、その子会社ポピーが一九七一年からキャラクター玩具を始めて破竹の勢いをもった。七〇年代八〇年代にかけてはウルトラマンと超合金のブームにも乗った。

これらはまだ前哨戦《ぜんしょう》だった。タカラトミーやバンダイによる日本キャラが世界の市場とサブカルマインドを圧したとすれば、それはそのあとのマジンガーZやセーラームーンやポケモンやたまごっちによるもので、そうでなければ、任天堂の「スーパーマリオ」や大友克洋の《AKIRA》や宮崎駿の《千と千尋》によるものだった。

ごくおおざっぱにいえば、イギリスとドイツの玩具メーカーは長らく「日常生活の縮小」にこだわってきた。だからドールハウスやミニ自動車を作るのが好きで、ときには玩具にイギリス人好みの道徳やドイツ人好みのステート主義を求めもする。

英独にくらべると、アメリカはコミックや絵本の人気キャラクターを「拡張スター主義」として玩具やゲームに仕立てるクロスマーケティングの国だ。市場とメディアに出入りする可能性がありそうなものなら、ポパイでも蜘蛛男でもダースベイダーでも何でもいいから、そこに子供のためのファンタジー消費を次々にインストールして作り出していく。そしてプロパティ（その「物」の財産性・所有性・占拠性）を売りまくる。これがアメリカである。ディズニーがいい例だ。

この観点からすると、そういった英独米的な文化体質もマーケティングも道徳ももっていなそうな日本の玩具キャラが、鉄腕アトム（米アストロボーイ）、ゴジラ、セーラームーン、ハローキティ、ゴレンジャー（米パワーレンジャー）、たまごっち、攻殻機動隊、ポケモン、AKIRA、マリオ、千と千尋、初音ミクなどを連打しながら世界を席巻するとは、とうてい予想のつかないことだったろうと思う。これらの日本のキャラと物語の出来とその細部の技能的仕上がり感は、敗戦日本を見ていたアメリカ人たちの虚を突くものとなった。

なにしろ鉄腕アトムやゴジラは「核」と「原水爆」と「被災」の申し子あるいは副産物なのである。日本そのものが最も悲劇的だった被爆の本質を抱えているキャラなのである。それなのに、アトムもゴジラも、平気で大暴れをしながら破壊と救済の両方の力を暗示する。これにアメリカ人は驚いた。驚いたのはそれだけではなかった。

一九五二年（昭和二七年）、手塚治虫は前年に連載していた『アトム大使』からアトムを切り出し、光文社の「少年」に『鉄腕アトム』の連載を始めた。少年セイゴオが『ヨウちゃん』『赤胴鈴之助』『冒険ダン吉』『矢車剣之助』とともに毎月たのしみにしていた連載のひとつだった。

鉄腕アトムは、一〇万馬力の原子力モーター、ジェットエンジン機能のある足、アンテナ化した鼻、善悪の見分けがつく電子頭脳、六〇カ国の言語を話せる能力、涙も出るサーチライト付きの目をもっていた。妹にウランがいて、アトムの同型ロボットにコバルトがいた。物語はすべて勧善懲悪である。

しかし十六歳のときに敗戦を体験した手塚は、アトムの育ての親をお茶の水博士にして、アトムの実の父を物語から消去していた。それまで日本がしがみついてきた家父長制を否定したのである。そんな主人公は日本の少年マンガにはいなかった。それでいて一九六三年からテレビアニメ化されたアトムでは、「メカ化」がマンガ以上に過密になっていた。当時の世の中、何が何でもオートメ（オートメーション）だったのである。今日のIT化に匹敵する機械主義だ。

アメリカでは一九六三年にNBCでアニメプロデューサーのフレッド・ラッドの構成編集にもとづいて《アストロボーイ》が放映されるのだが、そこでも人体や車だけでなく蜂・蟻・犬などありとあらゆるものが超メカ化されていた。

ゴジラは原爆の申し子というより、アメリカの太平洋での原水爆実験がもたらした怪物であって、文明の不遇の嫡子であった。巨大であって破壊的で、悲しみに充ちた目を潤ませて、赤トンボのような自衛隊飛行機の砲撃を雨あられと受ける。それでも壊滅も解体もせず、静かに太平洋に消えていく。

東宝が《ゴジラ》を公開したのは一九五四年の十一月三日だ。円谷《つぶらや》英二らの特撮スタッフが怪獣映画として発想したもので、香山滋《かやましげる》の原作をもとに田中友幸がビキニ環礁での原水爆実験を素材に組み立てた。日本人なら全員が第五福竜丸事件を思い出せた。監督は本多猪四郎《いしろう》、音楽を伊福部昭《いふくべあきら》が担当した。九六一万人が観た。

驚くべきは、そのゴジラは一度の映画出現でおわったのではなく、何度も何度も日本の大衆の前に現れたということだ。現れるたびに眷属《けんぞく》やライバルを伴い、とんでもない破壊力を増し、第二作の《ゴジラの逆襲》(一九五五)ではアンギラスが、第三作ではなんとキングコングが引っ張り出されて《キングコング対ゴジラ》(一九六二)になった。アメリカ映画を象徴するキングコングが敵対者に選ばれたことを深読みするかどうか、アメリカ人の批評家はさすがにためらった。

のみならずその異様な容姿はその後は、やっぱり「メカ化」をおこしていったのである。アン・アリスンには、いったいなぜゴジラ映画にメカゴジラが出現しなければならなくなったのか(第一四作《ゴジラ対メカゴジラ》一九七四が初登場)、もはやわからない。

アリスンをさらに考えさせたのは、ゴジラの物語に描かれた都市や町はことごとくディストピアであるということだった。それなのにそこに登場する者たちは妙に小市民的で、かつ変身願望をもっていた。その後、《AKIRA》にいたって、アメリカ人はその理由をやっと知ることになる。とくに大河原孝夫の《ゴジラ2000ミレニアム》が、日本人はゴジラを自分たちと同一視して、心の底ではゴジラになりたいと思っているということをあきらかにしてからは――。

日本の自立と矛盾はアトムやゴジラだけではない。もっとソフトなキャラもかなり風変わりになっていた。セーラームーンはおしゃれな女の子なのに突如として戦士になることで「クール」を獲得し、ポケモンはペットであるのに交換可能になり、「かわいい」のにずっと戦闘状態にいる。たまごっちは想像上のデジタルペットでありながらユーザーに飼育を強いて、愛情を求めてくる。おまけに「たまごっち憲章」や「たまごっち母子手帳」が送られてくるうちに、「とんがりっち」「くさっち」「ますくっち」「はしたまっち」「ぎんじろっち」がふえている。

本書は、これらのミレニアル・モンスター（千年紀の怪物）たちを擁した日本のポップカルチャーが、どうして「ファンタジーと資本主義とグローバリズム」という三要素をもいのにできたのか、なぜそこに「テクノ・アニミズム」あるいは「ノマディック（放浪の）・テクノロジー」ともいうべき日本独特の表象力が加われたのかを、いささか堅すぎるほどに大まじめに論じた一冊である。

著者のアン・アリスンはアメリカのデューク大学のドライブバイ文化人類学やカルチュラル・スタディーズの教授で、上智大学でも教えていたことがある。ドライブバイというのは走っている車から標的を銃撃することをいう。『ミレニアル・モンスターズ』が原題。「日本の玩具とグローバル・イマジネーション」が副題。なかなかのセンスの『菊とポケモン』は邦題だ。

宮崎駿の《千と千尋の神隠し》は、アメリカでは《スピリテッド・アウェイ》というタイトルで大ヒットした。日本ではこの映画は「失われた文化をめぐる転移と喪失の物語」としてうけとられ、資本主義文明へのアンチテーゼとも、ディストピア・アニメとも解釈されたが、アメリカでは伝統世界に対するノスタルジーよりも「異世界への強烈な誘《いざな》い」が評判になった。

前作の《もののけ姫》が「よくわからない作品」とみなされたのに対して（このへんがアメリカ人のかなりヤバイ限界なのだが）、《スピリテッド・アウェイ》はユートピア願望の物語として受容され、そのため大人にも子供にもブレークした。宮崎駿の意図とは真逆の解釈でブレークしたわけだ。

ジェンダー・アイデンティティが多様に変容するのも、アメリカやフランスでのヒットにつながった。フロイトはかつてそれを多形倒錯（polymorphous perversion）と名付けたものだが、《千と千尋》には多形倒錯というより多形変容がめざましく、かつその変容に自信が漲《みなぎ》っていた。アメリカ人はたとえおかしなキャラでも自立と自信に満ちているのが好きなのだ。

アメリカのスーパーヒーローには一貫したルールがある。スーパーマンやスパイダーマンに代表されるように、たとえどんなことを仕出かしても、たとえ人類愛や異常な戦闘能力や出生の秘密をもっていようとも、ホームポジションには日々の日常生活があるということだ。スーパーマンやスパイダーマンが個人的に好きなガールフレンドも、職場の一員か市井の一員でなければならない。アメリカン・ヒーローたちはどんな冒険をしても、最後は生活者に戻るのだ。

これに対して、日本のスーパーヒーローは日常生活を飛び出したままになる。たしかに仮面ライダーがそうだったように、変身以前のフツーの姿も少しくらいは見せもするけれど、物語は変身状態が多彩に変化していくほうに圧倒的な重点がおかれ、その姿もスーパーマンのような定番スーツがあるのではなく、サイボーグ009やウルトラマンやゴレンジャーのように変貌しつづける。イメチェン（イメージ・チェンジ）が得意なのだ。かれらはコスプレ平気のスーパースターなのである。

加うるに主人公は、過去も神秘も時代も友情もやらずぶったくりで自在にまたぐのだから、その意識と行動たるやスキゾフレニア（最近の精神医学では統合失調症に一括される）を敢行しつづける。

アン・アリスンはそうした日本人の嗜好《しこう》は小学生や女学生の通学感覚や持ち物感覚に

もあらわれていて、そこには「メディエイテッド・トランジション」(移動する中間状態)のようなものが沸々《ふつふつ》としているのではないかと見た。日本のローティーンは気になるものなら何だって携帯ストラップにぶらさげ、どこにもぺたぺたシールを貼って、いつでも自分がトランジットできる状態を用意しっぱなしにするけれど、それは日本のサブカル・キャラの投影だったのである。

ひるがえって考えてみると、日本のサブカル文化は精霊や妖怪に対する敬意をあまり払ってこなかった。江戸時代の百鬼夜行図や水木しげるの『ゲゲゲの鬼太郎』などのマンガに登場する夥《おびただ》しい数の妖怪や怪物の由来や歴史を知っているのは、水木しげるか小松和彦か荒俣宏だけなのだ。

妖怪だけではない。在原業平《ありわらのなりひら》や光源氏や平将門《たいらのまさかど》も、日本人にとってのキャラクターは定位的でなく、つねに隠喩的で換喩的なのである。それがどのように変じるかのほうが関心の対象なのだ。桃太郎や一寸法師がそうであるように、精霊や妖怪の由来や神話性や歴史性などよりも、主人公になったキャラクターたちの虚構力や非実在感や「おもしろさ」や「ありえなさ」のほうがずっと気になるのだ。キャラが変じてくれるから、そのぶんユーザーは妙に無意識になれるのだ。

この傾向を、かつて中沢新一は『ポケットの中の野生』(岩波書店)で、レヴィ＝ストロースに倣って「原始の無意識状態」というふうに指摘した。あまりに広い指摘なので、日本ではそこに、ダナ・ハラウェイの言う「有機体による機械吸収がもたらしたサイボーグ性」が加わった。そしてテクノ・アニミズムが浮上した。「原始の無意識状態」が数々のサイボーグ化するキャラたちを経験値やファンタジック・テクノロジーで武装させればよくなった。

だから日本のマンガやアニメにはどうしても武装したメカトロニックなキャラが多くなる。ロボットなのではない。はなっからサイボーグなのだ。かつての横山光輝の『鉄人28号』（米ジャイガンター）も石ノ森章太郎の『サイボーグ009』も永井豪の『マジンガーZ』も、そういうメカフェティッシュだった。

アン・アリスンによると、日本のミレニアル・モンスターが受け入れられたのは、アメリカ人から見たいくつもの理由が揃ったせいではないかと言う。しかしそれはどうか。日本にメカフェティッシュなキャラクターが一挙に広まっていったのは、かつてジョセフ・ナイが『ソフト・パワー』（日本経済新聞社）や『スマート・パワー』（日本経済新聞出版社）で指摘したように日本社会にクール・エンパワーメントが溢れてきたからではないし、日本の玩具メーカーや任天堂が日本のサブカル文化の本質に気がついたからでもない。

本書のあちこちに散見する理由候補にぼくがもう少し加えておくと、ざっと次のような傾向が顕著に読み取れるようになったからではないかと思う。ちょっと過激な注解を補っておいた。

①日本らしさという魅力が増してきた
日本のアニメにはどこか無常観が漂っている。登場人物にはやさしさがある。しかもそのうえで徹底的に細部を重視する。あげくに幼い顔と異形な顔が併存する。これらが独特の日本らしさになっている。

②アジア的な神秘性と密教性を感じる
表意文字のもつ意味不明な力が何かを告げている。そこに仏教感覚やタオイズムや儒教的礼節の不思議がまじってくる。それらが精神の奥座敷にあるのではなく、日本アニメが描くようなごちゃごちゃした町の喧噪になっていく。

③幾重にもわたる変身力への期待が募る
変身力とは「うつろい」と「多義性」と「多身力」の重視だ。しかしこれはいいかえれば自己完結性やアイデンティティが希薄だということでもある。

④ノマド的な多様性に満ちた異世界願望がある
日本人はどこかに浄土を感じている。それが日本的ノマドだ。そこには行く先における多神多仏性が関与する。しかも異世界においても花鳥風月や雪月花が守られる。

ともかくも日本人はみんなやたらに彷徨《ほうこう》したがるのである。その彷徨感覚はジル・ドゥルーズの言うポストモダンなノマディズムとはいささか異なっている。

⑤模倣感覚が横溢《おういつ》している

これははっきりしている特徴だ。日本人は見立てやものまねやモドキが大好きなのだ。フェイクやキッチュを平気で盛っていけるのだ。そこからカラオケ感覚やコスプレ感覚も躍り出る。

⑥不可解をそのままにしておく傾向がある

その通りだ。日本人は決してロジカルな解決をしたがらない。アナロジカルな傾向をもつし、保留のままでもやっていける傾向をもつ。これはいいかえれば、未完成に価値をおく傾向があるということになる。

⑦「ごっこ遊び」や「小さなもの」への偏愛を感じる

もともと日本人は狭い住宅や道路でも愉快に暮らし、存分に遊んできた。そこには和歌や俳諧の短詩型にはまりやすいという小さめの美意識、茶室感覚や坪庭や扇子に見る日本的ミニマリズムが去来する。

⑧独特のヴァーチャル・リアリティ感覚をもっている

これについてはもっと研究してもらいたいが、昔ながらの土偶・仏像配置・絵巻・人形・浮世絵・歌舞伎の書割りが下敷になり、そこに劇画感覚・電子ゲームなどが加わって日本っぽいVR&AR感覚をもたらしたのだと思う。

⑨霊性オンパレード主義ではないか

たしかに、そうだろう。マンガ・アニメ・ゲームのいずれにも霊性に対する寛容が目立つ。これは神社仏閣のお守りが好きな日本人の御利益主義ともつながっている特徴だ。霊性の安売りかもしれない。

⑩事物や部品にこだわるストーリー性が強い

まさに日本は万葉以来の寄物陳思《きぶっちんし》(物に寄せて思いを表す)の国なのである。モノは「物」であって「霊」であり、物語とは「モノ・カタリ」なのである。それがサブカルに噴出し、そこに「もののあはれ」も出入りした。

だいたい、こんなところだ。ただし、これらをもって「クール・ジャパン」という冠りをかぶせるのは、ぼくはかなり気にいらない。気にいらないだけではなく、当たってもいない。

だいたいアトムやゴジラはむろん、たまごっちもポケモンも、《AKIRA》も《千と千尋》も、ちっともクールではない。本書で最大の取り扱いをうけているポケモンにしても、開発者の田尻智の構想は少年の昆虫採集、ゲームボーイ感覚、通信と交換と対戦のインタラクティビティ、ニューエイジによる家族合わせなどに発したのであって、そこに行き渡ったのはクールなゲームというより、「想像する生態系」の興奮だったはずである。アリスンのポケモン資本主義の議論からしても、あれは百鬼夜行がトークン化あるいは通貨化したおもしろさなのだ。

かつてロラン・バルトは『神話作用』(現代思潮社)のなかで、「イメージが神話的な意味から吐き出されて意味をもたない空の形式に変換されていけば、そこにはイデオロギー的な内容が入れられていく」という指摘をし、それを「常時まわりつづける回転木戸」と呼んだ。ポケモンも「意味」と「形式」がたえず入れ替わる回転木戸になっていた。そのような回転木戸はキャラクター資本主義的であっても、必ずしもクールではない。が、そうであるからこそポケモンはユニークだったのである。そこには、マルセル・モースの互酬的贈与こそが躍動したはずなのだ。

それではあえてアン・アリスンが指摘できなかったことを、いくつか加えておきたい。ここにはぼくのサブカル論の骨格が見え隠れするはずだ。

第一に、日本のポップキャラの多くには「ネオテニー」(幼形成熟)がおこっている。早くに伊藤穰一や高橋龍太郎が見抜いていたことだ。

第二に、キャラクターと背景の表現には多分に「浮世絵」と「歌舞伎」の影響が大きかったはずである。このことは三宅一生や村上隆にもあてはまる。

第三に、日本のアニメやゲームにはつねに「察知のアルゴリズム」が効いていて、「さしかかる／とびうつる／かいま見える」といったトランジット感覚に長けてきた。

第四に、日本のサブカル・ストーリーは「影」や「陰」が大好きで、どこかに影の軍団や陰の人物や裏の事情がたいてい出入りする。ここには茶における裏千家、剣における直心影流《じきしんかげりゅう》、谷崎潤一郎の『陰翳礼讃』などが控える。

第五に、日本のサブカル作家たちは権力者を描けないのだが、描く場合はついついバサラ化やカブキ者化をおこさせるか、うつけ者にする。そこにはヤクザやアウトサイダーに対する憧憬が滲《にじ》んでいる。

第六に、いまさら言うまでもないけれど、日本のポップカルチャーやサブカルチャーはことごとく暗示的で、アブダクティブ（仮説形成的）なのである。

これで今夜の『菊とポケモン』読みは了《お》えるけれど、気になっていることはまだある。とくに日本人がマンガやアニメやゲームを通して開花させた「見立て」の方法について、できればゆっくり考えたい。それを古代から近世に錬磨してきた「擬《もどき》」「準《なぞらえ》」「肖《あやかり》」でどこまで説明できるのか、気になるのだ。

けれどもそれをするには、ひとつには古代ギリシア以来の「アナロギア・ミメーシス・パロディア」の手法との違いを明らかにする必要があるだろうし、もうひとつにはそのことをマンガ、アニメ、ゲームなどの、独得の発想法とサブカル技法に見いださなければならないだろう。

ほかにも、ある。日本サブカル事情をグローバル市場主義から切り離して論じてみること、キャラクタリゼーションの意味を欧米思想の系譜から切断してしまうことだ。これについては宮台真司が監修した『オタク的想像力のリミット』（筑摩書房）、東浩紀が構成した『日本的想像力の未来』（NHKブックス）、および杉田俊介の『戦争と虚構』（作品社）が参考になる。

第一六四三夜　二〇一七年七月七日

参照千夜

八〇〇夜：大友克洋『AKIRA』九七一夜：手塚治虫『火の鳥』八九五夜：フロイト『モーセと一神教』八四三夜：小松和彦・栗本慎一郎『経済の誕生』九八二夜：荒俣宏『世界大博物図鑑』九七九夜：中沢新一『対称性人類学』三一七夜：レヴィ＝ストロース『悲しき熱帯』一一四〇夜：ダナ・ハラウェイ『猿と女とサイボーグ』一〇八二夜：ドゥルーズ＆ガタリ『アンチ・オイディプス』七一四夜：ロラン・バルト『テクストの快楽』六〇夜：谷崎潤一郎『陰翳礼讃』

一九八三年とはどんな年だったのか。
サブカル日本は「異床同夢」にまどろんだのか。

大塚英志
「おたく」の精神史
一九八〇年代論

朝日新聞社　二〇〇七　星海社新書　二〇一六

ときどきこういう極私的な同時代報告をめざした本を案内したくなる。極私的とはいえ、もともとジャン・ジュネの『泥棒日記』から坂口安吾の『日本文化私観』まで、アルフレッド・ジャリの『ユビュ王』から酒井順子の『ユーミンの罪』『オリーブの罠』まで、覗いてみたくなる痛快な本には、極私的で、履いている靴のことまで知りたくなるような同時代報告的なものが多かった。

千夜千冊でも、たとえば甲斐大策の『餃子ロード』、須藤晃の『尾崎豊・覚え書き』、カレン・フェランの『申し訳ない、御社をつぶしたのは私です。』、岡本喜八の『しどろもどろ』、さかはらあつしの『サリンとおはぎ』、ロジャー・パルバースの『もし、日本という国がなかったら』、井田真木子の『フォーカスな人たち』、鈴木一誌の『ページと力』、小林祥一郎の『死ぬまで編集者気分』、ホドロフスキーの『リアリティのダンス』、野口勲の『タネが危ない』、ダニー・ラフェリエールの『ハイチ震災日記』、野地秩嘉《つねよし》の『キャンティ物語』、エリック・レイモンドの『伽藍とバザール』、井上麻矢の『夜中の電話』などなど、けっこうその手の本をとりあげてきた。

こうした本はフィクションにくらべて編集構成力がより問われるので、読んでいておもしろく、いろいろ教えられることも少なくない。そのため心してその手の本に目を通してきた。

ただし、「おたく」の同時代的な見方に関しては、インサイド・アイから綴られた本は案内できないままにきた。今夜、やっと『「おたく」の精神史』を案内できる。もっとも大塚英志のものとしてはもっと別な本、たとえば『システムと儀式』(ちくま文庫)、『物語消費論』(新曜社→角川文庫)、『戦後まんがの表現空間』(法藏館)、あるいは一連の民俗学をめぐる本など採り上げたほうがいいのだろうが、今夜は「おたく」ものにした。

ちなみに『「捨て子」たちの民俗学』(角川選書)、『人身御供論』(新曜社→角川文庫)、『殺生と戦争の民俗学』(角川選書)なども読ませたし、また大塚の紹介にはマンガ原作者や小説家の面なども必要なのだろうが、そういうほうはぼくの任ではない。とくに作家大塚に関してはほとんど読んでこなかった。

といって「おたく」も任ではないのだが、多少は縁がある。「おたく」が波及していった時期は、ぼくが一九八二年に「遊」を休刊して麻布の自宅を松岡正剛事務所とし、自分の仕事具合のいっさいを更新登録していた時期とクロスしていたからだ。すでに「遊」の若いスタッフには「おたく」が芽生えてもいた。のちに活躍する山崎春美や祖父江慎くんなどだ。

いっとき、日本に「おたく」がどのように生まれていったのか、各自各様の見方が競われていたことがある。平仮名の「おたく」とカタカナの「オタク」の表記も割れていた。大塚は「おたく文化」の負の核心にあたる宮崎勤事件を語るには平仮名の「おたく」でなければならないと言うのだが、そこにこだわっている者は少なく、あとは「オタク」と綴ることが多い。ただ大塚の論法にはすこぶる説得力があり、今夜はその大塚の本を紹介するので、以下は「おたく」で通すことにする。

雑な紹介にすぎないけれど、たとえば中森明夫は「おたく」をネクラなマニア少年とみなした…、斎藤環は二次元コンプレックスの持ち主を「おたく」と見た…、東浩紀はポストモダン化するサブカルチャーの突起として捉えた…、岡田斗司夫《としお》は「おたく」を個人創作手芸の職人と見立てた…、宮台真司は学者やマニアの趣味に対して「おたく」

の趣味はごくごく個人的で理解不可能をかこっていると説明した…、上野俊哉は「おたく」にはカウンターカルチャーがないと批判した…云々。

見方はいろいろだった。周辺の議論やもっと広く捉えた議論も出入りしていた。とくにサブカルとの関係だ。江藤淳は文学潮流がマンガなどの下位文化に絡まって反転していく動向を「文学のサブカルチャー化」ととらえ、吉本隆明は下部構造がもはや上位文化を決定しえなくなっている事態をアルチュセールの見方をひねって「重層的な非決定」という用語で説明した。

このようにサブカルや「おたく」をめぐる意見は分かれてきたのだが、本書の見方は八〇年代文化論として「おたく」を解釈するというもので、他の議論の仕方とは一線を画していた。一九九七年から三年ほど「諸君！」で連載され、ついで講談社現代新書にまとまり、朝日文庫に入ったのちに序章と終章が新たに加わって本書になった。

序章に、アラン・ソーカル論文偽造事件に模して、日本の「おたく」文化を海外のオタク文化に擬して語る風潮を揶揄しつつ（「ナード」や「ギーク」とは違うということ）、八〇年代に発生した日本の「おたく」世代はそれより一世代上の全共闘世代による「見えない文化大革命」の成果の投影だという見方、だから「サブカル」は全共闘の世代だが、「おたく」はガンダム以降の世代だという見方が披露されている。

かなり強引な見方だが、こういう確信犯的な披露ができるのは、本書に詳しく示されているように、大塚自身が「おたく」誕生事情の現場にいた当事者の一人であったからだ。セルフ出版（のちの白夜書房）の「漫画ブリッコ」の編集に携わっているとき、一九八三年六月号で中森明夫がこの言葉を〝発見した〟ことをそばで見ていた。

そのとき中森は、周辺で「お宅族」「オタッキー」「オタッカー」などと言われていた〝ここそした雰囲気〟に釘を刺し、かれらを総じてずばり「オタク」と命名した。それは気まぐれな命名ではなく、むしろ当時の社会文化状況の反映だったと分析したのが、本書である。「当時の」というのは「八〇年代日本の」、もっと絞っていえば「八三年で切り取られた日本の」という意味だ。

八三年に「おたく」が誕生したとすると、それなりの時代現象がこの年に象徴的に反映していたことがくっついてくる。昭和五八年の日本だ。

この年、東京ディズニーランドが開園し、任天堂がファミコンを発売し、フジテレビの「オールナイトフジ」が始まった。ディズニーランド、ファミコン、オールナイトフジが揃ってスタートしたのは、偶然とは思えない。田中一光《いっこう》らによる無印良品の一号店が青山に開店したのもこの年だ。新たな欲望のファンファーレが吹かれたことを感じさせる。堤清二の西武文化が頂点に達していたのである。前年には糸井重里の「おいしい生活」というコピーが得意気にメディアを飾っていた。

思想界ではどうか。前年の上野千鶴子の『セクシィ・ギャルの大研究』(カッパブックス)に続いて(続いたわけではないだろうが)、浅田彰の『構造と力』(勁草書房)と中沢新一の『チベットのモーツァルト』(せりか書房→講談社学術文庫)が二ヵ月ちがいで刊行され、その後のニューアカ・ブームの到来を告げた。これはふつうはポストモダン思想の流行を告げるファンファーレとみなされるのだが、本書では性や消費やマンガ表象の記号化ののちの「シミュラークルの正体」が露呈されたものとみなされている。

八三年はまた、四月に橋田壽賀子の「おしん」がNHKの朝ドラで放映開始されて異様なほどのブームとなり、年末にはロッキード裁判の丸紅ルートの判決が下って、田中角栄に懲役四年、追徴金五億円の実刑が科せられ、ぼくも招待されたのだが、もっと押し詰まってからの年末にYMOが日本武道館で散開コンサートをした年でもあった。寺山修司が四八歳で亡くなったことも忘れられない。

こう見てくると、八三年には何かが示し合わせたように重なりあってシンクロ顕現していたのだろうと感じざるをえない。大塚もたびたび断っているように、こうした「八三年日本」を解明することは「おたく」の解読に直接つながることではないだろうものの、しかしこういう年次的な社会現象に突っ込んでいく見方は、やっぱりしばしば必要なのである。

もともと大塚は、筑波大学で千葉徳爾や宮田登のもとで民俗学を学んだ学徒だった。そのことは一九八九年の『少女民俗学』(光文社)このかた、大塚の社会に対する見方を支えてきたにちがいなく、それが「おたく」を媒介にした八〇年代文化論になったのだろうと思う。

八〇年代には、サブカルや「おたく」に並んで喧伝された〝流行語〟がもうひとつあった。「新人類」だ。コロナ・パンデミックが地球大の猛威をふるい、地質人類学では新たに「人新世」(アントロポセン)なる強力な用語が提案されて二一世紀の思想界を覆いつつあるなか、いまさら「新人類」がなお市民権をもつものとはとうてい思えないが、日本の八〇年代を議論するなら欠かせない。

一九八五年、筑紫哲也が編集長をしていた「朝日ジャーナル」が四月十四日号から「新人類の旗手たち」という連載を始めた。前年までの「若者たちの神々」を継承したもので、「神々」では、浅田彰・糸井重里・藤原新也・鈴木邦男・椎名誠・如月小春・村上春樹・坂本龍一・森田芳光・ビートたけし・野田秀樹・新井素子という順で紹介が進み、最後は山口小夜子・井上陽水・中上健次・桑田佳祐・田中康夫というふうにリスティングされた。けっこう話題になった。

もっとも村上龍・戸川純・橋本治・高橋源一郎・大竹伸朗・タモリは〝入選〟してい

たが、沢田研二・宇崎竜童らのミュージシャン、宮崎駿・押井守らのアニメーター、浅葉克己・サイトウマコトらのデザイナー、安藤忠雄・伊東豊雄・隈研吾らの建築家、大友克洋と多くの少女マンガ家、操上《くりがみ》和美・横須賀功光《のりあき》・アラーキーらの写真家、橋爪大三郎・赤坂憲雄・粉川哲夫・鎌田東二らの思想戦線、頭脳警察などのロックバンド、向田邦子以降の脚本家、高木仁三郎など多くの科学技術者、松田優作らの役者陣、高山宏・荒俣宏らの文学活動、吉田簑助らの伝統芸能者、原田大三郎らのメディアアーティスト、イッセー尾形らのコメディアンなどは、看過されていた。

これに対して「新人類」のほうは、遠藤雅伸・中森明夫・小曾根真・木佐貫邦子で始まり、秋元康・滝田洋二郎・藤原ヒロシ・西和彦・平田オリザで了《お》ったのだが、あまり評判にならなかった。記事のフォーマットが異なったせいもあるだろうが、大塚は「神々」の顔ぶれにはパブリックイメージがあったが、「新人類」は仕事を説明しないとわからない者が多かったからだと言っている。

人選もゆきとどいていなかった。活躍期に〝ゆらぎ〟はあるが、たとえば大島弓子、林真理子、いとうせいこう、佐野元春、忌野清志郎、ドラクエの堀井雄二、ダンサーの勅使川原三郎、香山リカや山崎春美、それに写真家の都築響一、ピテカントロプスの桑原茂一、スタイリストの北村道子、ＥＰ４の佐藤薫なども入ってよかったのではないかと思う。

というわけで「新人類」は不発におわったのだが、「神々」はその後も君臨しつづけた。本書はこのあたりのことにも言及しつつ、大塚自身の仕事の内側から「おたく」事情を組み上げていく。

大塚は一九八一年に筑波を卒業すると、徳間書店の「リュウ」「プチアップルパイ」のアルバイト編集長をへて、その後はフリーエディターとして「漫画ブリッコ」にかかわったらしい。高校時代にみなもと太郎のアシスタントをしていた経緯で、この仕事を選んだようだ。

大塚によると、当時のみなもとは「その後の山上たつひこ、鴨川つばめ、吾妻ひでお、江口寿史、吉田戦車、唐沢なをきといったマンガ家たちが試みた笑いの形式のほとんどすべてを提示した」ようなカルト作家だった。その後は幕末をめぐる大河マンガ『風雲児たち』を発表しつづけている。

ともかくも、大塚は「漫画ブリッコ」の仕事を始めた。ロリコンコミック誌だが、発行元のセルフ出版がおもしろい。とくに七〇年代後半のエロ雑誌「ニューセルフ」や「ウイークエンドスーパー」で鳴らした末井昭の編集力が際立っていた。末井はエロ雑誌のサブカル化を試みて、ヌードグラビア以外のページに嵐山光三郎、安西水丸、鈴木志郎《しろう》康《やす》、赤瀬川原平、平岡正明らを登場させた人物で、とくに八一年創刊の「写真時代」はサブカルマガジンの先頭を切って、栗本慎一郎・呉智英・粉川哲夫らが執筆や対談で気を吐き、荒木経惟や森山大道の写真作品は、継続してはここでしか見られないという特色を発揮した。

森下信太郎が創立したセルフ出版はのちに白夜書房となり、パチンコから野球におよぶおびただしい種類の趣味雑誌を刊行した。編集部には何人かイシス編集学校で活躍した者がいる。

こういう仕事環境で、大塚は「漫画ブリッコ」を起点に独特の視点で世の中を見抜く見方を磨いたとおぼしい。徳間書店での九年間もそうしたエクササイズにふさわしかったようだ。そこは徳間書店第二編集局というところで、「テレビランド」や「アニメージュ」をつくっていた。黒崎出版という小出版社が吸収され、そこに「アサヒ芸能」系の編集者がまじっていた。中心になっていた「アニメージュ」は編集長が尾形英夫、副編集長がのちにジブリに行った鈴木敏夫である。鈴木は慶応時代は新左翼セクトにかかわっていた活動家で、その後は子ども調査研究所のマーケットリサーチャーをしたのち、マンガやアニメの仕事に近づいていった。

大塚はその「アニメージュ」別冊の「リュウ」にかかわった。おたく系マンガ誌のはしりで、アニメーターにマンガを描かせるという狙いをもっていた。安彦良和の『アリオン』が中心で、「機動戦士ガンダム」の作画監督をしていた安彦がマンガ家に転向するきっかけになった。

その後の大塚の仕事ぶりは追わないが、これらを通して大塚が発見したのは、「アイドル」「美少女」「ロリコン」「エロ漫画」「サブカル」「おたく」「キャラ萌え」「テレビゲーム」「物語消費」「都市伝説」「アニメブーム」「ライトノベル」などが、それぞれあいまって同床異夢のシミュラークル領域を形成しつつあったということだった。いや、本書を読んでいるとこれらは異床同夢だったとも見える。

本書は後半で、これらのいちいち、岡田有希子や黒木香のこと、岡崎京子のマンガとその原体験にひそむもののこと、ビックリマンチョコレートがもたらしたこと、前田日明《あきら》のUWFがおこしたこと、宮崎勤事件のこと、オウム真理教のこと、「エヴァンゲリオン」が撒いた幻想のことなどを、それぞれ論じている。

やがて日本はバブル文化に浸るようになって、「おたく」も「キャラ萌え」も片隅に追いやられ、そのくせ消費市場のほうでは以上の同床異夢あるいは異床同夢をことごとく取りこんで〝商品化〟していった。いま日本中に揺動しているユーチューバーの自撮り映像や「ゆるキャラ」やおびただしいライトノベル群は、その残像である。

日本はどうしてこんなふうに「おたく化」の夢を見たのか。誰がこんなことを主導したのか。その論点は、序章で説きあかされている。こういうものだ。

(1) 第二次世界大戦後の日本には二度にわたって学生運動がおきた。六〇年安保と七〇年前後の全共闘運動だ。(2) 二つの学生運動には頓挫した連中がいた。(3) かれらは「おたく文化」成立以前のサブカルチャーの思想的援護者だった。(4) その足下から、「おたく」第一世代が生まれ、その活動にふさわしいステージとジャンルをつくっていった。(5) こうしたなか、高校生や大学生が大衆的ポップカルチャー以前の個人的大衆として醸成されていった。

本書は、いまでは日本の昭和平成精神史の語り方の、一方を代表する一冊になった。かつて坂口安吾や桶谷秀昭が綴った昭和精神史は、その後の時代精神の書き手を左翼や経済史家や福田和也に譲ってきたのだが、大塚によって新たな視座をもったのだ。

もう一方を代表するものは、さしずめ加藤典洋や島田雅彦や鈴木邦男だろう。けれども、これらと大塚のものとは、いまのところ交差していない。それを試みるのはもはや「おたく」でも「反左翼」でもない新たなマルチチュード(複数性)なのだろうと思う。

[追記] 日本のサブカル事情について本書を補完し、本書から拡げていく視野で参照するといいだろう本はかなりあるだろうが、あえて一冊だけ挙げるとすれば、マーク・スタインバーグの『なぜ日本は〈メディアミックスする国〉なのか』(KADOKAWA) がいいのではないかと思う。二〇一一年にミネソタ大学出版局から刊行された『アニメのメ

ディアミックス：日本におけるキャラクターと玩具のフランチャイズ』を増補したもので、著者は増補するにあたって角川書店の書庫の調査と角川歴彦《つぐひこ》とそのメインスタッフに対する取材をする機会に恵まれた。そのためマンガ・アニメ・キャラクター・コンテンツがどのようにメディアミックスされてきたのかという、まさに日本的サブカル・ビジネスの実情を取り込めるようになった。それに同書は翻訳には中川譲が臨んだのだが、監修に大塚英志が付いたのである。大塚の巻末「解説」も参考になる。

第一七五二夜　二〇二〇年九月二六日

参照千夜

三四六夜：ジャン・ジュネ『泥棒日記』　八七三夜：坂口安吾『堕落論』　三四夜：アルフレッド・ジャリ『超男性』　一五八三夜：酒井順子『ユーミンの罪／オリーブの罠』　三九四夜：甲斐大策『餃子ロード』　一三六夜：須藤晃『尾崎豊・覚え書き』　一五六〇夜：カレン・フェラン『申し訳ない、御社をつぶしたのは私です。』　一五八五夜：岡本喜八対談集『しどろもどろ』　一四八四夜：さかはらあつし『サリンとおはぎ』　一五四五夜：ロジャー・パルバース『もし、日本という国がなかったら』　三九六夜：井田真木子『フォーカスな人たち』　一五七五夜：鈴木一誌『ページと力』　一五九六夜：小林祥一郎『死ぬまで編集者気分』　一五〇五夜：ホドロフスキー『リアリティのダンス』　一六〇八夜：野口勲『タネが危ない』

一四六三夜：ダニー・ラフェリエール『ハイチ震災日記』　一六五九夜：野地秩嘉『キャンティ物語』　六七七夜：エリック・レイモンド『伽藍とバザール』　一六二五夜：井上麻矢『夜中の電話』　一七五五夜：東浩紀『動物化するポストモダン／ゲーム的リアリズムの誕生』　二一四夜：江藤淳『犬と私』　八九夜：吉本隆明『藝術的抵抗と挫折』　七八六夜：田中一光『素顔のイサム・ノグチ』　八〇四夜：辻井喬（堤清二）『伝統の創造力』　八七五夜：上野千鶴子『女は世界を救えるか』　九七九夜：中沢新一『対称性人類学』　四一三夜：『寺山修司全歌集』　一六〇夜：藤原新也『印度放浪』　一一五一夜：鈴木邦男『愛国者は信用できるか』　七五五夜：中上健次『枯木灘』　五三七夜：宮田登『ヒメの民俗学』　一一〇七夜：隈研吾『負ける建築』　八〇〇夜：大友克洋『ＡＫＩＲＡ』　一一〇五夜：荒木経惟『写真ノ話』　一四一二夜：赤坂憲雄『東北学／忘れられた東北』　六五夜：鎌田東二『神道とは何か』　四四二夜：高山宏『綺想の饗宴』　九八二夜：荒俣宏『世界大博物図鑑』　八二六夜：吉田簑助『頭巾かぶって五十年』　一三一六夜：大島弓子『毎日が夏休み』　一九八夜：いとうせいこう・みうらじゅん『見仏記』　一一五二夜：都築響一『賃貸宇宙』　七七一夜：平岡正明『新内的』　八四三夜：小松和彦・栗本慎一郎『経済の誕生』　四三〇夜：安彦良和『虹色のトロツキー』　一五四九夜：岡崎京子『ヘルタースケルター』　四四八夜：桶谷秀昭『昭和精神史』　八七七夜：野坂昭如『この国のなくしもの』　一一四二夜：加藤典洋『日本人の自画像』　一三七六夜：島田雅彦『悪貨』

物語をデータベース消費する世代から、
ラノベ回路が仮想共有されるようになった。

東浩紀
動物化するポストモダン
ゲーム的リアリズムの誕生
講談社現代新書　二〇〇一・二〇〇七

何の寄与もしていないけれど、東浩紀《あずまひろき》の「ゲンロン」活動を遠くから見守っているつもりだ。こんなことを言うのは口はばったいが、どんなアカデミーにも組織にも属さないで編集工学をなんとか育《はぐく》もうとしてきたぼくからすると、東くんのこれまでの思想活動がゲンロンにさしかかってきたことに、岡目八目の贔屓《ひいき》筋《すじ》のような気持ちで応援したくなる。

東くんの活動をちゃんと追ってきたわけではないし、本人と話しこんだこともない。ただ、論壇で東くんが毀誉《きよ》褒貶《ほうへん》されるのを横目で見ていて、それは諸君の読み方が違うだろう、既存学術すぎるだろう、ポストモダンに留《とど》まりすぎだろう、彼はそんなことを言いたくて書いたのではないだろうとずっと思ってきた。だいたいデリダを論じたデビュー著書の『存在論的、郵便的』（新潮社）にしてから、デリダは出汁《だし》に使ったのであって、デリダ思想の展開がおもしろいわけではなく、デリダの出汁を「おつゆ」にしてポストモダン現象を拡張解釈していく手際のほうに、ぼくは注目したものだ。

そう思っていたら一九九九年に『郵便的不安たち』（朝日新聞社）でポストモダン論がオタク文化とないまぜになり、ついで二一世紀最初の冬の『動物化するポストモダン』ではアウラ（現存在性）を失って動物化するオタクの意識を「データベース消費」という別の「おつゆ」に転位させて解読していることを見て、そうそう、東くんはこういうつもりだったんだよねと納得した。

けれども論壇は、彼がポストモダンの概念装置を活用してオタクを分析したと評価した。おいおい、それが違うのだ。話は逆だ。彼はオタクの意識によってポストモダンの硬直（「おつゆ」が「おつゆ」でなくなってきた↓リキッドではなくなった）を、変更もしくは更新することを試みたはずなのだ。

もっとも東くんにも、頑固なところや余計に正当化をはかるところがある（誰もがそうだが）。彼はしばしばデリディアン（デリダ主義者）を自称するが、本人の構想力や表現力はどちらかというとガタリの「分裂分析」のセンスに近く、それが適度な誤配の確率を伴ってフラジャイルにもフラクタルにもなっているからおもしろいのであって、あまりデリダを持ち出さなくてもいいのではないかと、こっそり耳打ちしたくなる。

二一世紀になって、そういう東浩紀が「網状」化していったことは好ましく見えた。「あえて」よりも「ついで」のパフォーマンスを次々に編集していこうというのだろう。詳しい事情は知らないが、メールマガジン「網状言論」を発信したり、情報技術社会に踏みこんで「ｉｓｅｄ」を立ち上げたり、二〇〇六年前後はシンクタンクや企業を相手の仕事をしたようだった。

この手の仕事は、発注元は当初の依頼のときはたいていキラキラと薔薇色のそぶりを見せるのだが、実際には担当者が長い責任をとれるものでなく、すぐに組織は歪んだ顔を見せる。ＰＬやＢＳやコンプライアンスにひっかかる仕事は、三年半ほどすると必ずや揺り戻しがおこるのだ。だから思想色に染まった仕事の進捗《しんちょく》はとてもむつかしい。必ずやそうであったろうに、怯《ひる》まずよく続けたものだ。きっと鈴木健くんなどが協力したのだろうと想像する。

そもそも思想というものは、時代や語り相手によってワインディングするだけでなく、どんな乗り物にのるかによって変化する。メディアによって、発表する場によって、コラボレーターの才能によって、縛りもかかるし重圧もかかる。先方は「あえて」だが、こちらは「ついで」なのである。しかし、そもそもグーテンベルクの銀河系（またその拡張系の一端）に乗るとはそういう「ついで」のことなのである。

だからお仕着せのメディアに対応するだけでは、多くの思想形成者は半分くらいが翼をもがれていかざるをえない。それならむしろ、ステファヌ・マラルメや宮武外骨や手塚治虫のように、また多くのインディーズのように、自分自身が仲間たちと独自のメディアをつくるべきなのだ。

テレビなどにはあまり乗らないほうがいい。テレビはドキュメンタリーとスポーツ中継を別にすると、「思想の発現」には合わないメディアだ。難解度や複雑性が発揮する色気が、あのメディアにはない。もちろん新聞にもすっかりなくなっているし、残念ながら大学にも色気がなくなった。

二〇〇七年に『動物化するポストモダン』の続篇にあたる『ゲーム的リアリズムの誕生』が上梓された。これはライトノベルを採り上げて、前著より出来がよく、切れもよく、日本のオタクにとんちんかんなぼくも整理がついた。ただ後半は美少女ゲームやキャラクター小説などの具体例に突っ込みすぎて、その解釈に繰り返しが多くなった。

二〇一〇年代に向かっては、網状化のストリームを試みる動きがガタリふうの「思想地図」というプレゼンテーションの提示へ、ついでは啓蒙ルソーを借りての『一般意志2・0』（講談社）の提示に向かった。そこにはSNSとの相互乗り入れの可能性が模索されていた。拡張グーテンベルクを怖れないところは、これまでの日本の思想家にはない特色で、これまた好ましかった。

『一般意志2・0』は消費社会と情報社会が重畳化していったときの社会意志のありかたを問うたもので、ルソーの「憐れみ」とリチャード・ローティの「アイロニー」を持ち出したところがおもしろく、もしもSNS（とくにツイッター的なるもの）がこの方向に向かうものになるのなら、さまざまな可能性が取り戻せると感じさせた。

しかし、実際のその後のSNSはそんなふうには発展していない。東くんはがっかりするだろうけれど（津田大介くんも）、世の中の趨勢《すうせい》はそんなもので（とくにGAFAにもとづく文化現象は）、ネットメディアが変革されないからといって、あまり気にしないほうがいい。それより、ここでローティと遊んでいたのが嬉しかった。東くんはハーバーマスやロールズやクリプキと取り組むより、おそらくはローティやロバート・ノージックやイアン・ハッキングと、あるいはロバート・シャピロあたりと遊ぶほうがずっとお似合いなのである。

もっと本格的に突っ込むなら、やっぱりホワイトヘッドか、コンセプチュアルには「コンティンジェンシー」（偶有性、別様の可能性）の意味をもっと精緻に、もっとダイナミックにすることだろう。それにはルーマンのダブル・コンティンジェンシーの大幅な組み替えが必要だけれど、彼と周辺のスタッフならできそうなことだ。

　その後、東くんは合同会社コンテクチュアズから株式会社ゲンロンへ、さらにそのメディア化に向かったようだ。たんにウェブ化していったのではなく、そこに「郵便性」という面倒を保持したままの「手続きを伴うメディエーション」を意図していたようなので、安心した。五反田のゲンロン・カフェも動き出した。カフェにはぼくも一度呼ばれて座談を歓《たの》しんだ。


　以上が前置きである。

　では、今夜の千夜千冊の眼目である『動物化するポストモダン』とその続篇の『ゲーム的リアリズムの誕生』が主張しているところを要約しておこう。二〇〇一年と二〇〇七年の著述なので、現在からするとトレンドの例示や言葉づかいにズレはあるが、考え方はいまなお通じると思われる。

　議論されているのはオタク系文化のことだ。『動物化』には当時から「オタクから見た日本社会」というサブタイトルがついていた。オタクは「コミック、アニメ、ゲーム、パーソナル・コンピュータ、SF、特撮、フィギュアそのほか、たがいに深く結びついた一群のサブカルチャーに耽溺《たんでき》する人々の総称である」と説明される。

東が見るところ、オタク系文化の担い手は若者とはかぎらない。むしろこの文化を主要消費しているのは五〇年代後半から六〇年代前半に生まれた世代なのである。便宜的には、①《宇宙戦艦ヤマト》や《機動戦士ガンダム》を十代で見た第一世代、②七〇年前後に生まれて先行世代がつくりあげたオタク系文化を十代で享受した第二世代、③八〇年前後生まれで《新世紀エヴァンゲリオン》ブームを中高生で受けた第三世代、というふうに分かれる。

ただ一九八八年から翌年にかけて宮崎勤がおこした連続幼女誘拐殺人事件の報道によって、オタク青年は非社会的で倒錯的な趣向をもつとされ、オタクという言い方そのものに差別表現が滲むようになった。そのため九六年に岡田斗司夫《としお》が書いた『オタク学入門』(太田出版→新潮文庫)では、この差別感を払拭《ふっしょく》するための解説がやや過剰なまでに強くなされた。

『動物化』が前提にしている社会意識の動向は、①ポストモダン社会では「大きな物語」が縮退している、②そのぶんシミュラークル(擬似的世界観とその断片)がやたら多様に広がっている、③そのため多くの消費人間は欲望に対して「動物化」(コジェーヴの用語)をおこし、つねに新たなスノッブ(オタク的コモディティの消費)を求めるようになっている、というものだ。

こういう動向が進むなか、オタクは何をもってどんな傾向を見せたのか。東が鮮やかに取り出してみせた論点は、ひとつには、オタクたちがマンガやアニメやライトノベルなどの作品を、物語として読むのではなくその構成アイテムを次々に消費しているということだ。そうなっていったのは、オタク系が自分たちの意識に共通して想定されているデータベースのような機能（情報エントロピーが捨てられていく海のような機能）に依拠しているからで、したがってかれらは物語を「読んでいる」のではなく「データベース消費」をしているのではないか、このことは社会にそのデータベースで語れる仮想社会を次々に溜めさせていることになっているのではないかということだった。

もうひとつは、オタク系文化は巷間《こうかん》言われているような（産業界が応援しそうな）クール・ジャパン的な「日本化」をおこしているように見えるのだが、それは歴史的な「真水《まみず》の日本」にめざめたからではなく、つまり近代以前の日本と素朴に連続しているのではなく、むしろそのような連続性を壊滅させた戦後のアメリカがもたらした欲望消費社会の介入が媒介になったせいではないかというものだ。

オタク系文化を牽引《けんいん》した代表に、アーティストの村上隆がいる。フィギュアやマンガ的キャラクターをたいそうポップな日本画にしていった。村上は、七〇年代にアニメーターの金田伊功《かなだよしのり》がつくりあげた画面構成に狩野山雪《かのうさんせつ》や曾我蕭白《そがしょうはく》に通じる大胆な奇想が躍如し、九〇年代の原型師ボーメや谷明《たにあきら》が先導したフィギュアには、極上の仏像彫刻のよさが再来していると見た。

また、当時の高橋留美子のマンガ『うる星やつら』には日本民俗学的なアイテムとSFファンタジーが混淆《こんこう》したような作風が目立ったし、九六年の佐藤竜雄のTVアニメ《機動戦艦ナデシコ》には日本の社会文化のミラーリングとでもいうべきものがそこそこ目立っていた。

大塚英志は『物語消費論』で、オタク系が好む「二次創作」(原作を読み替えて制作されるゲームやフィギュア)は、歌舞伎や文楽の「世界定め」や「趣向」の設定に似ていると指摘した。オタク系作品には日本的なイメージが復活しているのだ。

こうした傾向に関する指摘は、あたかもオタク系文化が「日本志向」をして、まさにクール・ジャパンの知財が動いているかのように感じさせるのだが、東はそこに待ったをかけた。オタクと日本文化とのあいだにはアメリカが挟まっているのではないか、オタク系文化はアメリカ的な消費文化をいかに「国産化」するかということではなかったのかと言ったのだ。このこと、最近の例でいえば、たとえば映画《るろうに剣心》が描いているのは実はハリウッド的な幕末維新なのだと見ると、とてもわかりやすい。

『ゲーム的』のほうは、これまで「文学」として採り上げられてこなかった西尾維新や清涼院流水らのライトノベルやキャラクター小説を正面に見据えて、このような流れにひそむ「オタク的意図」の解読を試みた一冊だ。さきにも書いたようによくまとまっていて（コクがあって）、切れがある。

二〇〇三年に谷川流《ながる》の『涼宮《すずみや》ハルヒの憂鬱』（角川スニーカー文庫）が発表され、二〇〇五年にツガノガクによってマンガ化された。翌年にアニメ化されるとベストセラーに躍り出て、二〇〇七年にはシリーズ四〇〇万部をこえたということがおこった（二〇一七年では世界で累計二〇〇〇万部になった）。

こういうお化けのような状況が、ライトノベル↓マンガ↓アニメ回路を通すと、どうして生まれていくのか。ぼくはただ呆然と眺めていたけれど、次のように説明できるようだ。

今日のライトノベル・ブームをつくったのは、よく知られているように、一九八八年に発刊開始された角川スニーカー文庫と富士見ファンタジア文庫だった。『蓬莱学園』シリーズの作家の新城カズマは『ライトノベル「超」入門』（ソフトバンク新書）で、神坂一《かんざかはじめ》が『スレイヤーズ！』を出版した一九九〇年を狭義のライトノベル元年だとした。いまではラノベと略称される。

ラノベの特色は、新城によれば「ドラマの結論から人物が規定されるのではなく、キャラクターの性質がドラマ（の可能性の束）に優先していく」というところにあり、そのためラノベの本にはキャラクターのイラストやマンガが派手に描かれる。そういうキャラ絵のアマやプロもわんさといる。『涼宮ハルヒの憂鬱』では、語りのキョン、変人美少女でSOS団長のハルヒ、ヒューマノイド・インターフェースの長門有希、未来人らしい朝比奈みくる、超能力者の古泉一樹らが、キャラクターとして並ぶ。

ラノベはこうしたキャラクターをめぐる「正体」の描写とその「変容」ぐあいの開示で進む。だからラノベは「物語の媒体」ではなく「キャラクターの媒体」なのである。こういうラノベを東は「キャラクターのデータベースを環境として書かれた小説」だとみなしたのだ。この環境とは、作品と作品のあいだに拡がる「仮想の環境」のことで、ここに四〇〇〇万部が流れこんだのだった。

一方、大塚英志はマンガやラノベが拡張していった環境は、「マンガ・アニメ的リアリズム」というもので埋められていると見た。大半の小説は現実を写生しているのだが、マンガやラノベは「アニメやコミックという世界の中に存在する虚構」を写生しているとみたのだ。

このことは、新井素子が「私は『ルパン三世』の活字版を書きたい」と思ったときから始まっていたと、大塚は分析した。ぼくは、いとうせいこうがゲーム少年たちの異様な想像力を描いた『ノーライフキング』（一九八八年の作品）で、「ぼくは今、いつ死んでしまうかわからないリアルなハーフライフです」と書いたときからも始まっていたように も思うが、きっとこういうシンクロはいろいろなところでおこっていたにちがいない。 それらはいつしかオタクのデータベースに、いわば〝クラウド化〟されていたわけである。

新井素子以外にも、先行していたものはいろいろある。吉本隆明が「ポップ文学」と名付けた村上龍・村上春樹・高橋源一郎・島田雅彦・吉本ばななは、みんな先行者だろう。東も『ゲーム的』のなかで、そのポップ文学やJ文学が、阿部和重の作風の変化、仲俣暁生《なかまたあきお》の小説や言説、吉田修一・保坂和志・綿矢りさの登場などによって、よりゲーム的になっていったことを解説している。

このように見ていくと、こういうことは最近始まったことではなく、『デカメロン』や『若きウェルテルの悩み』や『レ・ミゼラブル』や『ライ麦畑でつかまえて』のころから、ずっとおこっていたのではないかという気もする。

そうだとしたら神話や説話が文学作品になり、民衆に受け入れられ、それが芝居になったり浮世絵や羽子板になり、また映画やテレビドラマになったりしたのは、「ライトノベル↓マンガ↓アニメ回路」とどこが違うのか。「ゲーム的リアリズム」(東)や「マンガ・アニメ的リアリズム」(大塚)とどこが違うのか。

おそらく、かなり違うのだ。たしかに『レ・ミゼラブル』は小説・戯曲・舞台・映画になり、ときにはミュージカル化やマンガ化もされ、まさにメディアを変えて流出してきたのだが、そこには受け手側がつくりだす双方向性がない。作品は読者や観客によって形を変えて集団消費されているけれど、読者はつながるわけではなく、つながる回路にもなっていない。

ラノベ回路にも当初の原作があることは同じだが、そこから原作の変奏や編集や二次創作がおこる。とくに物語のストーリーやプロットを離れてキャラクターに反応する独特の回路が想定されていく。また、ふつうの文学ではその物語が外側（物語の外側）で共有されることはない。ときに『星の王子さま』のように公園化したりミュージアム化されることはあったとしても、そのユーザーが物語の外で、寄って集《たか》ってキャラクターを蕩《とう》尽《じん》することはない。そして、この出来事を共有してみせたのがオタクだったのである。ときにコスプレをしてでもキャラクターになりたくなるオタクたちなのだ。

ラノベ回路では従来の「文学」がもたらしてきたものとはかなり異なる事態が出来《しゅつたい》しているると言わざるをえなかったのだ。これはいったい何がおこったということなのだろうか。「誤配」がおこったのだ。誤配による連携が生じていたのだった。

いま、ぼくの机の上には「ゲンロン」の〇号から一〇号までがちょっと歯抜けで積んである。〇号が東が単独執筆した「観光客の哲学」で、以降、「現代日本の批評」「慰霊の空間」「ロシア現代思想」「幽霊的身体」「ゲームの時代」などと続く。特集的なので雑誌に見えるが、従来の雑誌ではなく、思想誌とも同人誌ともいえない。ウェブの「ゲンロンβ」も配信されている。

　これらはいったい何なのかといえば「ゲンロンという現象」なのだ。友の会もあるらしい。なんだかとても懐かしい。

　かつて「遊」を編集していたころ、ぼくは「遊」が流出したり陥入されたり、外部化されたり飛び地化されることを夢想していたことがある。学校化や寺院化がおこってもいいと思っていた。そのごくごく一部は各地の「遊会」として、田中泯のハイパーダンスとして、「遊塾」として、ダイアリーの発刊などとして実現されたが、母体の経営難からぼくがスピンアウトすることになって、中途半端におわった。そこそこ苦くて甘い体験である。

　いまゲンロン現象に接していると、ぼくの挫折をはるかに超えた何かを推進しつつあるように見える。ただ、それらが「オタクによるデータベース消費」に向かいすぎないことを願っている。「オタクによるデータベース消費」は東くんが与《あずか》り知らぬところで別様の可能性として、コンティンジェントにおこっていったほうがいい。あるいはデータベースのシステムが食べ尽していって、システムが腹を壊していったほうがいい。それをまちがっても、AIなどが助けないほうがいい。

第一七五五夜　二〇二〇年十月二十日

参照千夜

一〇八二夜：ドゥルーズ&ガタリ『アンチ・オイディプス』　九六六夜：マラルメ『骰子一擲』　七一二夜：吉野孝雄『宮武外骨』　九七一夜：手塚治虫『火の鳥』　六六三夜：ルソー『孤独な散歩者の夢想』　一三五〇夜：リチャード・ローティ『偶然性・アイロニー・連帯』　四四九夜：ロバート・ノージック『アナーキー・国家・ユートピア』　一三三四夜：イアン・ハッキング『偶然を飼いならす』　九九五夜：ホワイトヘッド『過程と実在』　一三四九夜：ルーマン『社会システム理論』　一七五二夜：大塚英志『「おたく」の精神史』　一九八夜：いとうせいこう・みうらじゅん『見仏記』　八九夜：吉本隆明『藝術的抵抗と挫折』　一三七六夜：島田雅彦『悪貨』　三五〇夜：吉本ばなな『TUGUMI』　二二七夜：保坂和志『アウトブリード』　一一八九夜：ボッカチオ『デカメロン』　九六二夜：ユゴー『レ・ミゼラブル』　四六五夜：サリンジャー『ライ麦畑でつかまえて』

アキバ系と「萌え」系が、
ふいに「キレる」のはなぜなのか。

趣都の誕生

森川嘉一郎

萌える都市アキハバラ

幻冬舎　二〇〇三

派遣社員の青年が二トントラックのエンジンをふかして群衆の只中に突っ込み、福井で買った三〇センチのダガーナイフを振りまわして、あっというまに七人の男女を殺害した。巻き添えをくった負傷者も少なくない。アキハバラの歩行者天国でおこった無差別殺傷である。

この殺傷事件については、青年の生い立ちと事前行動とが取調べの進捗による供述報道やマスメディアの執拗な追跡によってあきらかになるにつれ、さまざまな憶測やコメントを殺到させた。事件の暗部を浮き彫りにすることが、まるで奪いあうような勢いで語られている。一時間に一〇〇〇件にのぼるケータイ・サイトへの書き込みがあったことは、ケータイ文化に悍《おぞ》ましい奈落があることを告げ、青年が明日の従事もおぼつかない派遣社員であったことは、ただちに格差社会の問題や勝ち組と負け組による「ねじれ社会」論に飛び火した。

が、この青年がなぜわざわざアキハバラを選んで〝一切の清算〟をめざしたのかということについては、ぼくが知るかぎりはほとんど本気な議論は出ていないままになっている。彼はアキハバラでなくとも、どこでも手当たり次第の殺人をしたがったのか。そうではあるまい。

本書は、日本の首都の新たな様相を「趣都」と捉えた森川嘉一郎が、鮮やかな手際でアキハバラを分析したものである。「萌える都市アキハバラ」というサブタイトルがついていて、カバーデザインもいかにもサブカルっぽくなっているので、その手のものかと思いきや、どっこい、かなり本気な都市文化論になっている。

森川は子供のころからワシントン、ロンドン、シドニー、千葉（サイバーパンクなチバ・シティ？）に育って、早稲田で建築を学んだのちは石山修武《おさむ》の研究室に所属して、建築と意匠の研究を専門としてきた特異な経歴の研究者である。石山さんは第二回織部賞（一九九九）の受賞者でもあった。森川はその弟子だ。

なかなかおもしろい本だった。ただし本書は二〇〇三年の出版だから、その後のアキハバラの変貌、たとえばメイドカフェの動向やヨドバシカメラの巨大ビルの進出などについては触れられてはいない。けれども、十分にアキハバラが何であるかを多角的に指摘した。だいぶん前に読んだ本だったが、アキハバラ事件とともにふと思い出して取り上げることにした。帯には、磯崎新の「東京のいま、についてのこの新しい解釈学的視点が、これまでの景観論、計画論、共同体論のすべてを無効にしてしまうだろう」という大仰な賛辞が、赤いインクで刷ってある。

もっとも本書については、オタク本格派の連中からは「よくできたペテン」ではないかという批判もあれこれ出されたのだが、そのことは最後にふれることにする。

一九八〇年代まで、アキハバラは家電の街だった。宣伝文句でいうなら、「電気のことなら石丸電気、石丸電気は秋葉原」「電器いろいろ秋葉原、オ・ノ・デン」「あなたの近所の秋葉原、サトームセン」だったのである。

ところが、郊外のロードサイドにコジマやヤマダ電機などの量販店がどんどん登場し、ビックカメラといった巨艦店舗がしだいに都心の重要地を占めるようになってくると、家電製品は一挙に低価格競争に巻き込まれ、アキハバラは「家電のメッカ」とは言えなくなってきた。

そこでアキハバラの家電店は、主力商品をパソコンと周辺機器に移していった。一九九〇年にラオックス・ザ・コンピュータ館がオープンしたことがターニングポイントだったらしい。ついでチェーン店がDOS／V館、Mac館、モバイル館などを構え、部品店の多くもパソコン部品を揃えるようになった。それで何がおこったかというと、家族連れで家電製品を買いにきていた客層が、だんだん男性中心に移行した。

それにつれてアキハバラのシンボルであるラジオ会館が変貌していった（ぼくの学生時代のアキハバラはラジオ会館のことだった）。もともとは家電とオーディオと電気関係の部品でほぼ埋められていた各フロアーが、最初は五階以上にパソコン商品が並び、それがじょじょに各階を覆っていくとともに、一九九八年に劇的な変化を遂げたのだ。ガレージキットやフィギュアで有名な海洋堂がラジオ会館の四階に入ったのである。これを合図にしたかのように、翌年にはメインストリートにラオックス・ホビー館が生まれ、二〇〇〇年には「コミックとらのあな」一号店が誕生した。

海洋堂の移転はアキハバラとフィギュアを結びつけた。それだけではなく、コミック動向やアニメキャラのアキハバラにおける屹立《きつりつ》を促した。サブカルっぽくいえば、「萌え」の文化をアキハバラにもたらしたのだ。ちなみに海洋堂は、ぼくも学研・カコスタジオ・田宮模型などとともにずっと注目している工作者グループで、その変遷と全容については、宮脇修一『造形集団―海洋堂の発想』（光文社）、『進め海洋堂』（ワールドフォトプレス）、『海洋堂通信』（主婦と生活社）などに詳しい（のちのちぼくも、勇んで大阪の海洋堂を訪れて宮脇さんらと意気投合した）。

ラジオ会館の変質がなぜアキハバラを「萌え」に変えていったのか。森川はいくつかの推断を通して、ここには九五年からテレビ放映された庵野秀明のアニメ《新世紀エヴァンゲリオン》、九七年まで放映された武内直子の《美少女戦士セーラームーン》、九六年発表のテレビゲーム「サクラ大戦」などの影響が見てとれると言う。

とくに《新世紀エヴァンゲリオン》の爆発が大きい。テレビ東京系列で約一年にわたって毎週放映された後に、すぱっと打ち切られたことも決定的な引き金になっているのではないかと言う。

《新世紀エヴァンゲリオン》はガイナックスが企画制作し、庵野が演出監督をしたファナティックなまでにファンを熱狂させたテレビ・アニメである。キャラクターデザインは貞本義行、アニメーション監督は鶴巻和哉。画面に文字《フォント》をふんだんに入れてみせた演出でも話題をまいた。碇《いかり》シンジ、綾波《あやなみ》レイ、惣流《そうりゅう》・アスカ・ラングレー、葛城ミサト、赤木リツコらの登場人物は、あっというまにオタクたちを虜にしていった。多くの解説本も出まわり、なかには兜木励悟《かぶときれいご》の『エヴァンゲリオン研究序説』ＩⅡ（データハウス）といった〝学術書〟もひそかに読まれていったのだが、そのブレイク絶頂期に放映が打ち切られ、その余韻はオタクが引き取るしかなくなってしまったのだった。

しかし、このような一連の出来事がアキハバラを「趣都」に変えてしまったということを森川に導かれて理解するには、また、その趣都アキハバラで無差別殺人をおこしたくなる青年が突如として出現したことを漠然とながら理解するには、もう少しいくつかのオタク的な背景を知る必要がある。

まずは「萌え」である。これはアニメのキャラクターに「萌える」者たちがふえてきたことに始まる。「萌える」は平たくは「好きになる」ことだけれど、この世ならざる子が好きで好きでしょうがなくなるという意味合いがこもる。

だから原則は誰に萌えてもよく、たとえば《アルプスの少女ハイジ》のクララに惹かれるのなら〝クララ萌え〟、「ときめきメモリアル」の藤崎詩織がいいとなれば〝詩織萌え〟、堂高《どうたか》しげるの『全日本妹選手権!!』なら〝妹萌え〟で、ようするに「かわいい」ならクララでも『名探偵ホームズ』のハドソン夫人でも妹でも何でも萌えるのだが、ただし、萌えるのはたいていは引きこもり型のオタクたちなのである。ということは、「萌え」とはかれらの一世一代の「初恋」なのである。

このような「萌えのオタク」の精神構造を、精神医学者たちはしきりに「解離」(dissociation)というキーワードで解こうとしてきた。たとえば〝ビリー・ミリガン〟や〝冬彦さん〟のような多重人格的傾向のことを、医学的には「解離性同一性障害」というのだが、これを、なんらかの過去の外傷が自身に回帰して人格の多重化をおこし、アイデンティティをおかしくさせているとみなすのだ（→千夜千冊エディション『心とトラウマ』参照）。それがいつのまにか「萌え」と結びついた。

このような見方は、先日、死刑が執行されたばかりの「宮崎勤」の事件が白日のもとにさらされて以来の通り相場になっている。詳しくは斎藤環の『解離のポップ・スキル』（勁草書房）というそのスジの名著を見られるといい。斎藤は環境生態学を修めた現場のお医者さんである（もっとも本書は、そうした精神分析的な解読はいっさい試みてはいない）。

それにしても「萌え」とは奇妙な感覚だ。実在の女性に惚れるのではなく、作中キャラクターに惚れる。それも文芸的に解釈されたものではなく、「絵になるキャラ」に惚れる。それが「キャラ萌え」だ。奇妙な感覚であるにもかかわらず、堀田純司の『萌え萌えジャパン』（講談社）によると、いまや「二兆円の萌え市場」になっていて、なんだこれはと愕然とさせられる。

いったいいつからこんなことになったのかと思う向きも多いだろうが、「萌え」のルーツをたどることなら、すでに何人もの手によって研究済みだった。いくつかの説がある。少女マンガ『太陽にスマッシュ！』の高津萌というキャラに入れこんだ連中が「萌〜っ！」というファンコールを言い始めたという説、NHK番組「天才てれびくん」の中のアニメ《恐竜惑星》の萌の人気が爆発したという説、《美少女戦士セーラームーン》の土萌《ともえ》ほたるが火を付けたという説、いろいろだ。

絵を見ればわかるとおり、これらのキャラはいずれも「あどけなさ」を残した少女たちである。未発達・未成熟の魔力というものだ。そういう女の子が自分に甘えてくれるか、自分が甘えられると思いたい。けれどもこんな女の子が世の中にいるわけもないので、オタクはひそかにアニメ・キャラだけに萌えるわけなのである。これらが当時のパソコン通信の掲示板を通して一気に広まったことは、おそらくは漢字変換が容易なメディアで「萌え」現象が起爆したことをあらわしていた。

こうして《エヴァ》の綾波レイやアスカが登場してきたのである。とりわけアニメショップ「ペーパームーン」で、九六年に等身大フィギュア第一号となった綾波レイのばあいは、それをとりまく現象は神話的ですらあった。朝日新聞は九七年四月七日の夕刊に、ついに「綾波レイ、アニメ美少女は五三万円」という見出しを打った。三〇体の等身大フィギュアのうち、戦闘服のフィギュアに五三万円の値段がついて、それを含めて完売したという記事だ。

しかし「萌え」がわかったところで、アキハバラの犯罪とはまだつながらない。そこには「キレる」が関与する。「切れ」ではなく、「切れる」でもない。キレるのだ。こちらは漢字変換がない。

これについては《エヴァ》の主人公のパイロット、碇シンジが敵の使徒と戦うたびにキレていたことと関係があるらしい。シンジは十四歳の設定だが、シンジがキレることによってロボットが暴走し、敵を倒してもその暴走はとまらず、ついにシンジはロボットと完全融合がはたせる。逆にいえば、キレないかぎりは攻撃性は生まれないし、未来との合体もない。

「萌え」であって、かつ、キレていく。この「モエ」と「キレ」の出会いはかなり異様な取り合わせであるが、このような縫合こそオタクの「逆ギレ」という言葉もつくっていったのだった。しかもこの「キレる」にはつねに「癒し」が対応しつづけた。

では、こうした「モエ」と「キレ」の結託はラジオ会館の変貌とともに初めておこったのかといえば、そんなことはない。いくつもの前史があった。森川はそれをうんとさかのぼって、ウォルト・ディズニーと手塚治虫との比較や「東京の未来」を描いたトレンディドラマやコミックのいくつかの作品を通して、透視する。

ディズニーはアニメ初のトーキーで音を付け、マルチプレーン・カメラとテクニカラーの導入で、かつてない映像スペクタクルの劇的展開をみごとに成功させた。そこにはセルアニメによる技術的特性がいかされている。

セル画は表面に線画をトレースしたのち、裏側から厚く塗りつぶす着色をほどこすようになっている。このセルをオモテのほうから見ると、塗りムラもタッチもないつるつるの絵柄をつくることができる類《たぐ》いまれな技法になっている。このセルアニメの特性が、アニメーター一人ずつの技量をこよなく均質化させ、実際には気が遠くなるほど手間のかかる膨大な制作作業を、みごとに分業化させる魔法の杖になった（アニメ映画のラストに出てくるスタッフ一覧の多さを思い出してもらえばいいだろう）。それとともに実験技法であったアニメーションは、ディズニーによってしだいに娯楽産業の王道に向かって変化した。

ただしディズニーは、アニメに『シンデレラ』や『白雪姫』や『不思議の国のアリス』などのヨーロッパ童話やファンタジーを移入するにあたって、厳格なプロテスタントらしく、徹底して「残酷」と「性」を排除した。そしてそのぶん、愛嬌と新たな未来的人間性（アメリカ的未来性）を付与するようにした。新たなアメリカ的未来性とセルアニメの特色がしっかり結びついた。

日本のアニメ（ジャパニメーション）は、どうだったのか。まったく異なっていた。アメリカのセルアニメをそのまま流用しつつも、コンテンツがそもそも違っていた。

日本アニメは過激な戦闘シーンを導入し、性的関心をぞんぶんに引きおこす美少女を配し、過度の光フラッシュや（ポケモンのように）、異様な文字群を（エヴァンゲリオンのように）、好んで持ち込んだ。なぜ、そうなったのか。

森川によると、そのことは手塚治虫の『奇子《あやこ》』を見ればわかると言う。『奇子』は土中の地虫が何度も脱皮するように、少女から急速に成熟した女に変身した。手塚は、そこをこんなふうにト書で説明した。「みなさんは、生後まもない乳呑み児が、からだに外傷も汚点もなくつややかで、未完成のみずみずしさに充ちていることをご存じであろう。奇子がちょうどその状態に似ていた」「彼女の肉体は幼さとひよわさの中に、マネキン人形のような人間ばなれした清潔さをもっていたのだった」というふうに。

これは手塚が「セル画肌」とでもいうべき感覚を、新たなエロスとして発見したからではないか。ディズニーがヨーロッパの残酷な要素も少なくない童話をドリーミーなアメリカン・ファンタジーに変質させたように、手塚はアメリカのセル画の感覚を日本独自のエロティシズムに変質させたのではないか。森川はそう、推理した。

考えてみると、日本の女性の描き方にはたしかにちょっとめずらしい描法の歴史があった。平安時代は「引目《ひきめ》鉤鼻《かぎばな》」であるし、奈良絵本は浄瑠璃姫のように「お姫さまタイプ」であり、江戸の浮世絵の美人画はたいていが「春信ふう」「歌麿ふう」なのだ。つまりはすべての美人美女たちが「理想的な遊女」なのである。

その美女表現にひそむ「略図的原型」の方法的伝統のようなものは、一方では伊東深水らの日本画の美人に、他方では竹久夢二・高畠華宵《たかばたけかしょう》・中原淳一の可憐少女にまで受け継がれ、そのまま少女コミックの美女にまでつながったとも言える。

森川はさらに、手塚の『ブラック・ジャック』におけるピノコに着目した。ピノコは外科医ブラック・ジャックが手術によって蘇生させた少女で、ブラック・ジャックのアシスタントをする。ピノコは胎児のころにできそこないの肉塊（畸形嚢腫）となって双子の姉の体に入ってしまっていたのだが、それをブラック・ジャックが取り出して合成皮膚で包んだのである。そのためもあって、十八歳であるのにずっと幼児語のような喋り方をする。つまりは、ピノコは「萌え」の母型ともいうべき美少女なのだ。

こうなると、話はまたさかのぼる。実は鉄腕アトムこそ、そのような「萌え」の手塚的アーキタイプ（原型）であったということにもなってくる。下腹部以外は肌色の体をすべて露出させた鉄腕アトムのキャラクターとしての外観は、バットマンやスーパーマンやスパイダーマンのように、肌をタイツや外装で覆っているアメリカンコミック・キャラクターとは、まったく別物なのだ。鉄腕アトムこそ、まさにセル画フェティッシュの日本的原型だったのである。

手塚はアメリカに対する防衛的心理からこのような外観を思いついたのだろうか。森川は、手塚にはそういう意識があったはずだと言いつつ、それとともに、そのような外観を日本人の「心情の内向性」に結び付けたのではないかと見た。そして、そうでなければ、コミケ（コミック・マーケット）で、あのように日本の青少年が互いにつるつるの萌えキャラを熱っぽく交換しっこないはずだと推理した。

柴門《さいもん》ふみの『東京ラブストーリー』がコミック発のトレンディドラマの先駆けとなったことは、いまや現代史のジョーシキになっている。一九九一年の放映だった。ラブストーリーとはいいながら、そこにはヨーロッパの伝統としてのラブロマンスも、アメリカが好むオードリー・ヘップバーン主演の《ティファニーで朝食を》や《ローマの休日》のようなラブコメディの性質も、まったくなかった。アバンチュールですらなかった。もっと特異な特徴は「東京のラブストーリーです」と謳いながらも、東京がほとんど描かれていなかったということだ。すでに柴門ふみにして、東京の未来をほとんど期待していなかったのである。

このことをさらに決定づけたのは、劇画や少年アニメのほうだ。一九九〇年に完結した大友克洋の『ＡＫＩＲＡ』のネオ東京は、最初から廃墟として描かれていた。これは、国家が計画建設した首都に対する幻滅の表明なのである。《エヴァ》で箱根の地下に建設された第３新東京市も、国家計画によるジオフロントにもとづいているという設定で、未来に向かわないレトロフューチャーのテイストに徹することになっている。

東京はどんなに最新技術を結晶させたところで、もはやこのような作家たちの目には「失墜した首都」だったのだ。それゆえ日本の未来を描くには、むしろ自分の未来の一郭だけを描けばいいという発想もありえた。

高橋留美子の『めぞん一刻』は、大学受験に上京してきた青年が下宿の管理人である若い寡婦を好きになるという話で始まるのだが、その関係はたいそう歯痒《はがゆ》い一進一退がくりかえされるばかりで、結ばれるまでにはずいぶん時間がかかる。おまけに舞台は東京のどこかの「一刻館」という時の流れに取り残されたような古めかしいアパートのみである。そのほかに出てくる舞台は「時計坂」という一郭だけ、あとはすべての東京が捨象《しやしよう》されていた。

九一年連載開始の星里もちるのマンガ『りびんぐゲーム』になると、主人公の青年が勤務する零細会社が、移転先に決めていたビルが欠陥工事で傾いてしまったため、青年のマンションの部屋が零細会社のオフィスになっていったという設定で、そのため社員は、青年の日常生活に向けて出社してくることになる。そういう話だ。

もはや東京という全体はない。少なくとも全体の未来なんて、誰も期待していない。あるとするなら、その極端な一部が何かに化けたものが新東京なのである。

これであらかた見当がついたように、実はアキハバラとはこのような首都東京のなかの「ロケ・オタク」になっていたのだった。誰が計画したのでもない。誰かがこっそり仕掛けたのでもない。企業の談合によるのでもない。百貨店戦争が火を付けたのでもなかった。九〇年代前後から始まっていた「趣味の固有化」や「趣向の街区化」が勝手にもたらした格別の遷移だったのである。

そもそもアキハバラが電機街になったのには、敗戦後のちょっとした事情がかかわっていた。敗戦直後、秋葉原の近くに電機工業専門学校があって、そこの学生がアルバイトで始めたラジオの組み立て販売が大当たりしたのが、ひとつのきっかけである。そのため、電気関係の露店商が秋葉原に集中した。電機工業専門学校はいまの東京電機大学になる。

けれども一九四九年に、ＧＨＱが道路拡幅整備の名目をもって露店撤廃令を施行して、この闇市は危機にさらされた。そこで露店商組合が陳情した結果、東京都と国鉄が秋葉原駅のガード下に代替地を提供するという措置をとった。これで露店商が様相を変えてそこに鈴なり状態がつくられることになり、やがてこれがラジオ会館や電機街の発祥地になっていったのだった。

もうひとつ、きっかけがあった。戦前から秋葉原に店をもっていた広瀬商会が全国に地方ネットワークをもっていて、そのため遠方から仕入れ目的の小売業者や二次卸し屋が秋葉原を訪れるようになった。広瀬商会はいまのヒロセ無線にあたる。

この二つばかりのきっかけが、そのままずっと「ある一郭」として延長され、そこに海洋堂の移転とともに、オタク・エヴァンゲリオンで火ぶたを切った「萌えの流入」がおこったのである。

以上は、アキハバラ無差別殺人事件の容疑者の心情を説明するための解説ではない。オタク論でもない。むろん「萌え」現象の解明にもなってない。アキハバラという「趣都」は、しだいにアニメのなかでおこった出来事を反芻《はんすう》するしかない方向に向かって特区化してきたという話なのである。

本書は、こうしたアキハバラ事情の背景として、さらに「前衛の後退」「建築のシェルター化」といった興味深い論議も展開しているのだが、今夜は省くことにした。またオウム事件との関連もいくつか指摘されているのだが、そのあたりに興味があるなら本書に当たられたい。

本書に対しては途中にも書いたように、いくつかの批判も加えられてきた。とくに「創」編集長で、オタク第一世代である唐沢俊一は「あれは、よくできたペテンではないか」と発言し、森川がアキハバラを綺麗に描きすぎていると文句をつけた。わかりやすくいえば、アキハバラ論とオタク論は別物だという論議なのである。

それは、そうかもしれない。オタクの社会学は大澤真幸を筆頭に、東浩紀の議論であれ、大塚英志の議論であれ、ほとんどアキバ系とは結びつけられてはこなかった。「萌え系」ですらなかった。それならぼくも、そのうち唐沢と岡田斗司夫が対談している

『オタク論！』（創出版）や大塚英志の『「おたく」の精神史』や斎藤環の『解離のポップ・スキル』などを千夜千冊していく必要があるのかもしれない。まあ、約束はできないけれど……。

第一二四八夜　二〇〇八年六月十九日

参 照 千 夜

八九八夜：磯崎新『建築における「日本的なもの」』　二一八夜：ダニエル・キイス『24人のビリー・ミリガン』　一〇五夜：田宮俊作『田宮模型の仕事』　九七一夜：手塚治虫『火の鳥』　一五九八夜：ルイス・キャロル『不思議の国のアリス』　二九二夜：袖井林二郎『夢二のアメリカ』　八〇〇夜：大友克洋『AKIRA』　一〇八四夜：大澤真幸『帝国的ナショナリズム』　一七五五夜：東浩紀『動物化するポストモダン／ゲーム的リアリズムの誕生』　一七五二夜：大塚英志『「おたく」の精神史』

オタクはなぜ二次元キャラに萌えるのか。
ラノベと美少女ゲームを体験してみたが、綾波レイに及ばなかった。

大泉実成

萌えの研究

講談社　二〇〇五

著者の大泉実成《みつなり》は、一九八九年に『説得──エホバの証人と輸血拒否事件』（現代書館→草思社文庫）で講談社ノンフィクション賞をうけた。本格派の呼び声が高いノンフィクションライターである。

一九八五年に川崎で「大ちゃん事件」がおきた。自転車に乗っていた十歳の大ちゃんがダンプカーに轢《ひ》かれ、聖マリアンナ医科大学病院に救急搬送されたのだが輸血できず、出血多量で死亡してしまったという痛ましい事件だ。輸血ができなかったのは両親が「エホバの証人」の熱心な信者だったからで、断固として輸血を拒否したためだった。

当時、大学生だった大泉は潜入ルポを試み、体当たり的なノンフィクションにした。

大泉がこの事件に関心をもったのは、母親が「エホバの証人」に入信していて、子供時代にその信仰コミュニティのあれこれが突き刺さっていたからである。母親だけでなく、大泉の祖母も劇的な宿命を背負っていたようだ。満州から引き揚げる途中で夫を殺され、ロシア兵には身ぐるみ剝がされて、小さな息子は列車の中で亡くなったため路傍に埋めた。三人いた子供の一人を養子に出さなければ日本に帰ってこられなかったほどだったようだ。生き残った長女が大泉のお母さんだった。

母親が「エホバの証人」に通っていたことは、大泉に「暴力のない絶対平和」や「永遠の命」というアナザーワールドに対する複雑な刷り込みをもたらした。おばあちゃん子であった大泉は、そういう「永遠の世界」の誘いから離れるのにずいぶん苦闘したという。

そのせいかどうかはぼくにはわからないが、大泉はノンフィクションライターになってからも、この「永遠の世界」と紙一重になっているかのようなテーマに次々にとりくんだ。『麻原彰晃を信じる人びと』（洋泉社）、『人格障害をめぐる冒険』（草思社）、『消えたマンガ家』（太田出版）などだ。

その大泉が「萌え」の探索に向かったのである。講談社の担当編集者・浅川継人の仕掛けだったようだが、大泉はおよそサブカルにもオタクにも萌えにも縁がない日々をおくってきたらしい。唯一「綾波《あやなみ》萌え」（《新世紀エヴァンゲリオン》の綾波レイに対するフリーク）だった時期があったと告白しているが、その時期の体験は「自分は綾波に壊れている」という感覚にいたようだ。

編集者の浅川のほうも、いっさいの萌え体験のない男だったらしい。オタクにも関心がない。こんな二人だったのに、それでも本書が成立したのだから、ノンフィクションとは恐ろしい。

「なぜ萌えは二次元キャラに恋ができるのか」。この謎解きを宿題に掲げて浅川と大泉は萌えを探求することにした。二人がとった戦略はひたすら取材とインタヴューをするということ、それだけである。

このやりかたは必ずしも無謀ではない。エディターシップとは「既知にこだわらず、無知を恐れず、平気で未知に向かっていく」ということに発するのだから、多少の事前調査とヒアリングとインタヴューをすればなんとかなるという方針は、それで大いに上等なのである。ただし取材先の選び方にセンスが出るし、もちろんその纏《まと》め方の腕は問われる。浅川の取材先の選択の仕方、その後の大泉の纏め方は、本書を見るかぎりなかなかだった。

エディターシップの発揮でもうひとつ大事なのは、その分野やその相手についての勝手なイメージや解釈を取材や表現の編集過程でどのように崩していけるかということにある。大泉のばあい、二次元キャラに恋をすることを、カール・ユングのアニマ論で説明できるのではないかと勝手に思っていたようだ。

アニマというのは夢にあらわれる女性のことで、人間というもの、たいてい無意識のうちにそうした女性的なもの（アニマ的なもの）と夢の中などで出会い、戯れている。ユングはそのアニマ（男のばあいはアニムス）があるからこそ、やがて実際の人間形成力を補ってその当人を成長させるというふうに見た。だとしたらマンガやアニメのキャラはそれにはうってつけだろう。アニメとはまさに「アニマ・メーション」なのだから。

ところが萌えたちはそういうキャラにアニマを感じていながらも、実際の社会的人間としてはどこか成長を拒んでしまっているようなところがある。これではユング仮説はあてはまらない。

そこで大泉はジャック・ラカンに頼ることにした。以前、新宮一成の『ラカンの精神分析』（講談社現代新書）を読んだのでそれを足がかりにしてみようと思ったらしいのだが、ラカン心理学ではそもそも「そこに女がいる」と思うこと自体が強迫神経症のあらわれで、そうだとすると恋愛のプロセスがなにもかも神経症になってしまって、全員が萌えだということになる。

こんな解釈では広すぎる。斎藤環がラカン理論でオタクを分析していたことを思い出して、あらためて斎藤の『文脈病』（青土社）や『解離のポップ・スキル』や『ひきこもり文化論』（紀伊國屋書店）などを読んでみた。『戦闘美少女の精神分析』（太田出版↓ちくま文庫）

に綾波レイのことが書いてあった。

「彼女の空虚さは、おそらく戦う少女すべてに共通する空虚さの象徴ではないか。存在の無根拠、外傷の欠如、動機の欠如……。彼女はその空虚さゆえに、虚構世界を永遠の住処とすることができる」とある。うっ、なんだ、これは。斎藤は「きわめて空虚な位置に置かれることによって、まさに理想的なファルスの機能を獲得し、物語を作動させることができるのだ」というのだ。

しかしこれまた、綾波レイが無根拠だというのではなく、斎藤は《新世紀エヴァンゲリオン》の作者（庵野秀明）の内面やファンの内面の動機を問うているにすぎないように思える。ここからも萌えを導き出すことはできそうにもない。


どうやらユングやラカンでは萌えはわからない。途方にくれて「はてなダイアリー」を開いてみると、萌えキャラについて、こうあった。

「コンテンツ上のキャラクターへの抽象的愛情表現。またはそれらのもつ外見または行動上の特徴への偏愛」。また「主に幼女や美少女などといった、かわいらしいもの、いじらしいものを目にしたとき、心で判断するよりも早く、脊髄反射のような感覚でおこる、非常に原始的な感覚。魅了され、激しく心が動くこと」とある。例としてメガネっ娘、バニーガール、ネコ耳などが示されている。

な、なんだ、なんだ、萌えは「脊髄反射のような感覚」や「非常に原始的な感覚」なんじゃないか。ずいぶんストレートじゃないか。これではユングもラカンもお手上げなのは当然だ。しかし大泉はこの定義のほうがいいだろうと思う。

こうしてたいして役立たなかった事前のお勉強をおえた大泉と浅川は、まずは勇躍三十年の歴史をもつコミケ（コミック・マーケット）を取材することにした。コミケは大泉が『消えたマンガ家』を書くときに毎回通った大雑踏だったから、少しは勘もヨミもあるはずだった。

　二〇〇四年のコミケに駆けつけた。今野緒雪の『マリみて』（マリア様がみてる）を軸に予算のゆるすかぎりの同人誌を買ってみた。エロが少ないのに驚いた。もはや性行為はおヨビではないらしい。

　コミケ全体では「Ｆａｔｅ」や「げんしけん」などが盛りまくっていた。人気ゲームの「Ｆａｔｅ」は或《あ》る町に集結した七組のマスターとサーヴァントたちが願いを叶える聖杯をめぐって争うという物語で、「げんしけん」とは物語の舞台となる大学のサークル「現代視覚文化研究会」（現視研）のこと、そこに巣くうオタクたちの日々が描かれるマンガである（アニメ化もされた）。しかし、これらからも萌えの本質は抜き出しがたい。

　とりあえずコミケで知り合った二十歳ほど（一九八四年生まれ）のオタクに取材してみると、

アニメからこの道に入ったのだと言う。小室ファミリー、コギャル、ルーズソックスなどの流行が嫌いで、現実の女性が髪を染めているのを見るのも避けるようになり、しだいにアニメ世界に耽溺していったらしい。

この脊髄反射はわかる。彼の説明では、女性の「かわいい」にあたるのが、ぼくたちの「萌え」じゃないですかということだった。だからこの青年は萌えとエロとをゼッタイに切り離したいと断言した。

ついでラノベ（ライトノベル）に深入り調査することにした。日経BP社の『ライトノベル完全読本』を見ると、二期連続で『マリみて』がランキング一位になっていた。大泉は全巻を読んでみたが、何がおもしろいのかどうしてもわからない。お嬢さま学校で上級生と下級生が「百合している」（女どうしの色恋沙汰）のだけれど、それがどうして萌えになるのかが合点できない。

これはやっぱり古典ラノベに戻ったほうがいいと思って、水野良の『ロードス島戦記』（角川スニーカー文庫）に挑んだ。全七巻だが、一気に通読してみると、過不足のないファンタジーとして好感がもてた。ついでに同じ水野の『魔法戦士リウイ』（富士見ファンタジア文庫）、『漂流伝説　クリスタニア』（メディアワークス・電撃文庫）も読んだが、けっこうゆるぎないものがある。作り方に自信をもっているようだ。

調べてみると、水野はアイディアのプロットをいったんRPGのシナリオにして、それをグループSNE（安田均を中心としたゲームデザイナー集団）の仲間とプレイをしてみて、その反応をいかしてラノベに仕上げていくという手法をとっていた。しかし、これは萌えというよりSFの一種だし、最近のラノベがそんなふうに書かれているわけではあるまい。大泉がそのへんに疑問をもっていたら、浅川が奈須きのこの『空《から》の境界』（講談社ノベルス）を薦めた。

両儀式《りょうぎしき》という名の女子高生がヒロインで、和服を着たまま通学をして冬にはその上に赤いレザーのブルゾンを羽織る。そんな時代錯誤な恰好なのだが、性格は読みにくく、まったく人を寄せ付けない。

物語は或るビルからの飛び降り自殺がふえているなか、主人公の黒桐幹也が両儀と出会い、その魅力に引き付けられるのだが、周囲では次々に怪奇な事件がおこっていって、殺人を含む異様な出来事や呪能的《じゅのう》な人物が錯綜するというふうに進んでいく。上下二巻だったので、ぼくも読んでみたが、なるほど、なかなか凝っていた。

大泉は武内崇が描いた絵が萌えしているのが気にいって、あとは読み耽《ふけ》ったようだ。武内はもとは同人結社だったTYPE-MOONのグラフィックデザイナーだ。

思いのほか『空の境界』が気にいった大泉は、次には奈須と武内（二人とも一九七三年生まれ）がつくったゲーム「月姫」を試してみた。こちらにもけっこうハマった。だったらこの線を追っていけば、萌え文芸のルーツに辿り着けるだろうと思い、大泉は奈須の周辺を調べていく。

奈須はどんなふうにこのセカイに到達したのだろうか。最初は菊地秀行の『エイリアン秘宝街』（ソノラマ文庫）や『魔界都市』シリーズ（祥伝社）などのホラー伝奇ものから入ったようだ。菊地はめちゃくちゃ多作で、とても全貌までは手がまわらなかったが、弟のミュージシャン菊地成孔《なるよし》ともどもの異才であることはわかった。ついで綾辻行人《あやつじゆきと》の『十角館の殺人』（講談社）でショックを受けた。

当時、綾辻や法月綸太郎《のりづきりんたろう》などのミステリーは島田荘司を総帥とする系譜として「新本格」と呼ばれていたのだが、奈須きのこはその新本格にどっぷり耽溺し、その路線で作品づくりをすることにしたようだった。なるほど、このルートなのか。

新本格ミステリーは綾辻のデビュー以降が第三波にあたっていて、これは講談社編集部の宇山日出臣《うやまひでお》が講談社ノベルズで仕掛けて売り出していった路線だった。東京創元社の戸川安宣《やすのぶ》も新本格の新人発掘に乗り出した。

こうして綾辻、有栖川有栖《ありすがわありす》、法月、我孫子武丸《あびこたけまる》、北村薫、京極夏彦、西澤保彦、森博《ひろ》嗣《し》、黒崎緑、山口雅也、太田忠司、奥田哲也らが次々に売れていった。かれらは新本格第二世代ともいわれるのだが、こちらの売り出しは講談社の唐木厚がプロモートした。

ぼくも綾辻、我孫子、京極、森博嗣くらいは摘まみ読みしてきたものだ。けれども、やっぱり新本格はとうてい萌えではない。奈須のルーツがそこにあったというだけのことなのである。

このあと大泉はラノベを一〇〇冊近く読む。そんなに同工異曲のスィートキャンディばかり短期に食べられるものかと呆れるが（感心するが）、仕事がらみの短期決戦だから読めるものなのだろう。

なかで、うむっと唸ったのが秋山瑞人《みずひと》の『イリヤの空、UFOの夏』（メディアワークス・電撃文庫）だったという。ヒロインの伊里野加奈はUFOを操れるパイロットの最後の生き残りという設定で、恋の相手の浅羽直之とともども中学二年生である。二人の恋の鞘当《さやあ》てには鉄人定食合戦が挿入されたり、新聞部の水前寺が発行する学内新聞「太陽系電波新聞」などが奇妙なニュースをまきちらしたりする。

さまざまな謎と謎解きも愛と悲しみの交錯もちゃんと描かれていて、大泉は村上春樹のファンでもあるらしいのだが、無人島に何を持っていくかと言われれば、村上のものより『イリヤ』を選びたいというほど、出来をほめている。

秋山は一九七一年生まれ。父親が戦争映画やガンダムや宮崎アニメが好きな軍事オタクで、秋山はそのコタク（これは大泉の造語）だった。当然、対戦ゲームにもはまって、のちに格闘シーンがみごとな『猫の地球儀』（電撃文庫）なども書いた。

小説の技能は法政大学社会学部の金原瑞人《かねはらみずひと》のゼミで学んだ。金原は芥川賞の金原ひとみの実父でもあって、若い頃にはハーレクイン・ロマンスの翻訳をしていた。大学のゼミからは秋山のほか、古橋秀之、早矢塚かつや、瑞嶋カツヒロ、高野小鹿《ころく》、山岡ミヤらが輩出した。

このほか、ラノベで目に付いたのは築地俊彦『まぶらほ』（富士見ファンタジア文庫）、おかゆまさき『撲殺天使ドクロちゃん』（電撃文庫）、豪屋大介『デビル17』（富士見ファンタジア文庫）あたりだったという。


かなりラノベを渉猟したわりに、まだ萌えの正体には迫っていない浅川と大泉は、次にテーブルトークRPG（TRPG）に取材参加することにした。

TRPGは部室やカフェなどで数人が集まって、サイコロを振りながらRPGを遊ぶテーブルゲームである。水野良や奈須きのこがTRPGの影響を受けていたし、ここには「萌えの源流」があると聞いていたからだった。

御徒町《おかちまち》でTRPGの店「デイドリーム」を営む槙村さんにすべてを任せた。古典的傑作の「ダンジョンズ&ドラゴンズ」（D&D）と最新傑作の「ダブルクロス」（DX）を用意してくれた。「D&D」は世界で最も早くデリバリーされたRPGで、ここから「ウィザードリィ」も「ウルティマ」も生まれた。「ドラクエ」はこの孫だ。

　魔法と剣のファンタジーで、ワールドモデルが自由に設定できる。今回のワールドモデルは「ニュースモール・ロック」ということになった。直訳すれば新小岩だった。参加者は五人、GM（ゲームマスター）は槙村さん。キャラクター・シートが配られ、丸いボールを面妖に削った二〇面体サイコロを振ってゲームとトークを進めていく。能力値（力・知性・敏捷性・強靭さなど）やキャラ属性などをサイコロで決め、場面ごとにそれぞれがディスカッションしながら進展をつくっていく。

　「DX」ではGMがハンサムな岡田さんに代わった。十九年前に遺跡の発掘調査から未知のウィルスが発見され、空輸中の飛行機が爆撃されたため、ウィルスが世界中に散った。このウィルスに感染すると超常能力が得られるのだが、そのかわり共感力を失う。ゲームは、超常能力で覚醒したオーヴァードと共感力を完全に失って暴走するジャームとのあいだに繰り広げられる。

　そういう設定なのだが、始めてみると議論がさまざまに右往左往しておもしろい。けっこうな緊張感もある。セカイとの接触感がある。だからTRPGには不思議な高揚感があったのだが、とはいえこれまた萌えの正体を生んでいるとは思えなかった。

　こうして大泉は業を煮やした浅川によって、二〇〇五年の夏のすべてを美少女ゲームに費やすことになったのである。講談社の第一別館にとじこもり、来る日も来る日も美少女ゲームにしこしこ没入した。

美少女ゲームといえば少しは聞こえがいいが、つまりはエロゲーだ。別室でなければ、できっこない。エロかわいい幼女やとびきりの官能美少女で抜けるのかどうか。それだけが集中力を保証してくれる。

まずは伝説の「Ｔｏ　Ｈｅａｒｔ」を賞味した。自分の氏名を入力し、電気紙芝居が始まると、毎朝、自分の名前に「ちゃん」を付けて起こしてくれる神岸あかりが出てきてくれる。この子と毎日学園に登校し、試験勉強をしたり、遊んだりする。弁当もつくってくれる。大泉はとても入っていけないと感じた。

ところが、こういう日々をどんどん繰り返していくと、なんとなく神岸あかりがかわいく見えてくる。髪形を変えたあたりでターボがかかる。そこへロボメイドのマルチが登場する。これがマジかわいい。犬と敬語をつかって会話をしているところなど、食べたくなる。そんなときバスケ部の矢島というやたらにカッコいい男があらわれて、あかりと付き合っているのじゃないなら俺にアタックさせろと言ってくる。断固、拒絶することにした。大泉はこのあたりでまんまとハマっていった。

こうして大泉はマルチに接近し、ロボメイドとの甘くて切ない快楽を堪能し、めでたく抜け切ったのである。

なるほど、東浩紀が『動物化するポストモダン』で明言したとおりだった。東は「『エヴァンゲリオン』以降、男性のオタクたちのあいだで最も影響力のあったキャラクターは、コミックやアニメの登場人物ではなく、おそらく『To Heart』のマルチである」と言い切っていた。

東の『動物化するポストモダン』は、オタク論および萌え論の思想化が本格的に試みられた最初の一冊である。

大塚英志が『物語消費論』で、八〇年代の日本は商品よりも物語を消費しているのではないか、その物語はポストモダンが否定した「大きな物語」に近いものではないかと解読したことを受けて、東は九〇年代のオタク文化では「大きな物語の消費」ではなく、むしろ「データベース消費」がおこっていると指摘した。その現象を「動物化」と呼んだのはアレクサンドル・コジェーヴの用語を借りたからだ。

九〇年代の日本の若い世代が、物語消費ではなくてデータベース消費に傾いていったというのは、SNSの波及にともなって始まりかけていた現象で、東はいちはやくその傾向を読み取ったのだった。

物語は出っ張った形象をもつものだが、データベースは情報のメタレベルのレイヤーにまみれている。それがオタクにおいて顕著になったというのは、電子ゲームの波及によっている。とくに美少女ゲームがプレイヤーをキャラクターに召喚するという動向をつくっているところが、物語的というよりデータベースのオブジェクト選択に近い現象だった。

東は続いて『ゲーム的リアリズムの誕生』において、日本のサブカルチャーには小説などの「自然主義的リアリズム」でも「まんが・アニメ的リアリズム」でも捉えられないものがあって、それはすでに「ゲーム的リアリズム」としてメタリアルに滲み出しているということを論じた。このとき、その作品例として美少女ゲーム「ONE」「AIR」などが象徴的な役割をはたしていると説明した。

大泉は東浩紀の先見の明に敬意を表しつつ、また「White Album」や「ONE」に遊びつつ、自分の「綾波レイ萌えからマルチ萌えへ」と至った萌えの正体は、ひょっとしたら彼女たちの「自己犠牲性」に宿していたのではないかと思うようになっていた。なんとなく当たっているような気がした。

綾波レイの半分は、主人公である碇シンジの母（碇ユイ）のクローンである。それなら綾波の自己犠牲性は母の自己犠牲性を含んでいるはずなのだ。一方、ロボメイド・マルチの自己犠牲性は主人に尽くす全きものである。その究極には打算もなく、償いもない。大泉は、この「自己犠牲する美少女」にこそ萌え感覚の発芽の秘密がひそんでいるのではないかと考える。

このことは、押井守の《イノセンス》でメイド型のガイノイド「ハダリ」を見たとき、ピンときたものだったようだ。ハダリはセクサロイドという半面をもつガイノイドである。ぼくも感心した映画作品だ（二〇〇四公開）。物語は、草薙素子《くさなぎもとこ》が失踪してから四年たった二〇三二年、ロクス・ソルス社製のハダリが一斉に暴走して大量殺人をおこして自死したことが発端になっている。話は複雑だが、やがてハダリの正体は素子が自分自身の一部をダウンロードしていたことがわかってくる。しかしこれからの文明で、セクサロイドが氾濫したり暴走したりしたら、どうなるか。押井守はその問いに答えるためにハダリを描いたのではないか。だからハダリには萌えの要素を与えなかったのではないか。そう、大泉は考えたのである。

かなり穿《うが》った見方だが、もともとハダリがヴィリエ・ド・リラダンの『未来のイヴ』の自己犠牲っぽいアンドロイドをモデルにしていたことを勘定に入れると、この想定は当たっていなくもない。

美少女ゲームの仕上げは「Ｋａｎｏｎ」と「ＡＩＲ」にした。「ＯＮＥ」をつくったグループＫｅｙが一九九六年と二〇〇〇年に発表したもので、両方ともに一〇万本を超えた爆発的ソフトだった。

「Ｋａｎｏｎ」は大泉には不得手のキャラ絵だったが、月宮あゆというメインヒロインにハマった（結局、なんだかんだと言いながらハマる）。「ＡＩＲ」のほうは三部作になっていて、第一部では人形遣いの青年が海辺の村で出会った三人の少女たちと夏の物語を紡ぐというもので、プレイヤーは少女を選択してヒロインを攻略する。神尾観鈴《かみおみすず》ルートを選んだところ、トラウマ語りがベースになっていた。第二部は一挙に千年前にとんで、最後の翼人であるらしい神奈という少女が時の権力争いに巻き込まれる物語になる。神奈が母をさがすのに付き合いつつ、高野山に幽閉されていた母と出会うのだが、随身《ずいじん》の柳也と裏葉を助けるためにオトリとなって神奈は死ぬ。第三部は方法の冒険が試みられる。神尾観鈴が体験したストーリーが、今度は観鈴が飼っていたカラスの視点でリバース・エンジニアリングされるのだ。なかなか憎い展開だ。

まあ筋書きはともかくとして、やはり東浩紀が言うように、このあたりが美少女萌えのクライマックスだったのである。このあと大泉はラノベや美少女ゲームを離れて、念のためマンガやアニメの萌え探しに向かうのだが、これは蛇足だった。本書もこのへんは萌えしていない。

ざっと、以上が大泉の「萌え潜入探検記」である。ぼくにはさっぱりのラノベやソフトがふんだんに紹介されていたが、なんとなく「萌えの正体」を矯《た》めつ眇《すが》めつした気分になった。

その後、大泉は『オタクとは何か？』（草思社）を上梓するが、そこでは「オタクは存在しない」という宣言に至っている。萌えの原理ともいうべきオタクが存在しないとはどういうことかと思ったが、オタクについて言及すること自体がオタク文化の自己矛盾にかぶれてしまうことに、ほとほと嫌気がさしたようだった。

個人的な事情もあったらしい。大泉の息子が大学時代の二一歳で病死をするのだが、彼はオタクであることで高校時代にいじめを受けたのである。その息子のためにもオタクはいないんだと言ってやりたかったようである。

ちなみに本書には、最後のページに《エヴァ》のヒロインで、水色の髪と赤い瞳をもつ綾波レイについての六〇以上の〝定義〟が列挙されているのだが、これを見ると、結局のところ綾波こそが大泉の唯一の萌えの正体だったということが如実にわかる。紹介しておくが、だったら大泉は潜入探検などしなくってもよかったのである。


綾波レイとは、決して解かれることのない謎。

綾波レイとは、日本中のマザコン男とサディストのために供された贄《にえ》。

綾波レイとは、かつて誰からも心の底から愛されたことのない孤独。

綾波レイとは、はにかんで頰を染める十四の女の子。

綾波レイとは、無意識の底にひそむパンドラの函の鍵穴。
綾波レイとは、本物より美しいフェイク。
綾波レイとは、使徒の流す涙。

第一六八四夜　二〇一八年八月三十日

参照千夜

八三〇夜：カール・ユング『心理学と錬金術』　九一一夜：ジャック・ラカン『テレヴィジオン』　九五三夜：ヴィリエ・ド・リラダン『未来のイヴ』　一七五五夜：東浩紀『動物化するポストモダン／ゲーム的リアリズムの誕生』　一七五二夜：大塚英志『「おたく」の精神史』

戦闘美少女、ツンデレガール、魔女っ子、妹キャラ、ネコ耳女子。
二次元世界で〝萌え〟をふりまくヒロイン勢が、男たちをオタクにしていった。

ピノコ　©手塚プロダクション

「漫画ブリッコ」

セーラームーン　©Naoko Takeuchi

音無響子　© 高橋留美子／小学館

草薙素子　©1995 士郎正宗／講談社・バンダイビジュアル・MANGA ENTERTAINMENT

両儀式

リナ＝インバース

涼宮ハルヒ

Yamada HITOSHI/GAMMA/アフロ

Keith Tsuji/Getty Images

伊里野加奈

デ・ジ・キャラット

神尾観鈴

出典：右上から「漫画ブリッコ」3月号、白夜書房、1984年／高橋留美子『めぞん一刻』特製ワイド版1巻、小学館、1992年／神坂一著・あらいずみるいイラスト『スレイヤーズ！』1巻、富士見ファンタジア文庫、1990年／手塚治虫『ブラック・ジャック』／武内直子『美少女戦士セーラームーン』完全版1巻、講談社、2013年／押井守監督《GHOST IN THE SHELL / 攻殻機動隊》士郎正宗原作、松竹、1995年／奈須きのこ『空の境界』上巻、講談社文庫、2007年／オタクの祭典「トレジャーフェスタ」／秋山瑞人著・駒都えーじイラスト『イリヤの空、UFOの夏』その2、電撃文庫、2001年／「AIR」PS Vita 版、PROTOTYPE、2016年／石原立也監督《涼宮ハルヒの憂鬱》アニメ第1期、谷川流原作、2006年／「コミックマーケット86」／「デ・ジ・キャラット」

十七歳が書いたラノベ・ニューホラー
死体になった「わたし」が一部始終を見ていた。

乙一

夏と花火と私の死体

集英社　一九九六　集英社文庫　二〇〇〇

主人公は「わたし」である。九歳、女の子。五月という。「わたし」の同級生に橘弥生ちゃんがいて、よく遊ぶ。今日も二人で遊んでいた。弥生ちゃんには健くんというお兄ちゃんがいる。

そのうちふとした話のはずみで、わたしは「弥生ちゃんの家に生まれたかった」と言った。わたしは健くんが好きだったので、同じ家に生まれていたらいつも遊べるからだった。そのとき弥生ちゃんがちょっと怪訝《けげん》な顔をした。そして「弥生は違う家に生まれたかった」と言った。気まずくなってきた。二人で木の上に登ってみることにした。太い枝に腰かけて深呼吸した。弥生ちゃんは「わたしも健くんって呼んでみたい」と言う。そうか、弥生ちゃんはお兄ちゃんが好きなんだ、でも兄と妹だから結婚できないからつまらないんだ、そう思った。だから、そう言ってみた。

向こうのほうから健くんが歩いてくるのが見えた。わたしは「おーい、やっほー」と声をあげた。健くんも気がつき手を振ってくれた。わたしは嬉しくなった。そのときだった、薄い上着ごしにわたしの背中に熱い手を感じた。弥生ちゃんの手だと思った瞬間に、わたしは枝から落ちて、いくつもの枝にぶつかって体がよじれながら落ちていった。最後に石の上に背中から落ちて、わたしは死んだ。


物語はこのように始まる。主人公は九歳なのに、すぐに死ぬ。その死んだ「わたし」の死体を健くんと弥生ちゃんがなんとか隠そうとする。二人の死体隠しは難航し、何人かの人物が巻きこまれていく。死体の「わたし」はその一部始終を見ていて、その目で物語が進んでいく。

この小説はなんと十七歳が書いた。作者は一九九六年の「ジャンプノベル」のコンクールの大賞を受賞した乙一《おついち》君である。ワープロ練習のために書いてみたというコメントを読んだことがあるが、どうしてどうして、この小説はかなりの傑作である。ぼくはそうとうに褒めたい。世間には早熟はいくらもいて、ランボオや春日井建ならひょっとすると万人に一人というより千人に一人くらいはいるのかもしれないのだが、そういう才能は電光石火で暗闇に光芒を放って、やがて消えてゆく。が、乙一君の才能はそういうものではないと見た。

なんといっても死んだ「わたし」が物語を進めていくのに、描写と視点の切り替えに無理がない。その淡々としたうまさを説明するのが面倒なのだが、いわば文章で考えているのではなく、マウスでダブルクリックしながらサイトのリンクボタンを切り替えているようなのだ。たとえば次のようなぐあいだ。改行は省略する。

おじさんは何も言わずに扇風機の首振り機能のスイッチを押した。その旧い扇風機は、羽を回すモーターの部分についているピンのような部分を押すことで、首をふり始めるタイプのものだ。首を回すと聞いて、弥生ちゃんの肩がぴくんと震えた。奇妙な方向に折れ曲がったわたしの首を思い出したのだった。そんな弥生ちゃんにかまわず、アニメは始まっている。おじいさんとおばあさんはたんぼのことや、畑の西瓜《すいか》の玉が大きくなったこと、使っていた茣蓙《ござ》が古くなったので捨てなければならないことなどを話していた。

死体になった「わたし」が事態の一部始終の進行を見ている視点というと、亡霊の視点や死体に住んでいるホムンクルスの目のようなものだろうと予想したくなるかもしれないが、そうではない。何の配慮も操作も加えない「わたし」そのままなのである。九歳の五月ちゃんという「わたし」は、生きていようと死んでいようと同じなのだ。

そうしてしまえば、あとは物語作家がこれまで使ってきたすべての手法がそのまま生きてくる。ただ、読者は「わたし」がまだそこにいることを描写されるたびに、ぎくりとする。その味がいい。

少年たちによる死体さがしや異物さがしを書かせたら名人芸を見せるスティーヴン・キングらのホラー作家たちとはまったくちがった味で、この作品は夏休みにおこった小さな恐怖を募らせる。そこへ、犯人の弥生ちゃんの少女っぽい戦慄《せんりつ》と、それを庇《かば》うお兄ちゃんの健くんの心理が手にとるように伝わってくる。たとえば、こんなぐあいだ。また改行を省略しておく。

低い声で囁くように言って、不安で肩を縮めた弥生ちゃんの手を引っ張る健くん。行き先は広場の見える辺りだ。うまくすれば何か重要なことが聞けるかもしれないと考えている。しかし、わたしが隠されている溝の近くの木陰で、健くんの足は止まった。わたしがいる溝の周り。森の泥や土で巧みにカモフラージュされたその辺りで、二人の捜索隊員が会話していたのだ。弥生ちゃんの顔が蒼白になっていく。健くんはそんな弥生ちゃんの肩を抱いて、二人は叢《くさむら》に隠れた。息を殺して二人の会話に聞き耳をたてる。健くんは汗を浮かばせることすらなく、会話を聞き取っていた。

乙一君、うまいねえ。こういう書き方を成立させたおかげで、健くんを慕いながらも死んでしまった「わたし」のせつなさを感じられるのだ。物語がしだいに夏の花火大会に向かいながら、緑さんというもう一人のキャラクターの意外な活動を通して事態が拡張していく感覚も、よく書けている。

ごく安易にいえば、これはニューホラーで、となりのトトロやトイレの花子さんの実在がなんの不思議もない世代にとっては、特別に虚構を設定する必要もない工夫だったのかもしれない。けれども、そうしたニューホラーたちのフィクション趣向とちがうのは、この作品があくまで「見る言葉の作品」になっているということである。映画や漫画ではつくれない。そこに注目しておきたい。言葉の組み立てのちょっとした機構の具合こそが、作品のすべてのしくみを作っていくという、その真骨頂を感じさせるところがあるということなのだ。

どうやらこの作者は、芥川や太宰の才能をもっているのではないかと思わせる。いくつかの場面が素材にさえあれば、それらをその場面にひそむ言葉をもってつなげていける作話術の才能がある。もしその気になりさえすれば、つまりは余計な美学や思想を持ち出す気になれれば、ボリス・ヴィアンやマルグリット・デュラスのような作品も作れてしまうにちがいない。そうなってほしいということではないが。

さて、ここから先はこの作品とはまったく関係ない話を書く。ずいぶん長いあいだ忘れていた話だ。ぼくはいっとき湘南の鵠沼《くげぬま》にいたことがある。三歳から四歳にかけての一年未満ほどのこと、母と妹と三人で海岸近くの小さな家を借りていた。ヒヨコを飼い、スイトピーを口に入れ、ヘビに追いかけられ、江ノ電に轢《ひ》かれそうになった。そんななかで、こういう体験をした。

ピアノを習わされていたのだが、いつもぼくより前に来て、レッスンが終わるとニッと笑ってぼくと入れ替わり帰って行く女の子がいた。オカッパが眉毛を隠していて、いつも大きなスカートをはいていた。ぼくはピアノの先生が大嫌いで、たいていサーカスに攫《さら》われた子のような気持ちで和音を練習させられていた。そのためよく脇見をして叱られた。ところがその脇見が窓のほうに向いたとき、いつもオカッパの女の子が覗いているのである。ぼくが見るとすぐ消える。変な子だなと思っているうちに、先生に叱られたりして、忘れてしまう。

ある日、その子と入れ替わりざまに「浜辺においで」という声が聞こえた。妙に太い声だった。気になって窓を見るのだが、今日はいない。

帰りぎわ、先生にその子のことをきいてみた。「サブロー君っておかしいわね」と言った。表に出たら、その子が急に横から走り出してきて、「浜辺に行こうよ」と言いながら先を駆けていった。その瞬間、オカッパがゆれてとても太い眉毛が見えた。夏とピアノとあの子の眉毛――。

［追記］その後、乙一君はなんと押井守の娘さんと結婚した。相当数のラノベを読み、相当数のラノベを書いたが、一転してミステリーやホラーも発表し（『GOTH リストカット事件』が本格ミステリ大賞受賞）、「黒乙一」「白乙一」などと称されてもいるし、映画の自主製作も手がけている。タルコフスキーに憧れているらしい。ぜひ、めざしてほしい。

第三二一夜　二〇〇一年六月二五日

参照千夜

六九〇夜：ランボオ『イリュミナシオン』 二九八夜：『春日井建歌集』 八二七夜：スティーヴン・キング『スタンド・バイ・ミー』 九三二夜：芥川龍之介『侏儒の言葉』 五〇七夜：太宰治『女生徒』 二一夜：ボリス・ヴィアン『日々の泡』 五二七夜：ピーター・グリーン『アンドレイ・タルコフスキー』

大林宣彦と西尾維新が、
サブカル・アドレサンスの底辺を用意した。

住野よる

君の膵臓をたべたい

双葉社　二〇一五

　今夜は、略称「キミスイ」として知られ、月川翔による映画化も進んでいるというライトノベル作品、住野よるの『君の膵臓《すいぞう》をたべたい』の周辺のことを書こうと思っているのだが、少し懐かしい話から始めることにする。

　ずいぶん前に宮沢りえの《ぼくらの七日間戦争》を観た。デビュー作だ。高校生が廃墟となった工場に立てこもって解放区ごっこをするのだが、FM発信機で仲間と連絡をとり、時の学校権力や「世の中」と大騒ぎをしながら闘うというカワユイお話だ。フランスの自由ラジオとコミューンの関係などが話題になっていた頃である。

　監督は菅原比呂志だ。カワユイとはいえ、この手のものはヴェルヌの『十五少年漂流記』やゴールディングの『蠅の王』このかた、少年少女反乱ものとしてずうっと文芸の水辺を賑わせてきたもので、日本では七〇年代後半からは少女マンガにも頻繁にあらわれた場面集でもあった。

さっき調べてみたら原作が一九八五年なので、ぼくが筑波の科学万博のテクノコスモス館を演出した年になる。これは京セラの稲盛さんやカシオの樫尾さんがベンチャーパビリオンを出展するということになり、その構成演出を引き受けたもので、「超」と「極」をコンセプトにした。二五台のマルチプロジェクターで「1／f劇場」を制作したり、大友克洋君に頼んで巨大な風神と雷神のキャラクターデザインをしてもらったりしてみた。ゆらぎをテーマにした「1／f劇場」では一年半をかけて制作した高速画像が、ラスト数分でうんとスローになり、そこで本物の雪がちらちらと観客席の上に降ってくるという演出をしたのだが、当時の人工降雪機に不備があって、ときどきドカ雪になってしまったものだ。いまや懐かしい。

映画の話に戻ると、当時は映画館ではまだ二本立てが派手な宣伝とともに続行されていて、《ぼくらの七日間戦争》のときは《花のあすか組！》がカップリングされていた。角川映画全盛期だったのである。《花のあすか組！》は、高口里純が「月刊ASUKA」（角川書店）に連載していた女生徒番長マンガを下敷きに、崔洋一が監督したものだ。たしかローリングストーンズの《サティスファクション》が使われていたと憶《おも》う。

この映画もカワユイ少年少女反乱ものであるが、もとをただせば大林宣彦《のぶひこ》が得意な先行力を示した系類に属していた。七人の少女が生き物のような家に食べられてしまうという《ＨＯＵＳＥ》から《時をかける少女》まで、大林の先駆性は業界のオフセンターにおいて群を抜いていたが、カワユイ映画の大半は、この先駆的な大林エンジンを搭載してきたはずだった。

その大林の原点は《EMOTION 伝説の午後 いつか見たドラキュラ》や《CONFESSION 遥かなるあこがれギロチン恋の旅》など、過激で幻想記憶ふうな自主制作映画だった。ぼくが学生時代に一番どぎまぎした映画だ。そして、これこそはライトノベルのルーツのルーツに当たっているのではないかと、ぼくには思われる。

《ぼくらの七日間戦争》の原作は宗田理《そうだおさむ》だった。のちにライトノベル「ぼくら」シリーズ（ポプラ社）の第一作に位置づけられた。当時のぼくはそんなことはちっとも知らず、カワユイりえちゃんを見たくて観ただけなのだが、そのうち小説家になりたいという若い諸君がライトノベルで次々にデビューしていくのを知って、おやおやこれはいったいなんじゃと思っていた。

もっとも宗田理のことは、知り合いのジャーナリスト仲間から「おもしろい奴がいる」と聞かされていた。ごく若い頃は〝高利貸の帝王〟として名を馳せた森脇将光の出版事業を手伝っていたらしく、その森脇文庫で「週刊スリラー」の編集長をしたり、のちにマスコミを騒がせた森脇メモのコピーライティングにもかかわったようだ。このジャーナリストは、宗田が水産業界の内幕に迫った『未知海域』（河出書房新社→角川文庫）が読み応《ごた》えがあるよと言って知らせてくれた。その宗田がいつのまにかライトノベルの先駆けの一人に位置づけられていたのである。

かくして気が付くと、ライトノベルの動向は見当もつかない勢いで広がっていた。雨後のタケノコというより、雑草や地衣類の勢いだ。いまでは「ラノベ」で通る。それでもライトノベルという呼称が定着したのはけっこう最近のことで、それまではジュニア小説、ジュヴナイル、ヤングアダルト文芸、ファンタジーノベル、キャラクター小説などとその呼び名をカメレオンのようにいろいろ変遷させてきた。キャラクター小説という呼び名は大塚英志の命名だったと思う。

雑草や地衣類なのだから、むろん領域定義があるわけでもない。東浩紀が『ゲーム的リアリズムの誕生』などで、物語からキャラクターへの視点移動がされることで、キャラクターについてのデータベースが消費されていく環境を描いた小説なのではないかとしたのが妥当な線だったろうが、実際の作品はデータベース消費というわりには、かなりちっぽけなDBで済ましている。

案の定、その後の「ラノベ」の席巻を見ているとやたらに拡散していっていて、「軽小説」という程度に理解しておいたほうが無難なものになっている。ちなみに、ぼくは萌えキャラの装幀や挿絵にどうしても馴染めず、ほとんどラノベを手にとりはしなかったのだが、初期のソノラマ文庫（朝日ソノラマ）やコバルト文庫（集英社）にはぼくの読者でもある作家たちがたまにいて、作品を送ってくれるので多少は覗いていた。

ラノベが目立ちはじめたのは、角川スニーカー文庫の水野良・あかほりさとる・中村うさぎ・深沢美潮らを引き連れて、角川歴彦《つぐひこ》がメディアワークスを立ち上げて電撃文庫を創刊してからのことだった。兄・角川春樹から弟・角川歴彦へのカドカワ転換が、ラノベの地図を変えたのである。

そこに電撃小説大賞（最初は電撃ゲーム小説大賞）が設けられ、ここから川上稔・上遠野《かどの》浩平・橋本紡《つむぐ》らが登場して、時雨沢《しぐさわ》恵一の『キノの旅』（電撃文庫）などが凱旋したころは、ラノベは中高生の読者ばかりではなくて、テレビドラマやアニメとの連動も手伝ってかなりな広がりを見せるようになった。

とくに角川がスニーカー文庫、富士見ファンタジア文庫、ＭＦ文庫Ｊ、電撃文庫、ファミ通文庫を揃え、そこに小学館のガガガ文庫とルルル文庫、主婦の友社のヒーロー文庫などが轡《くつわ》を並べたときは、書店でその一角にちょっと近づくだけで「別国のお化粧文芸」を見せつけられているようで、これは書店で売るより独自のラノベ・ショップに発展していったほうがいいと思い、早々にその棚から離れていったものだ。

では、ここからようやく住野よるの話になるが、住野は中学三年の頃から高一にかけて小説を書き始めたらしい。有川浩、西尾維新、乙一、時雨沢恵一が好きだったようで、ご多分にもれず電撃小説大賞をめざしていたようだが、いくら応募しても一次選考にすら通らなかったらしい。

そこで、自分の書くものがラノベのテイストに合わないのかと思って「小説」にしたという。この「ラノベではなくて小説にした」という感覚は、文学に親しんできた世代からするとすぐには摑みかねるが、乙一や西尾維新に惹かれたというところは、よくわかる。乙一は十七歳、西尾は二十歳でデビューした異能作家だ。

ただし、住野には二人のような芸当がない。あまりに素直、あまりに優しく、あまりに日常的、あまりに無教養で、あまりにも先行者への目配りがない。大林宣彦のことなど、まったく知らないだろう。それでも『君の膵臓をたべたい』が二〇一六年の本屋大賞の二位となって今日の人気になったのは、一途に日本の幼若読者層のほうが、どんどん「住野よる化」をおこしているということなのである。

その住野が最近は渡辺優の『自由なサメと人間たちの夢』(集英社)にぞっこんだというのは(そう、自分でツイッターしている)、わからぬでもないが、一言苦言を呈しておくと、あの軽い語り口をまねるのではなく、それより渡辺の女子感覚ミステリーの調子を頂戴したほうがいいように思う。

住野は個人情報を明かしていない。ネットを見るとどこかの女の子の写真が貼りつけられているが、本人は年齢未発表の男子作家であって、大阪在住のようだ。女子に擬態しているわけではないのだろうが、女性読者からは「女子の気持ちが文体になっている」というもっぱらの評判らしい。しかし、またまた老婆心で苦言を言うが、そういうことには甘んじないほうがいい、渡辺優や、できれば女子ライトノベルの泰斗《たいと》で大御所ともいうべき新井素子にまでさかのぼってみたほうがいい。

さて、『キミスイ』はアスファルトに落ちた淡雪のように薄い物語で、文章はほとんど練られていないし、プロットもしっかり組み立てられていない。少しでも深く考えたくなるようなところは、中高生読者にさえないだろう。

物語はこうだ。クラスでなんとなく孤立している僕が、あるとき通院していた病院のソファで「共病文庫」というタイトルの一冊を拾った。黒いボールペンで綴られた日記だった。僕はそれを読んで、クラスメイトの山内桜良が余命いくばくもない膵臓の難病に罹っていることを知り、互いに本心を打ち明けないような交際が始まっていく。最後に「共病文庫」に書かれた残りの文章が示されて、僕はとめどもなく泣く。それだけの話だ。

映画になって、そこにメロディアスな音楽がかかってくれれば、みんなわんわん泣くだろうというラストシーンだが、作品全体も映画やアニメにしたほうがふさわしい。だから「小説」ではなくて「ラノベ」なのである。「友達がいない名前のない僕」と「余命を奪われた日常のない彼女」の交信メルヘンなのだ。それでも「君の膵臓をたべたい」というセリフをそのままタイトルにもってきて、この無名な二人の交わりを内臓感覚のみで結んだところが狙いだった。

住野はアドレサンス(adolescence)を書いているわけである。青春のほろ苦い胸騒ぎがテーマだ。ラノベの大半がそうなのだから、わざわざそこを強調せずともいいけれど、今日の若年社会が「アドレサンスの遅れ」で成り立っている以上は、住野ならずともこの路線の傑作をものしてほしいと、ぼくはその点については応援したい。

動物と人間との大きなちがいのひとつは、アドレサンスが限定された「発情期」になった動物たちと、アドレサンスをあいまいな「思春期」にした人間たちとのちがいに大きく象徴される。発情期は生物学上のケミカル・インストールがおこっていて、哺乳動物たちは発情期にしか交わらないようになっている。そういう性ホルモンが時計仕掛けで活性しているのである。

これに対してわれわれ人間たちは直立二足歩行をして雑食をしているうちに、発情期を失った。ケミカル時計もフェロモン変化もなくなった。そのため、いつ交わったらよいのかわからない。そのかわり言葉を発明して、衣裳を着て、婚姻制度をつくったうえで、互いのそぶりで何かを昂揚《こうよう》させるようにした。それが人類の文明であり、人間文化というものだった。

しかし他方、この昂揚の到来と昂揚の喪失とが、人間たちの思春期の心身にあらわれる共通の症状になったのである。この心身症状は、ヒト族特有の幼形成熟がもたらすネオテニーも手伝って、子供が大人になる時期と重なることになった。自我の芽生えとアドレサンスがだぶるようになったのである。

二つは生物学的には相同のものではないのだが、そうなってしまったのだ。アドレサンスがなんとも名状しがたい胸の苦しみを伴う初恋や失恋とともに到来するのは、この重なりと深い関係がある。初恋がカルピスの味になり、失恋がポッキーの折れぐあいになったのは、それからだ。

住野の第二作は『また、同じ夢を見ていた』(双葉社)だった。あいかわらずタイトルがいい。主人公は友達のいない小学生の少女の小柳奈ノ花で、「人生は虫歯のようなもの」とか「かき氷のようなもの」と達観したつもりになっている。そういう女の子はぼくが行っていた東華小学校にも修徳小学校にもいた。憎らしいほど得々としているのだが、どこかこましゃくれたところが印象にのこった。

そんな奈ノ花は放課後に猫を介抱してくれた風俗嬢のアバズレさんと、黙々と余生を過ごしているおばあさんと、リストカットをしたのち小説を書いている女子高生の南さんと会うことだけを愉《たの》しみにする。みんな同じ夢を見ているのかと思ううちに、クラスメイトの桐生君がお父さんがスーパーで万引きをしたせいでいじめられることになって、奈ノ花は憤然とするのだが、それがもとで奈ノ花もいじめの対象になり、桐生君には「小柳さんが一番嫌いだ」と言われてしまう。

このあたりから、性格や年齢をこえた多様な女性たちのアドレサンスがまざっていって、何かが同期していく。ただし、事件がおこるということもなく、話はあいかわらずカルピス色かポッキー状に終わっていく。やはりのこと『キミスイ』同様のそこはかとない交信メルヘンだけれど、醸し出しているものはおもしろい。桐生の名が「キリュー↓キルユー↓ｋｉｌｌ ｙｏｕ」になったのは西尾維新かぶれだろう。

アドレサンスの同期性は次の『よるのばけもの』（双葉社）にもその次の『か「」く「」し「」ご「」と「」』（新潮社）にもあらわれる。なかで『よるのばけもの』がちょっと工夫が効いた出来になった。そうではあるけれど、やっぱり住野はどこかで早く大林宣彦を見たほうがいい。

主人公の安達は、夜になると八つの目と六つの足と四つの尻尾のばけものになる。夜のばけものだから眠る必要がないので、海に行ったり観光地で遊んだりする。

あるとき数学の宿題を忘れたのに気が付いて、ばけもののまま学校に忍び込むと、クラスメイトの矢野さつきが「夜休み」をしていた。彼女は空気の読めない子なのに、声がやたらに大きく、おまけに緑川双葉の本を雨の校庭に投げ捨てて、にんまり笑っているようなところがある。

みんなから「アタマがおかしい」としか思われていない矢野は、しかしときどき孤立していく子をビンタしたりして、クラス全員からの敵視を買って出ているようなところがあった。保健室の能登先生はそんな子供たちの動向に、難しいことはない、大人になればもう少し自由になれるなどと言っているので、安達は失望する。

そのうち学校に怪物が出るという噂が流れ、野球部員の元田たちが退治をすることになるのだが、それでは学校から矢野の「夜休み」がなくなるので、安達がばけものとして元田たちを脅そうとする。けれどもそんな現場になっても矢野はにたにた笑うだけなので、さすがに安達も「矢野はやっぱり変だ」と思う。

そんなとき、足元に何かが飛んできた。白くふくらんだ紙袋には「矢野さつき」という名前が書いてある。安達が紙袋を踏んだとたん、魔法が解けた。安達はいったい矢野という恐怖とどう接すればいいかということに直面して、その朝は「おはよう」というふうに声を返した。

カフカの変身のようにはならないし、レイ・ブラッドベリの『何かが道をやってくる』（ハヤカワ文庫）の少年にもならない。魔法に関心があっても、ヘッセのデミアンはいない。話はあくまで教室セカイ系だけでおこっていて、ごくごく僅かな予感だけが去来する。この僅かな予感だけが肥大していくわけである。そういうお話だ。

以上が、ぼくの今夜のキミスイ談義だ。少しばかり懐かしい気持ちになって摘んでみたけれど、書いている途中から何か落ち着きが悪かった。ぼくが千夜千冊にラノベを採り上げるらしい、それが住野よるのキミスイらしいというのを知ったスタッフが動揺していたのだ（殿の御乱心と思ったようだ）。いやいや、乱心したわけではないし、執心したわけでもない。ぼくのラノベ体験はすでにして大林のドラキュラギロチン恋の旅で始まっていたのだ。

が、念のため申し上げておくけれど、思春期がもたらすアドレサンスのゆらぎは、数々の恋愛事情のなかでも、最も難儀なニンゲン問題なのである。だからテーマが枯渇することはない。いつだってラノベは永遠になれる。けれどもそれゆえに、もっと微妙過激に、もっと繊細亀裂に、もっと変態わるい子に、もっと混乱熟度に、ラノベ作家の諸君にはなっていただきたい。

一六四〇夜　二〇一七年六月二日

参照千夜

三八九夜：ヴェルヌ『十五少年漂流記』　四一〇夜：ゴールディング『蝿の王』　八〇〇夜：大友克洋『AKIRA』　一七五二夜：大塚英志『「おたく」の精神史』　一七五五夜：東浩紀『動物化するポストモダン／ゲーム的リアリズムの誕生』　三二一夜：乙一『夏と花火と私の死体』　一〇七二夜：アシュレイ・モンターギュ『ネオテニー』　六四夜：カフカ『城』　一一〇夜：レイ・ブラッドベリ『華氏451度』　四七九夜：ヘッセ『デミアン』

追伸

永井荷風だってサブカルだった

東所沢にオープンした角川武蔵野ミュージアムの館長を仰せつかった。エディットタウンという「本の街」をつくる準備をしているうちに、そうなった。三年くらいなら引き受けましょうと応じて、角川歴彦・荒俣宏と相談して「連想性」と「ハイ&ロー」を謳うことにした。

本書の『サブカルズ』というタイトルは耳慣れないだろうけれど、ぼくは気にいっている。サブカルチャー、ポップカルチャー、ローカルチャー、カウンターカルチャーという言い方は、いずれも帯に短く襷《たすき》に長すぎる。もともとこうした用語はアメリカに発したものだったから、それを戦後日本や現在日本にあてはめようとすると、間尺《ましやく》にあわないところがいろいろ出てくるのだ。けれどもヒップホップなどがその典型的な例だろうが、サブカルのルーツはアメリカン・クレオールの「ひずみ」から生じたわけだから、その潮流は深くて多様で、とうてい無視できない。ミンストレル・ショーもブルーノートもヒッピーもクールもアメリカに発して、それらがかなり変形しながら日本に移植されてきたわけだ。そこで、その行ったり来たりの曳航《えいこう》感を含めて「サブカルズ」と名付けることにした。

本書を構成するにあたって、最初は三倍くらいの千夜千冊をリストアップした。「荷風もサブカルだ」というつもりで、長谷川海太郎《かいたろう》（林不忘《ふぼう》＝牧逸馬《まきいつま》＝谷譲次）を起点に、寺山から俵万智まで、手塚から岡崎京子・大友克洋まで入れてみたら、たちまち五倍以上の分量になって、この見方は断念した。それで呻吟辛苦のうえ、ご覧のような構成にした。

アメリカが二十世紀早々につくりだした欲望消費社会のスケッチから始めて「ヒップ」の発生と転戦を追い、いったんノーマン・メイラーやドナルド・リチーのフィルターで何が言えるのかを案内し、だんだんサブカル・ジャパンの「おたく」「やおい」「コスメ女子」「萌え」「ラノベ」に化けていく流れをつくってみた。自分で言うのもなんだが、通読してみたらけっこうおもしろい。

気がついたこともあれこれあった。とくに感じたのは、日本のサブカルチャーの変遷が、ほとんど本気で議論されてこなかったということで、そこをあえて浮上させてみようとすると（何人もが試みたけれど）、どこかで痛々しくなっていくか、そうでない場合はクール・ジャパンのようにおめでたくなっていくということだ。なぜだろうと思った。しかしながら、これは現状どまりの感想であって、いったん坐りなおして江戸の浮世をめぐるサブカル現象や川上音二郎や宮武外骨や夢二や宇野千代や大宅壮一などを背景に、そこから昭和をへて今日のアニメに及ぶ表現史をびっしり組み合わせていけば、そうとうな議論が湧出されるはずだと感じた。とくに海太郎と風太郎だろう。

結局、サブカルズをめぐるこの手の議論は「そのつどのスタイル」をどんなふうに社会文化論にしていけるかということにかかっている。日本の研究者はそれをあまりしてこなかったけれど、それでも江戸期に「粋《いき》」や「通《つう》」や「お俠《きゃん》」や「野暮」があったように、「ハイカラ」「お嬢さん」「かわいい」「キモい」「おたく」「コギャル」「アッシー」「キャラ萌え」が出入りしてきたわけだし、そんな用語以上に、あしたのジョー、草間彌生、コム・デ・ギャルソン、スーダラ節、赤塚不二夫、かっぱえびせん、ユーミン、松本隆、雪見だいふく、忌野清志郎、電撃文庫、きゃりーぱみゅぱみゅが躍如していたわけである。あきらめないほうがいい。

松岡正剛

千夜千冊
EDITION

「千夜千冊エディション」は、2000年からスタートした
松岡正剛のブックナビゲーションサイト「千夜千冊」を大幅に加筆修正のうえ、
テーマ別の「見方」と「読み方」で独自に構成・設計する文庫オリジナルのシリーズです。

執筆構成：松岡正剛
編集制作：太田香保、寺平賢司、西村俊克、大音美弥子
造本設計：町口覚
意匠作図：浅田農
口絵協力：レンタルショーケース　アストップ　ラジオ会館店
口絵撮影：熊谷聖司
編集協力：編集工学研究所、イシス編集学校
制作設営：和泉佳奈子

松岡正剛の千夜千冊　https://1000ya.isis.ne.jp/

千《せん》夜《や》千冊《せんさつ》エディション

サブカルズ

松《まつ》岡《おか》正《せい》剛《ごう》

令和3年 1月25日　初版発行
令和6年 10月15日　4版発行

発行者●山下直久

発行●株式会社KADOKAWA
〒102-8177　東京都千代田区富士見2-13-3
電話　0570-002-301（ナビダイヤル）

角川文庫 22520

印刷所●株式会社KADOKAWA
製本所●株式会社KADOKAWA

表紙画●和田三造

●お問い合わせ
https://www.kadokawa.co.jp/（「お問い合わせ」へお進みください）
※内容によっては、お答えできない場合があります。
※サポートは日本国内のみとさせていただきます。
※Japanese text only

ISBN 978-4-04-400450-7　C0195

JASRAC 出 2100269-404

◆◇◇

角川文庫発刊に際して

角川源義

　第二次世界大戦の敗北は、軍事力の敗北であった以上に、私たちの若い文化力の敗退であった。私たちの文化が戦争に対して如何に無力であり、単なるあだ花に過ぎなかったかを、私たちは身を以て体験し痛感した。西洋近代文化の摂取にとって、明治以後八十年の歳月は決して短かすぎたとは言えない。にもかかわらず、近代文化の伝統を確立し、自由な批判と柔軟な良識に富む文化層として自らを形成することに私たちは失敗して来た。そしてこれは、各層への文化の普及滲透を任務とする出版人の責任でもあった。

　一九四五年以来、私たちは再び振出しに戻り、第一歩から踏み出すことを余儀なくされた。これは大きな不幸ではあるが、反面、これまでの混沌・未熟・歪曲の中にあった我が国の文化に秩序と確たる基礎を齎らすためには絶好の機会でもある。角川書店は、このような祖国の文化的危機にあたり、微力をも顧みず再建の礎石たるべき抱負と決意とをもって出発したが、ここに創立以来の念願を果すべく角川文庫を発刊する。これまで刊行されたあらゆる全集叢書文庫類の長所と短所とを検討し、古今東西の不朽の典籍を、良心的編集のもとに、廉価に、そして書架にふさわしい美本として、多くのひとびとに提供しようとする。しかし私たちは徒らに百科全書的な知識のジレッタントを作ることを目的とせず、あくまで祖国の文化に秩序と再建への道を示し、この文庫を角川書店の栄ある事業として、今後永久に継続発展せしめ、学芸と教養との殿堂として大成せんことを期したい。多くの読書子の愛情ある忠言と支持とによって、この希望と抱負とを完遂せしめられんことを願う。

一九四九年五月三日